U0525723

新曲线 | 用心雕刻每一本……
New Curves

http://site.douban.com/110283/
http://weibo.com/nccpub

用心字里行间　雕刻名著经典

商务印书馆(成都)有限责任公司出品

儿童成长教养导图

第 7 版

［美］琳恩·R. 马罗茨
K. 艾琳·艾伦 著

岳盈盈　翟继强　译

商务印书馆
2018年·北京

Lynn R. Marotz, RN, Ph.D; K. Eileen Allen

Developmental Profiles: Pre-birth through Adolescence

Copyright © 2013 by Wadsworth, Cengage Learning

Original edition published by Cengage Learning. All Rights reserved.

The Commercial Press is authorized by Cengage Learning to publish and distribute exclusively this simplified Chinese edition. This edition is authorized for sale in the People's Republic of China only (excluding Hong Kong, Macao SAR and Taiwan). Unauthorized export of this edition is a violation of the Copyright Act. No part of this publication may be reproduced or distributed by any means, or stored in a database or retrieval system, without the prior written permission of the publisher.

Cengage Learning Asia Pte. Ltd.

151 Lorong Chuan, #02-08 New Tech Park, Singapore 556741

推荐序

我欣喜地看到，心爱的弟子岳盈盈所译的书稿《儿童成长教养导图》将由商务印书馆出版。这是盈盈倾心翻译的一本好书，是一本实用的、对家长们及幼儿园和中小学教师们有帮助的好书，也是适合发展心理学与教育心理学专业学生的一本参考书。

儿童是我们的未来，所以儿童的成长，是所有家长和教师们关注的话题，也是全社会重视的话题。儿童的成长，是一个同时充满喜乐与烦恼的过程。说它充满喜乐，是因为儿童从小到大的成长，每天都有变化，每天的这些变化都能带给成人惊喜和欢乐。例如，小小的生命逐渐开始有了各种丰富的表情，逐渐学会说话、表达自己的意见和观点，逐渐能够行动、会爬、会坐、会走、会自己吃饭穿衣，逐渐显示独特的人格特征和个人意志，不再事事都服从成人的教导……所有这些，都充盈着向上的生命力和成长力。说它充满烦恼，是因为儿童的成长虽然有规律可循，有共同的年龄阶段和年龄特征，但它又不是千篇一律的，每个儿童自有他/她的特点，都有成长过程中的曲折与痛苦。每个家长、每个教师，可能都经历过儿童成长中的困扰，觉得孩子的某些做法简直不可理喻，面对孩子有时的言行，常常百感交集又不知所措。这本《儿童成长教养导图》，不仅为我们揭示了儿童在各个成长阶段的共有特点和规律，而且也为我们提供了有效的应对策略。这本书会带着初为父母的人，带着年轻的教师和学生们，一点一滴地去感受儿童成长的艰辛，破解儿童成长的秘诀，收获儿童成长的快乐。

当然，儿童的成长，不仅仅是儿童自身成熟的结果，也是家庭环境、学校环境、社会环境多方面相互作用的结果。所以，观察和陪伴儿童成长的过程，并不是一个被动等待的过程，如果家长或教师掌握了儿童成长的规律，给儿童创设有利于其成长的环境和条件，儿童就会更好地成长。反过来，如果家长或教师不了解儿童的成长秘密，给儿童提供的环境条件是不利的，那就会阻碍儿童的正常成长。而在诸多影响儿童成长的环境因素中，家庭的教养方式无疑是最重要的因素。因此，家长们及教师们，拥有切实可行的指导策略和帮助工具，使自己的家庭或班级养成良好的、有助于儿童成长的家庭氛围和班级气氛，家长或教师采取健康的教养方式，都是非常必要的。《儿童成长教养导图》在如何形成良好的家庭微环境及班级微环境方面，在如何形成良好的亲子关系、师生关系方面，在如何应对儿童不同年龄阶段容易出现的成长问题方面，以及儿童的成长过程中的认知、情感、意志力和行为习惯等心理因素如何交互作用方面，都作了尽全尽美的论述。

《儿童成长教养导图》有如下特点：

首先，这本书描述了个体从胎儿期到青少年期的心理发展过程。从遗传与环境两个方面，论述了影响个体心理发展的因素或条件；同时也论述了个体发展的各个年龄阶段的特点，以及家长和教师的应对策略。

其次，这本书针对上述的个体发展过程中的核心问题，在各章中都给出了相应的应对指导。如前所述，孩子的健康成长，除了受到其自身成熟的影响之外，也会受到重要他人和成长环境的影响，同时，孩子也会影响到其成长环境和重要他人。确切地说，这些影响实际上是相互的。由此说来，当家长与教师能有效应对儿童成长的突出问题时，才会促进孩子的健康成长，否则，就会抑制孩子的成长。

第三，这本书还提出了不同年龄儿童在各个阶段的"年龄期望"，即普通正常儿童获得某种技能的大体时间范围。本书的这个特点，会为家长、教师评估儿童的成长，发现儿童成长中的可能问题提供重要的、切实可用的指导。

岳盈盈曾是我的硕士研究生，在学期间非常努力，也参与过我的许多关于儿童发展的研究课题，积累了儿童成长的研究经验。现在她已经是两个孩子的母亲了，相信她通过自己的养育经历，会对儿童的成长有更深的体会和理解。

我非常高兴地向国内的广大读者推荐这本书，我更希望热心的读者们能通过阅读这本书，结合自己的养育经历，收获与儿童一起成长的乐趣。

寇彧
2018年1月于北京师范大学发展心理研究院

译者序

　　古今中外，孩子的养育是一个永恒的课题。随着父母自身素质的提高，对科学育儿也越来越重视。时下，林林总总的教养类图书充斥着整个市场，良莠不齐，父母们时常面临不知如何选择的困惑。正如世界上没有一片叶子是相同的，不同孩子之间也是千差万别，即便是同一个孩子，处于不同的年龄阶段也会呈现出明显的差异，故而很难说哪种固定、统一的教养模式适用于所有孩子。但是，我们必须注意的是，孩子的生长和发展本质上是有规律可循的，只有了解孩子生长、发展的基本规律和特点，掌握正确的教育理念和原则，才能适时把握教育契机，针对不同的孩子、不同的发展阶段以及不同的问题，灵活运用各种教育方法，为孩子提供有效的支持，让孩子在快乐中成长。

　　书如其名，《儿童成长教养导图》是一本兼具专业性和实用性的儿童发展心理学书籍。就专业性而言，本书深入浅出、全面详尽地介绍了0~19岁各年龄段孩子的发展规律和特点，包括生理特征、运动、感知觉认知、言语和语言、社会性情绪等方面，并指出每个年龄阶段应该达到的发展水平。就实用性而言，本书坚持理论联系实际，运用通俗易懂的语言，针对每个年龄段的孩子，结合生活中可能遇到的各种问题，为我们提供了许多具体的、操作性强的指导建议。本书的适用范围非常广，无论您的身份是父母，还是心理学专业的教师或学生，抑或是幼儿园、小学或中学的教师等其他从事儿童相关工作的人，都可以从中获益，而且本书将会成为您今后挑选优秀教养图书的重要标杆。对此，我深信不疑。

2014年，我刚刚拿到这本书的时候，便被其丰富、实用的内容和简洁明快、直截了当的语言风格所吸引。作为两个孩子的母亲，我翻译这本书最直接的动机，便是提升自己，做一个合格的、智慧的母亲，并把这些专业知识分享给身边的家人和朋友，让更多的孩子健康、快乐成长。

很感激北京新曲线出版咨询有限公司，让我有机会把这本书呈现给广大的中国读者，也让我能够反复领会书中的精髓，并学以致用。我多次将从书中获得的教育启示运用到两个孩子身上。比如，我的女儿，一个4岁的宝宝，确如书中所说，她就像一台发电机，整天精力充沛，不知疲倦，对任何事物都充满好奇心，经常冒出各种各样稀奇古怪的想法，还花样百出地试探我的耐心和底线，给人欣喜的同时也着实令人头疼。作为母亲，我时刻提醒自己，要保持平静和耐心，尊重她、理解她，但并非毫无原则地迁就、妥协。合理的需要，尽量满足；不合理的要求，坚定拒绝。在一次又一次的实践中，我看到了她内心的能量和改变的能力，也为自己努力成为一个理性而不失温度的母亲，感到欣慰。

在此，特别感谢我的恩师寇彧教授。寇老师是一位严谨细致、求真务实的学者，虽然我已毕业十年，但她带给我的影响，不管是做人还是治学，都足以让我受益终生。寇老师在儿童青少年发展领域造诣颇深，出版多部高水平的专业译著，为我顺利完成本书的翻译工作提供了重要参考。在本书即将出版之际，她在百忙之中拨冗作序，是对本书的肯定和认可，于我而言，更是莫大的支持和鼓励。

感谢新曲线出版咨询有限公司的刘丽丽，她给我介绍这样一本优秀的图书，而且在翻译过程中给我提供了很多具有建设性的专业意见。同时，非常感谢林思语编辑，在全书的审校过程中，她与我们多次交流讨论，对于专业术语的译法，查阅大量文献资料，反复论证，为本书成功付梓做出了很大的努力。

最后，我要感谢我的家人和朋友，特别是我的丈夫翟继强先生。本书由我和翟继强先生共同翻译。夫妻双方志同道合，共同做一件有意义、有价值的事情，是一种幸福。我的丈夫是一位典型的理工男，做事专注，思维缜密，受我的熏陶感染，一直对心理学怀有浓厚的兴趣，而且中英文文字功底较强。这本书是我们在工作之余翻译的，正是他的全力支持，才能如期圆满完成。具体分工为：我负责第1~5章的初译及全书的统稿工作，翟继强负责第6~10章的初译工作。

由于译者水平有限，加上时间紧张，虽然经过认真推敲，不妥之处在所难免。诚挚欢迎各界人士批评指正，提出宝贵意见。

岳盈盈

2018年1月于山东省人民政府法制办公室研究中心

译者简介

岳盈盈，女，1984年生，硕士研究生，毕业于北京师范大学心理学院，现任山东省人民政府法制办公室研究中心助理研究员。在国内核心期刊发表多篇学术论文，出版《独立思考：日常生活中的批判性思维》《孩子的世界：从婴儿期到青春期》《孩子的世界：0~3岁》《心理学导论》等多部专业译著。

翟继强，男，1984年生，博士研究生，现为山东大学教师。业余爱好心理学，参与翻译《独立思考：日常生活中的批判性思维》《孩子的世界：从婴儿期到青春期》《孩子的世界：0~3岁》等多部专业译著。

目录

前言　xvi

作者简介　xxiii

第1章　儿童发展理论与信息收集　1

当代理论　*3*
- 成熟理论　*4*
- 精神分析和心理社会发展理论　*5*
- 认知发展理论　*7*
- 行为主义和社会学习理论　*9*
- 生物生态学理论　*11*
- 基本需要理论　*12*

信息收集　*15*
- 课堂观察者——教师　*16*
- 家庭观察者　*17*

观察方法　*18*

轶事记录　*19*

时间或事件取样　*19*

频数和持续时间计数　*20*

核查表和评定量表　*21*

档案袋　*22*

小结　*23*

关键术语　*24*

知识运用　*24*

推荐网站　*25*

参考文献　*25*

第2章　生长和发展的规律　29

基本模式和概念　*30*
- 生长　30
- 发展　31
- 年龄期望或发展常模　*34*
- 组织和重组　35
- 脑生长和发展　35

典型生长和发展　37

发展领域间的相关性　38

气质　38

性别角色　40

生态因素　40

发展的相互作用模式　41

儿童面临的风险　41
　　　非典型生长和发展　42
　发展领域　43
　　　生理发育与生长　44
　　　运动发展　45
　　　感知觉发展　47
　　　认知发展　48
　　　语言发展　48

　　　社会性和情绪发展　50
　　　年龄划分　50
　小结　51
　关键术语　52
　知识运用　52
　推荐网站　53
　参考文献　53

第 3 章　产前发育　　　　　　　　　　　　　　　　　　57

　发育过程　58
　促进健康的胎儿发育　62
　　　产前保健　62
　　　营养　64
　　　体重　66
　　　休息与压力　67
　　　年龄和健康状况　67
　胎儿最佳发育所面临的威胁　69
　　　酒精　70
　　　吸烟　71

　　　化学物质和药物　72
　　　母体感染　73
　婴儿的到来：分娩和生产　74
　产妇抑郁　76
　小结　78
　关键术语　78
　知识运用　79
　推荐网站　79
　参考文献　80

第 4 章　婴儿期：从出生到 12 个月　　　　　　　　　　83

　新生儿（出生~1个月）　84
　1~4个月　95
　4~8个月　104
　8~12个月　114
　小结　124

　关键术语　125
　知识运用　125
　推荐网站　126
　参考文献　126

第 5 章　幼儿期：12~24 个月　　129

12~24个月　*130*
1岁　*131*
2岁　*142*
小结　*153*

关键术语　*154*
知识运用　*154*
推荐网站　*155*
参考文献　*155*

第 6 章　儿童早期：3 岁、4 岁和 5 岁　　157

3岁、4岁和5岁　*158*
3岁　*159*
4岁　*170*
5岁　*179*
小结　*190*

关键术语　*190*
知识运用　*190*
推荐网站　*191*
参考文献　*191*

第 7 章　儿童早期：6 岁、7 岁和 8 岁　　195

6岁、7岁和8岁　*196*
6岁　*199*
7岁　*208*
8岁　*217*
小结　*226*

关键术语　*227*
知识运用　*227*
推荐网站　*228*
参考文献　*228*

第 8 章　儿童中期：9 岁、10 岁、11 岁和 12 岁　　231

9岁、10岁、11岁和12岁　*232*
9岁、10岁　*234*
11岁、12岁　*242*
小结　*253*

关键术语　*253*
知识运用　*253*
推荐网站　*254*
参考文献　*254*

第9章 青少年期：13~19岁　　　　　　　　　　　　　　　257

　　13~19岁 *258*　　　　　　　　　　　关键术语 *288*
　　13岁、14岁（青少年期早期） *261*　　知识运用 *288*
　　15岁、16岁（青少年期中期） *269*　　推荐网站 *289*
　　17岁、18岁（青少年期晚期） *277*　　参考文献 *289*
　　小结 *287*

第10章 何时何地寻求帮助　　　　　　　　　　　　　　　293

　　公共政策和社会态度 *295*　　　　　　　成就测验 *309*
　　　　支持儿童获得最优发展的立法 *296*　　诊断和转诊 *310*
　　　　早期鉴别与干预计划 *298*　　　　　发展团队 *310*
　　　　处于医疗风险中的婴儿和儿童 *299*　　家庭服务协调员 *312*
　　　　社区筛查 *300*　　　　　　　　　　转介 *312*
　　是否存在问题？ *301*　　　　　　　　　小结 *313*
　　　　何时寻求帮助 *303*　　　　　　　　关键术语 *314*
　　信息收集 *304*　　　　　　　　　　　　知识运用 *314*
　　　　观察和记录 *304*　　　　　　　　　推荐网站 *315*
　　　　筛查测验 *305*　　　　　　　　　　参考文献 *315*
　　　　智力测验：是否适合低龄儿童？ *309*

附录 A　　发展量表　　　　　　　　　　　　　　　　　　　317

附录 B　　筛查和评估工具精选　　　　　　　　　　　　　　333

附录 C　　供家长和专家使用的资源　　　　　　　　　　　　339

附录 D　　美国幼儿教育协会（NAEYC）专业准备标准：与各章内容的关联　　345

专业术语表　　　　　　　　　　　　　　　　　　　　　　　349

前言

建筑工程师们都知道，万丈高楼平地起，夯实地基最重要。同样，儿童要充分发挥潜能，也需要稳固的基础。儿童所处环境的质量、早期学习机会以及成人的支持与鼓励，在塑造未来所有技能习得所需的基础中起着举足轻重的作用。只有当成人理解儿童的发展需要、能力和局限时，他们才能给孩子提供有效的行为指导和学习经验，为未来的发展奠定坚实的基础。

《儿童成长教养导图》是一本简明、通俗易懂的书，专为教师、家长、照料者、从业者和服务提供者而编写。虽然第 7 版对内容做了进一步的修订和更新，但仍然保留了作者最初的意图，对儿童的发展做了全面但非学究气且易知易行的概述。它将当代的研究、理论和应用，与儿童行为指导以及推广发展适宜性学习经验联系起来。

目标与哲学方法

实践中，人们通常将婴儿期和儿童期以"月"或"年"等与年龄相关的单位来划分，这种做法似乎扭曲了人类发展的实际情况。然而，如果人们用其他方法来描述发展期望、发展进程和迟缓，效果似乎更差。正如本书反复强调的，年龄标准只是从平均水平或常模派生出来的近似指标。在某种程度上可以将其理解为中值，并不特指某个儿童。实际上，"年龄期望"只是对儿童技能获得的概括性描述，因为不同个体获取技能的形式和时间存在差异。评估儿童发展时，需要考虑的重点是顺序。重要的不是儿童的实际年龄，而是他们在每个发展领域是否按照顺序一步一步地前进。在这一问题上，这本《儿童成长教养导图》已被历史和实践证明具有不可估量的价值。

和前几个版本一样，本书对婴儿出生后的头几天、几周和几个月的发展特点做了非常细致的介绍。有关脑发育以及婴儿早期发展的最新研究表明，婴儿出生后这段短暂的时间非常关键。现在人们对婴儿学习能力的了解确实令人惊叹，因为传统观点认为，婴儿只是在混乱的状态下挣扎。事实远非如此！越来越多的婴儿从很小便开始接受早教课程或训练，因此教师了解婴儿的发展特点和学习能力就显得尤为重要。同样重要的是，家长和相关服务提供者对孩子也要持有合理的期望，并能向教师描述他们所认为的最佳教育方式。

出生后第一年是为儿童在各领域的学习奠定坚实基础的关键时期。学步期和学前期儿童在 3~4 年的时间里必须学习大量复杂的新行为，这也同样意义深远。在人的一生中，这是唯一一个要在如此短的时间内学习如此多内容的时期。随着非家庭式儿童照料越来越普遍，教师和家长都有必要全面了解儿童的成长、发展和学习。因此，《儿童成长教养导图》的基本理念仍然强调与家庭合作。无论儿童每天在学校与照料者或教师待多长时间，家庭在他们的生活中依然发挥着最关键、最重要的作用。必须要支持和鼓励家长与教师分享自己的观察和担忧，因为这类信息是每个儿童发展和健康的重要组成部分。同样，教师和服务提供者也必须认真倾听和尊重家长的意见，并做出真诚的回应。

当某个婴儿或稍大些的儿童疑似有发展问题或发展不符合规律时，与家庭的合作变得更为重要。识别每个年龄段的"发展警报"非常有助于家长、教师和服务提供者对担忧的问题进行探讨。但是，需要特别强调的是，无论什么情况，本书或者其他类似的书都不能作为诊断儿童发展问题的工具。诊断是专业临床医生和儿童发展专家的工作。

因此，本书的主要目标可以总结如下：

- 简明扼要地概述儿童的发展规律。
- 用通俗易懂的语言说明儿童在每个发展阶段应达到的水平。
- 为成人提供合适的方法，以促进儿童的学习和发展。
- 精确描述可能出现的发展问题的迹象。
- 提供如何以及去何处寻求帮助的建议。
- 描述不同的文化和环境对发展过程的影响。
- 强调在自然情境中对儿童行为进行直接观察的重要价值，比如在教室、早教活动之中，或在儿童的家里。
- 帮助成人鼓励每个孩子发挥自己的潜能，发展积极的自尊，感受到被爱和被尊重。

阅读对象

教师、照料者、家长和专业人士在指导儿童发展中都发挥着不可或缺的作用。成人通过培养儿童的学习能力和自尊，识别妨碍儿童发展的困境和挑战，从而给儿童的生活带来很大的改变。因此，《儿童成长教养导图》的阅读对象是照顾各年龄段儿童或从事儿童工作的成人，包括：

- 在校学生和职前教师。
- 在家庭护理机构、早教中心、开端计划、学校、课外辅导机构工作的教师、家庭指导员以及孩子家里的父母之外的照料者。
- 在护理、营养学、听力学、社会工作、物理和职业治疗、心理学、医学、言语语言治疗以及咨询等领域为儿童及其家人提供相关服务的健康相关专业人员和服务提供者。

- 家长，他们对孩子获得最佳发展起着最关键的作用。

本书架构与关键内容

《儿童成长教养导图》的开篇，首先对儿童发展的理论和原理做了简要的介绍。第 1 章和第 2 章介绍基本概念，并为后面章节所涉及的各年龄阶段发展特点提供背景资料。第 3 章集中介绍母亲的活动，这对促进胎儿健康发育必不可少。第 4 章至第 9 章用详细的文字图片对不同年龄段的孩子在 6 个发展领域的情况进行了详尽描述，包括典型的日常生活、安全警报、发展警报、学习活动等，并在各章末尾为成人提供了积极的行为指导。第 10 章对儿童在发展过程中出现某些问题时该如何求助进行了讨论。附录部分列出了发展量表，并补充了一些家庭、教师和相关从业人员可能感兴趣的其他资料。全书的这种架构可以使人们提高警觉性，在发展迟缓出现的最早期就能加以识别，帮助成人为各年龄段的儿童创造发展适宜性学习机会。

《儿童成长教养导图》提供了下列非技术性的关键信息：

- 对每个发展阶段的年幼儿童和青少年，应该寄予什么样的期望。
- 各发展领域之间是如何相互交织、互相支持的。
- 每个孩子在发展进程中所遵循的独特路径（同龄孩子既相似又并不完全相同）。
- 在评价儿童发展过程时，关键是顺序而非年龄。
- 在教育、观察和评估儿童以及设计个性化或集体学习时，如何使用发展常模。

新增内容与特色

《儿童成长教养导图》第 7 版继续以通俗易懂、易操作的方式为读者提供了重要内容：

- **新增美国幼儿教育协会**（National Association for the Education of Young Children，NAEYC）**专业准备标准**。本书在每章开头都对涉及的相关标准做了明确介绍，向读者说明如何支持儿童学习并帮助教师成为专业人士。本书附录 D 详细列出了 NAEYC 专业准备标准与章节内容的关联。
- **学习目标**。位于每章开头，吸引读者注意本章的关键内容和概念。
- **新增章节——青少年期：13~19 岁**。新增的第 9 章介绍了青少年的发展状况，扩展了旧版书中的年龄段。长期以来，人们认为青少年期只是重大发展变化的细微完善和结果。然而，最近的发现引起了人们对这个发展阶段的日益重视。
- **新增并拓展的热门话题**。全书都贯穿了比如脑发育、儿童与科技、文化意识、性别问题、观察技巧以及帮助儿童过渡的策略等内容。
- **简明的发展剖面图**。重点介绍了从出生前到 19 岁这段时间，孩子在 6 个发展领域的循序发展。
- **个案研究**。每章开篇的个案为后面的内容埋下了伏笔，鼓励读者将学到的理论知识与现实生活情景相联系。
- **发展警报**。本书突出强调每个年龄阶段的发展警报，有利于及早识别潜在的发展延缓或发展问题，为进一步评估提供基础。
- **日常生活和活动**。每章均描述了各个年龄阶段典型的日常生活，帮助家长和教师对孩子的发展需求做出合理预期，并给予恰当的回应。
- **新增积极的行为指导部分**。各章的"积极的行为指导"部分提供了正确应对孩子行为、促进孩子社会情绪健康发展的策略。

- **学习活动**部分提供关于发展适宜性学习经验的建议，以便教师和家长利用它促进儿童的好奇心、创造力以及问题解决能力的发展。
- **安全警报**反映了与每个发展阶段相关的具体安全问题，帮助成人为儿童创造安全的环境，保证高质量监督，支持儿童安全教育。
- **发展量表**。附录 A 提供的发展量表可作为初步筛查工具，教师和家长可以用其评估儿童的发展进程。
- **筛查和评估工具**。附录 B 以注解的方式列举了评估婴儿、年幼儿童和青少年通常使用的筛查和评估工具。
- **资源**。为了帮助家长和专业人员找到技术支持和其他参考信息，本书在每章最后和附录 C 提供了这方面的资源。

致谢

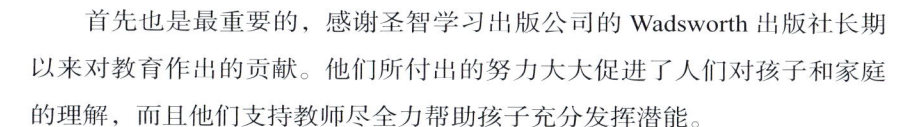

首先也是最重要的，感谢圣智学习出版公司的 Wadsworth 出版社长期以来对教育作出的贡献。他们所付出的努力大大促进了人们对孩子和家庭的理解，而且他们支持教师尽全力帮助孩子充分发挥潜能。

本书第 7 版能够成功付梓，凝聚了许多人的辛勤劳动。感谢编委会的执行编辑 Mark Kerr，真诚感谢他的远见卓识，将这本书的内容扩展到青少年。感谢策划编辑 Lisa Mafrici，她提供了非常宝贵的指导意见、知识和灵感。我们相信，新的版本有了很大的改进，而她出色的反馈、建议和编辑在其中起了至关重要的作用。当然，还有许多幕后工作人员，包括编辑、设计、制作和营销人员，他们都为本书的出版付出了大量的精力。向他们致以衷心的感谢，正是他们的不懈努力，铸就了本书的成功。

感谢本书的审稿人，向他们表达最真挚的谢意，感谢他们富有洞察力的评论和建议，感谢他们帮助我们从多个角度发现问题。他们是：

- Denise Collins，德克萨斯大学阿灵顿分校
- Ralph Worthing，三角洲学院
- Deb Farrer，加利福尼亚大学宾州分校
- Genny Hay，查尔斯顿学院
- Diane Gomez，曼哈顿维尔学院
- Jackie Allen，拉文大学

最后，感谢读者，感谢他们为提升儿童和家长的生活质量所作出的努力和奉献。

作者简介

Lynn R. Marotz 是美国堪萨斯大学应用行为科学系教授，同时也在 Edna A. Hill 儿童发展中心担任副主任之职。她将自己的护理专业背景、学术训练和多年与儿童家庭打交道的经验运用到教育领域。她的主要研究方向包括：教师训练与管理、政策制定、亲职教育、早期识别与干预、促进儿童健康。她负责教授本科和研究生以下课程：儿童发展、父母教养、管理、健康和营养学。她广泛参与国家政策的制定、健康普查、专业发展训练等活动，积累了许多与家长和综合医疗保健人员合作的经验，同时也接受转诊病人。她曾多次在州、国家以及国际会议上做专题报告，在儿童健康、环境安全和营养学等领域发表多篇署名文章。此外，她还为许多州立或当地的咨询委员会提供服务。

K. Eileen Allen 是华盛顿大学西雅图分校和堪萨斯大学（劳伦斯）学前教育系的荣誉教授。她从教 31 年，负责教授本科生和研究生以下课程：儿童发展、儿童早期发展障碍、家庭教养、早期教育以及早期干预的跨领域研究方法等。她还在两所学校负责开展教师培训，监管研究聚焦型班级。她先后出版了 7 部大学教材，在主流专业期刊上发表了大量的研究论文和意见书。退休后，她继续写作并评审研究论文，为私立或公共机构提供咨询服务，并积极地为儿童和家庭争取权益。她最新一部著作的题目为 *I Like Being Old: A Guide to Making the Most of Aging*。

第 1 章

儿童发展理论与信息收集

学习目标

通过本章学习，掌握下列知识点：

- 理解和解释有关儿童发展的各种基本的当代理论；
- 理解信息收集的重要性，解释为什么真实性评价是评估幼儿的最具发展适宜性的方法；
- 了解收集儿童观察数据的几种方法。

NAEYC 标准章节链接：

1a 和 1b：促进儿童发展与学习

2a：建立家庭和社区联系

3c：观察、记录和评估，为幼儿及其家庭提供支持

认识 4 岁男孩贾马尔

被送到看护中心时，贾马尔是一个严重疏于养育、营养不良的孩子，当时他只有 9 个月大。现在他已经 4 岁了，在第五个收养家庭中待了将近一年。他的养父母伯塔和道格·克莱有两个女儿，一个 4 岁，另一个 6 岁。他们另外还收养了 3 个孩子，年龄在 4 到 9 岁之间。其他的孩子都很活泼开朗，只有贾马尔常常无精打采。伯塔担心这孩子的健康状况，所以想早点儿收养他。检查发现，尽管贾马尔的饭量比其他孩子大很多，但他的身高和体重却只处于第 30 个百分点。

伯塔和道格还注意到，贾马尔很

少和其他孩子一起玩，而且几乎不和任何人交谈。然而，当贾马尔认为没有人在身边时，克莱夫妇偶尔无意中会听到他和一位想象中的朋友霍尼谈话，谈话时间很长，内容也很容易理解，主要是关于一些让他害怕的事物。他常常会尖叫着从噩梦中醒来，这些事物可能是导致他反复做噩梦的原因。虽然出现了这些问题，贾马尔仍然是一个善良、可爱的孩子。一有机会他就会蜷缩到伯塔和道格的怀里，一边吮吸自己的大拇指，一边将另一只手放到父母的手里。虽然贾马尔的身体发育出现了问题，但克莱夫妇依然将他当作自己的亲生孩子对待，他们目前正在办理他的正式收养手续。

问题

1. 作为养父母，伯塔和道格能够满足贾马尔的哪些基本生理需要？
2. 贾马尔有哪些基本的心理需要，他的养父母应该怎样去满足这些需要？

近几十年来，儿童发展已经成为心理学研究的一个重要方向（图 1-1）。在这期间，理论家们研究了儿童从发育到行为的各个方面，并提出了各自的观点。在某些情况下，他们的解释是一致的，但有时也会出现相当大的分歧。例如，阿诺德·格塞尔认为，所有的学习都是由生物基础决定的；而让·皮亚杰则认为，学习是遗传和环境因素共同作用的结果。

乍看起来，这些关于儿童成长和发展的不同理论框架不仅令人困惑，而且相互之间存在冲突。然而，任何一种理论要想完全解释儿童复杂的行为都是不可能的。对于塑造儿童发展的条件，每种理论都或多或少提供了一些不同的解释，并鼓励人们从多个角度去考虑儿童的行为。另外，应当记住的是，某种理论所表达的观点，常常只在某一特定的时间内为人们所接受。随着新研究的展开，已有的观点常常要重新审视和修改。因此，随着社会变迁，有关儿童行为和发展的观念也在改变。

图 1-1 近几十年来,儿童发展已经成为心理学研究的一个重要方向

当代理论

人们对儿童行为的研究兴趣在 20 世纪达到顶峰,出现了很多颇有影响力的理论。早期研究主要基于研究者的观察和个人解释,结果导致后来的研究经常与早期结论相矛盾,甚至将其推翻。然而,每种理论都为人们理解儿童认知、社会情绪和生理发展起到了积极的促进作用。

长期以来,该领域一直存在一个争议:究竟是遗传还是环境决定着儿童发展?这一争论通常被称为**"先天与后天之争"**(nature vs. nurture,也译作教养与天性之争)(Sameroff, 2010)。最新的脑成像研究证实,人的发展并不仅由单一因素决定。研究证明,学习会导致大脑的物理结构发生实质性改变。这些改变既依赖于遗传基因(脑细胞,一个完整的神经系统)复杂的交互作用,也离不开儿童从其外部环境中获得的学习机会的影响。

当前，人们有关儿童学习、成长和成熟的知识，大多源自几种历史悠久的理论：成熟理论、精神分析和心理社会发展理论、认知发展理论、行为主义和社会学习理论、生物生态学理论以及基本需要理论。

成熟理论

成熟理论致力于研究人类发展的生物或先天途径。这一理论从遗传基因以及发生在人的各年龄段的生理发育成熟出发来解释人类所有的行为。例如，成熟理论认为，只有儿童的神经系统充分成熟，允许自己做出走路的动作以后才能学会走路，而其他因素都无需考虑。

阿诺德·格塞尔过去所做的工作在发展研究领域仍然具有重要的意义。他认为人类所有的发展主要受制于人体本身的生物和遗传因素（Dalton, 2005; Gesell & Ilg, 1949）（图 1-2）。他的主要贡献在于，以家长能够理解和应用的方式，描述了儿童各年龄段的发展水平。

即使在某些情况下遗传的作用非常有限，大部分学者依旧认同遗传因素对人类发展有重大影响。例如，认为孩子的身高、瞳孔的颜色、脚的大小以及其他可分辨的特征，都是继承了父母的遗传基因的直接结果。唐氏综合征和先天性耳聋可能致使终生残疾和学习困难，导致这两种疾病的染色体异常也来自于遗传。研究者们还在基因和某些人格特质之间发现可能存在联系，这些人格特质包括害羞、攻击性以及对某些精神健康问题的易感性等等（Ebstein et al., 2010; Rueda & Rothbart, 2009）。虽然，众所周知，遗传的确对人类发展有着重要影响，但大多数专家并不认为基因能独立决定所有的人类行为。

格塞尔的理论在实践领域一直被广泛使用。他的观察报告被转化为**常模**（norms）或基准，而且在评估和监测儿童的发展技能及进步时，这些标准经证实是有效的。虽然他的最初结论只是基于对中产阶级和白人儿童的

图 1-2
格塞尔依据生理成熟理论来表述儿童的发展。

观察,但现代科学家们已经更新了这些标准,使其能够更准确地涵盖当今的不同人群。

精神分析和心理社会发展理论

精神分析和心理社会发展理论假定,大多数人类行为都受到无意识过程的支配,有些是与生俱来的,而有些则是逐渐形成的。西格蒙德·弗洛伊德是精神分析理论的开山鼻祖。他认为,儿童的行为是内心想法和冲突的反映,不同的发展阶段也各有不同。儿童解决这些情绪问题的方式逐渐形成了他的基本人格，尤其是在生命的头 5 年里。

埃里克·埃里克森在弗洛伊德人格发展理论的基础上进行拓展，提出了心理社会发展理论。他认为，每个发展阶段的标志是该阶段必须解决特定的冲突。在成功解决某个冲突后，个体会受到激励以迎接下一个挑战。

然而与弗洛伊德不同的是，埃里克森的理论承认环境与社会互动的影响。他提出自我同一性这一概念，用来描述一个人对自我的意识（相对于他人我是谁）以及由社会互动带来的毕生变化。埃里克森也是生命全程发展观的先驱，他提出了人的发展要经历 8 个阶段（Erikson, 1950）。其中前 4 个阶段描述了童年期发展，后 4 个阶段涵盖了从青少年期到晚年：

- 信任对不信任（0~12 个月）：与照料者之间建立信任感；
- 自主对羞愧和怀疑（1~3 岁）：学习如何控制一些行为（吃饭、如厕和睡觉等），发展出自主感和独立感；
- 主动对内疚（3~5 岁）：在社会互动中获得对日常生活的控制感；
- 勤奋对自卑（6~12 岁）：通过获得成功发展出成就感和自豪感；
- 自我同一性对角色混乱（13~20 岁）：在与他人的关系中学会认识自我；
- 亲密对孤独（20~35 岁）：探索并建立亲密关系；
- 繁衍感对停滞（35~55 岁）：关注家庭、事业以及对社会的贡献；
- 自我整合对绝望（60 岁以上）：回顾一生，可能产生满足感，也可能有一种不满感。

精神分析和心理社会发展理论使我们对人格和社会情感技能及其对儿童发展各方面的影响有了更加深入的理解。该理论还帮助人们更好地理解儿童在各个阶段所要面临的普遍挑战，以及在个体发展过程中，如何创造一个支持儿童社会发展和情感需要的环境。虽然这些理论不如从前那么风靡，但在有关教养一致性、依恋、道德和同胞关系等研究中，它们依然占据着重要地位。

认知发展理论

认知发展理论的提出者是皮亚杰。他系统地指出，儿童知识的构建和概念的形成是通过对周围环境的主动探索实现的（图 1-3）。如今人们用**建构主义**（constructivism）来指代这种学习方式。根据皮亚杰的理论，儿童的智力发展可分为 4 个主要阶段，始于婴儿期，持续到青少年晚期（Piaget, 1954）：

- **感知运动阶段（0~2 岁）** 反射行为逐渐发展为主动行为；儿童学会利用感觉去探索周围的世界。例如：儿童看到一个物品并伸手去拿。
- **前运算阶段（2~7 岁）** 儿童开始用符号来表征当前环境中的事物。例如：3 岁的孩子捡到一根长棍会称其为钓鱼竿。这个例子还体现了前运算阶段的第二个方面：语言的出现，这是运用符号的另一种形式。

图 1-3
皮亚杰认为儿童最好的学习方式是自主探索。

- **具体运算阶段（7~11岁）** 儿童开始理解周围环境，并形成系统的观点。他们开始有逻辑地思考、预期结果、对事物进行归类并解决问题。这些新出现的图式（皮亚杰的术语）能帮助儿童理解诸如基础数学和空间概念等等。
- **形式运算阶段（11~15岁）** 此阶段开始形成复杂的思维能力，儿童不仅能加工具体的客体和经验，还能进行抽象思维，并发展出解决问题的能力。

如今，皮亚杰的观点在很多教育项目中都得到了证实。在这些教育项目中，发展适宜性学习中心和发现学习的课程方法都得到了尝试。

在儿童的认知发展问题上，列夫·维果斯基提出了不同的理论视角。虽然他赞同皮亚杰发展遵循独特模式的观点，但维果斯基认为社会和文化环境（价值观、信仰和习俗等）对学习过程的形成也发挥了积极的作用（Vygotsky, 1986）。例如，儿童最初通过成人的一系列指导来学习如何行动："不要摸"，"到这儿来"，"吃这个"，"停下来"。当儿童开始内化社会规则和文化期望，并发展出自我控制时，这些指导的性质也会逐渐发生变化。成人不再告诉儿童去做什么，转而鼓励和帮助他们积极学习新的技能。维果斯基将其称为**最近发展区**（Zone of Proximal Development）。

维果斯基认为儿童言语和语言能力的获得是该过程中的重要环节。他认为幼儿花费相当多的时间学习新词，并思考它们的含义和使用方法。维果斯基观察到，有些儿童会和自己对话，将其作为出声思考的方法。他将其称为"自我中心言语"或"内部言语"阶段，这个过程给孩子提供了理解词语意义的机会，并让孩子演练对这种交流工具的使用（Vygotsky, 1986）。此后，儿童开始内化他们的一些想法，并在将来有需要时表达出来。

玛丽亚·蒙台梭利的观点也有助于人们加深对认知发展理论的理解。虽然蒙台梭利是专业的儿科医生，但她却对培养那些被人们认为不可教育的儿童产生了浓厚的兴趣。她坚信儿童都有潜能，但是传统的指导方法并不适用于所有儿童。通过观察，她认为儿童通过自主的探索过程能达到最好的学习效果。她设计了基于感官的学习材料，这些材料能够进行自我纠正，几乎不需要成人干预。她还强调儿童与生俱来的好奇心以及在学习体验中自我指导的重要性，并以此为基础开发了一系列教育项目。

认知发展理论流派提高了人们对儿童学习和意义构建的理解，使人们意识到，儿童在学习方式上各不相同，因此指导方法必须个性化，以适应每个儿童独特的发展需要。在美国幼儿教育协会关于发展适宜性实践（Developmentally Appropriate Practice, DAP）的立场声明以及其他幼儿组织的类似声明中，都证实了这些发现（NAEYC, 2009）。认知发展理论对早期干预服务的理念和实施也产生了很大影响。当涉及到课程设置、教学方法、家庭参与、文化影响和社会互动等方面时，儿童认知发展理论尤其令研究者们着迷。在未来的几十年中，该理论将继续引发研究热潮。

行为主义和社会学习理论

现代的行为主义和社会学习理论主要源于B.F.斯金纳和约翰·B.华生的工作，这两位学者提出了一种后天（或环境）的学习方法（Skinner, 1938）。他们认为，个体的发展在很在程度上涉及的是一系列基于个体与环境的积极和消极互动的学习行为（图1-4）。例如，强化一种行为通常会导致这种行为重复出现。也就是说，告诉儿童他在拼写测验中表现得非常好，很可能会激励他为下一次考试更努力地学习。反之亦然，比如向正在哭闹的儿童屈服，购买他很想要的玩具，可能会鼓励这个儿童在下次想要某件东西时重复哭闹这种行为。对儿童的这种要求置之不理，最终将导致这种哭闹行为消失，因为该行为没有得到强化（关注）。

斯金纳还解释了两个事件（刺激－反应）之间的联系是如何引发学习

图 1-4
社会学习理论将发展解释为由观察和模仿而产生的行为变化。

的。例如,一个学步儿在桌子底下站起来时撞到了自己的头(刺激),便会立即停止动作(反应)。一个学龄前儿童触摸到了热煎锅(刺激),下次他就会小心地避免这种行为的再次出现(反应)。你答应女儿如果她能很快捡起玩具(反应),就给她读一本她很喜欢的书(刺激)。

阿尔伯特·班杜拉在修正这些早期观点的基础上提出了自己的社会学习理论(Bandura, 1977)。他将行为看作是环境影响(教养)和认知能力(天性)两者相结合的产物。他还认为,通过观察、榜样或模仿,儿童既学习积极的行为,也学习消极的行为。然而,与斯金纳不同的是,他不认为强化是促进或改变行为的必要条件。例如,他认为,儿童之所以学会不去攻击其他儿童或不拿别人的玩具,是因为观察到其他儿童做这些事情时受到了惩罚。

家长和教师每天都会使用到行为主义理论的原则。他们期望儿童遵从要求，并给予相应的奖励和惩罚。他们示范儿童可能会模仿的行为。他们的鼓励会强化或增加儿童付出的努力。行为主义的方法还被用于解决严重的行为和发展问题，例如攻击性、喂食障碍、愤怒管理和肥胖症等（Olin et al., 2009）。

生物生态学理论

外部环境会对儿童的发展产生直接影响，这一论述在今天已经没有多少争议（Fox, Levitt, & Nelson, 2010）。著名心理学家尤里·布朗芬布伦纳断言，是环境塑造了个体的发展。他提出了将环境描述为多个层次的生态模型，这些层次包括个体所处的背景环境（家庭、学校、教堂或团队等），个体与这些团体的关系，以及个体在其他社会环境（媒体、邻里和社会机构等）中对文化背景下共有的信仰和价值观的经验（Bronfenbrenner, 1979）。

之后布朗芬布伦纳修改了最初的观点，增加了生物生态因素所产生的影响。修正后的生物生态模型提供了几种关于人类发展的独特视角。首先，这一模型认为环境具有多重且复杂的层次，而是不是将其看作单一的实体。此外，人的行为并不是单独由某个层次所决定的，而受到多个层次相互作用的影响。例如，如果具备有效的社会服务、优质的教学和家庭教养，贫穷本身可能并不会限制儿童的发展。布朗芬布伦纳还考虑到了环境的交互性，也就是说，并非只是环境影响个体，人的行为、年龄以及互动也在持续地改变外部环境的性质。

生物生态学理论给教学实践带来了深远的影响。这一理论让人们意识到了多样性的问题，转而促进了反偏见课程、评价程序、游戏材料和教师教育项目的发展，使其更能反映出个体差异的敏感性，更加尊重个体差异。它还使人们更加深刻地理解环境和关系是如何塑造儿童发展的，并进一步认识到家庭参与和协作对学校教育至关重要。

基本需要理论

无论是正常发展还是存在发展障碍，又或是面临发展问题的**风险**（at risk），所有儿童都有共同的基本生理和心理需要（Maslow, 1968）。婴儿和儿童要生存、茁壮成长并发挥出全部潜能，就必须满足这些需要。长期以来，发展心理学家们认为童年早期是整个人生阶段最关键的时期（Shonkoff, 2010）。该假设后来得到了现代大脑研究的确认和证实。在生命的最早期，儿童要学习所有标志人类特征的行为，包括走路、说话、思考和社交。此后，儿童再也不会像这段时间那样，成长如此迅速，变化如此急剧，也不会为了满足生命的基本需要和学习机会而如此依赖成人。

基本需要（essential needs）包括生理需要、心理需要和学习需要。为了便于研究，人们常常将它们分开讨论。但我们必须认识到，它们之间是相互联系、相互依赖的。满足了孩子的生理需要，却忽视心理需要，可能会导致严重的发展问题。反之亦然。如果儿童遭受了虐待或生理需要没有得到满足，就可能会在学习和社交上出现问题。只有儿童的基本需要得到充分满足，才能充分发展出其全部潜能（Belsky et al., 2010; Sylvestre & Mérette, 2010）。

生理需要

- 适宜的庇护和保护以免于受到伤害：暴力、忽视和可预防性伤害；
- 符合儿童年龄的充足食物，能得到丰富的营养；
- 适应天气和季节的衣服和鞋子；
- 接受预防保健和牙科护理；必要的身体和精神治疗；推荐的免疫接种；
- 个人卫生：洗手、刷牙和洗澡；

- 平衡的休息和活动时间；室内和户外的游戏机会。

心理需要

- 关爱和一致性：负责**教养**（nurturing）的家庭和教师提供积极的行为指导；
- 安全和信任：熟悉的环境，以及可依赖的家人和老师，他们会对儿童的需求给予回应；
- **互惠**（reciprocal）交流：始于婴儿最早期，双向互惠的互动能够促进儿童的反应性发展（Lenzil et al., 2010）。
- 成人对儿童在每个发展阶段能做什么和不能做什么的合理期望；
- 对儿童及其家庭特有的文化、族裔、语言或发展差异持接纳和积极态度。

学习需要

- 游戏是儿童早期学习的重要组成部分。儿童在婴儿期和童年早期应当有充分的机会参与各种各样的游戏，能够自由探索和安全尝试，同时成人应对必要的限制做出清晰说明并贯彻始终（Brooker, 2010）（见图1-5）；
- 获得**发展适宜**（developmentally appropriate）的经验和游戏材料（Copple & Bredekamp, 2009; Horn & Banerjee, 2009）；
- 提供与儿童能力相匹配的学习材料和体验，以便儿童面对足够的挑战但又不会受挫过多；
- 在学习过程中，处理错误和延迟是获取技能的重要环节，不要因此批评或嘲笑儿童；
- 如果希望孩子做出恰当的行为，家长应该在日常生活中做出表率，尤其是在语言、社交和处理压力等方面。切记，成人是儿童学习的重要榜样；相比于说教，儿童从成人的具体行为中能学到更多。

图 1–5

儿童不断地通过探索和游戏来学习。

尊重和自尊的需要

- 文化素养高、语言丰富的环境，儿童能够学习运用声音、手势和符号，并最终通过词语和语句进行交流（口语、字符或书面语）；
- 在一个支持性的环境中，儿童的付出和努力能得到鼓励和肯定："谢谢你没等别人提醒就捡起了蜡笔！"
- 尊重儿童取得的成就，无论成就大小，无论成功还是失败："看哪！你自己系上了鞋带"（不要提及被弄掉的孔环）。
- 认可儿童取得的成就以及"我能行"的态度是儿童**自尊**（self-esteem）最基本和最重要的组成部分："你做得真好，倒果汁的时候一点儿都没有洒出来！"
- 真诚地关注儿童做得好的地方；使用**描述性表扬**（descriptive praise）来帮助儿童识别并尊重自己取得的成就："你自己也能正确地穿鞋了！"

- 关注儿童为获得基本发展能力所付出的努力和专注；当儿童学习掌握一项复杂技能时，对其取得的每一点进步给予积极反馈。例如，当儿童学习自己用勺子吃饭时："对了！少舀一点苹果酱，就不会溢到勺子外面了。"

只有当儿童身体健康且基本需要得到满足时，我们才能期望他们为学习做好了准备，具备了学习的能力（Marotz, 2012）。研究人员继续对该联系的重要性进行了论证（Casey et al., 2010）。研究结果已经促使人们制定政策并规划项目，帮助家庭满足儿童对食物营养和卫生保健（心理、身体和口腔）、安全和家庭教养以及学习机会的需求。例如启蒙教育、学校早餐、父母教育和儿童健康保险计划（Children's Health Insurance Program, CHIP）等。教育工作者也认识到了这一关键的联系，并花费了相当多的时间和精力，确保儿童的基本需要得到满足。

信息收集

人们对儿童的了解，比如生长和发育情况、如何学习或如何与他人交流等，都来源于对儿童的直接观察。几十年来，心理学家和教育家对许许多多的婴幼儿的日常活动进行了观察。在孩子学习走路、交流、掌握基本科学和数学概念、与同龄儿童互动、推理和解决问题等方面，科学家们进行了观察，并记录下所见所闻。这些观察记录为我们现有的知识奠定了基础，这些知识涵盖了儿童发展、有效的教学方法、课程模式以及家庭与儿童关系的重要性。

早期儿童教育家向来很重视收集儿童行为与发展的信息（图1-6）。尽管学校越来越强调标准化测验、档案记录和问责问题，但老师们仍明白在**自然情境**（naturalistic settings）下观察儿童的价值。这种方法被称为**真实**

图 1-6
在自然情境中的观察能获得有关儿童发展最可靠的信息。

性评价（authentic assessment），被认为是评价和支持幼儿的最有效的、发展适宜的方法（Macy & Bagnato, 2010）。在日常情境和活动中，可以收集儿童在发展进程中的行为表现信息。对儿童作品样本、家庭投入和教师观察等资料进行连续、系统的收集和整理。这些信息展现出了有关儿童发展连续且丰满的画面，并减少了产生偏见的可能性。因为根据单一评估方法的结果作出的决策有可能会导致偏见。真实性评价还可以帮助教师在面临影响儿童发展的一系列环境因素的背景下，了解儿童的技能、能力和特殊需求（Rushton, Juola-Rushton, & Larkin, 2010）。此外，真实性评价结果可以用于设计学习目标、干预以及有效满足儿童个体需要的回应性环境。

课堂观察者——教师

定期观察并对儿童发展进步进行评估是优质学校和早期儿童教育项目

的基本标准（Buysse & Hollingsworth, 2009）。观察并记录儿童在课堂和户外活动中的行为，能帮助教师及时洞察儿童的进步、优势和局限。通过观察获得的信息，也有助于鉴别儿童是否存在特殊天赋、发育迟缓、健康或行为问题。此外，教师还可以利用这些信息来设计活动和教学，设计发展适宜并利于高效学习的环境。

要对儿童进行有效的观察并做出合理的解释，教师需要熟悉典型的儿童发展，从而对儿童持有现实、合理的期望。教师也必须明白，家庭、文化和语言等方面的差异都会导致儿童在知识和能力上存在差异和变化。随着实践经验的积累，教师能熟练识别需观察的特殊行为，知道观察什么，以客观的态度记录观察结果，并利用观察结果以满足儿童的个体需要。

家庭观察者

学校应随时欢迎家长进入孩子的课堂，可以定期安排，也可以临时造访。家长有权利了解孩子的学习情况并提出问题。当家长参加例行观察时，学校可以准备一块写字板，以便家长记录感兴趣或想咨询的问题，比如关于学习材料、教师回应的问题，或是令孩子感到高兴或困扰的事物。教师应当安排后续的会面，以便了解家长关于课堂或教学程序的想法，指明孩子身上的优秀品质，并与家长分享对孩子进步的共同关注。

家长在家里对儿童的观察同样非常重要。家长比任何人都更了解和理解自己的孩子，并且几乎能够在任何可能的情况下观察孩子的行为。他们知道孩子喜欢和不喜欢的事物，了解他们的乐趣和焦虑，清楚他们的优点和缺点。最重要的是，他们对孩子有明确的期望，而且非常关心孩子的健康和快乐。如果学校能创设一种氛围，鼓励家长分享信息和担忧，那么包括孩子、家长和老师在内的所有人都将受益（图 1-7）。学校可以利用技术手段和所有家庭保持有效的沟通。电子邮件和安全的班级网站是交流孩子

图 1–7
家庭观察和信息分享对有效的指导至关重要。

成长信息的好平台，尤其是对有些家庭来说，由于工作时间冲突、家中有幼儿需要照顾、语言差异或离异等原因，家长无法参加例行活动，这些平台就显得更为重要。

观察方法

记录观察内容的形式多种多样：轶事记录、流水记录和日志、时间或事件取样、频数和持续时间计数、核查表、评定量表、录音和录像以及档案袋。本节接下来对每种方法都做了简要介绍。更多有关筛查测试的信息，可以查阅第 10 章"何时何地寻求帮助"和附录 B"筛查评估工具精选"。

轶事记录

教师可以花一分钟左右的时间记下与所见所闻相关的想法，每天记录数次。这些轶事记录可以记在一些便于携带的小笔记本或便笺簿上。教师在观察某个儿童时，对其**离散行为**（discrete behaviors）做简短记录，并注明日期。比如，"在积木区玩了 5 分钟，没有攻击其他儿童""主动与教师聊天"，以及"在测验中看起来很紧张"等等。

对于儿童在一段时间内在某个或多个**领域**（domains）取得的发展进步，轶事记录提供了持续记录和综合概览。轶事记录还可以用于记录特定的关注点、特殊干预的需要或教学策略的改变。持续的数据收集也可以帮助教师判断儿童是否得益于某项计划干预，或是否需要其他方法的介入。如果将轶事记录按发展领域划分，并根据时间顺序编辑，同样是一种有用的工具，可用于制定安置决策、撰写发展报告、评估教学计划以及准备家长会。

时间或事件取样

取样技术可以帮助教师在给定的时间范围或活动中，同时收集一名或多名儿童的行为信息。例如，教师可能想了解儿童在自由游戏时间会采用哪些行为来解决冲突：身体攻击（pa），语言攻击（va），或协作问题解决（cps）技巧。为方便记录，可以制作一个简单的记分表，将儿童的姓名填在第一列，时间以及行为编码或鉴别分类填在第一行（图 1-8）。记分表应每日更新，用于记录每天的观察情况。

取样方法常用于获取有关儿童语言发展的信息。可依据实时观察或预先录制的音频或视频做出统计。观察者准确地记录下儿童所说的每一句话语。取样的目标之一便是追踪儿童的言语和语言进步，通常在大约一个月的期限内，每次进行 10 到 15 分钟的取样记录。取样的另一个目的是判断

图 1-8
时间取样样表

姓名	8:30			8:40			8:50			9:00		
	pa	va	cps	pa	va	cps	pa	va	cps	pa	va	cps
拉肖娜												
乔斯												
玛基												
温斯顿												

_____ 日期　　　　　　　　　　　　活动：自由游戏

编码：
　pa：身体攻击
　va：语言攻击
　cps：协作游戏/问题解决

总数：pa ___　va ___　cps ___

儿童的语言是否起作用。儿童是否进行了有效的交流？通过语言，儿童是否得到了自己需要的和想要的？虽然在取样中并不会记录其他行为（除了交流手势或面部表情），但有时可能也要做一些简要记录，例如其他儿童很少对该儿童的言语提议做出回应。对监控发展进步和规划个性化项目而言，语言样本非常宝贵。同时，语言样本还可以帮助人们回忆儿童说过的幽默妙语或独到见解。

频数和持续时间计数

当认为某个儿童出现了令人担忧的特定行为时，教师必须首先判断这

儿童姓名：<u>尼古拉斯·J.</u>
日期：<u>2010年6月4日—9日</u>
观察者：<u>朱厄妮塔·M.</u>
观察行为：<u>未加入/分散其他儿童的注意</u>

图 1-9

频数和持续时间计数样表

活动：	星期一	星期二	星期三	星期四	星期五	备注
上午	II	0	II	I	III	
下午	III	II	IIII	0	III	

种行为多长时间发生一次（频数），或这种行为持续多长时间（持续时间）（图 1-9）。教师可以在日常工作中对儿童进行观察并记录数据。频数计数的方法之一，只需教师在儿童做出这种特定行为时进行简单的标记。通过计数，可能发现一个被认为总是"哭闹"的两岁孩子，实际上只是在每个上午哭闹一次或两次，甚至有时整个上午都不哭闹。对于发生频率较高的行为，教师可以使用高尔夫竖线或手持式计数器来记录。频数计数能够提供客观的信息，帮助教师确定某个"问题"是否真的是问题。

持续时间测量了儿童做出某种特定行为的时间长度。例如，教师可以只是简单记下儿童进入和离开某一区域或某项活动的时间；再如，教师可以在绘画或拼贴画的一角（不显眼的地方）用铅笔记下孩子开始和结束作业的时间；又或者，教师可以记录一名儿童发脾气的开始和结束时间。教师在决定是否应当为增加或减少某种行为进行干预时，持续时间计数可以为此提供有效的判断依据。

核查表和评定量表

教师或其他观察者可以使用核查表迅速记录下儿童出现的某种行为或技能。例如，在婴儿中心，可以记录下很多第一次：乔茜第一次微笑、第

图 1-10
评定量表样表

儿童姓名：<u>尼古拉斯·J.</u>
日期：_____

任务：	一点不会	尝试中/不熟练	比较熟练	非常熟练	备注（观察者/日期）：
认识数字1~10					
正确排列数字1~10					
有提示时能从1数到10					
无需提示能从1数到10					
写出数字1~10					

一次翻身或第一次独立走路的日子。在幼儿园，核查表是监控儿童技能习得的有效方法。例如，当卡梅拉正确识别和匹配基本颜色时、杰森用8个1英寸的小立方体摆成高塔时，或索菲娅自己拉上夹克拉链时，教师可在核查表上记录并标明日期。为了反映出独特的教学目标，教师可能会希望创建自己的核查表。无论是教师自己制作还是去购买，其简单或详细程度都应取决于实际需要（参见附录A"发展核查表"）。

评定量表与核查表一样，经常被用于某些特定行为的标定（图1-10）。无论是记录教师的观察结果还是方便今后对信息进行有意义的检索，评定量表都是一种有效的方法。

档案袋

从儿童的作品中选取有代表性的样本——图画、特别的积木结构或科学项目的数码照片、完整描述某个操作活动的笔记、对话或语言样本的录音带、班级表演或尝试学习某种新技能的数字影像——为追踪记录儿童的发展进程提供了另一种有效的方法（Harris，2009）。教师可以在每个发展领域都选择一些能反映儿童学习的材料，并将它们收集在儿童的个人档案袋中。儿童也应当有机会自己选择作品放入其中。教师观察以及家长会中获得的信息也应成为档案袋的一部分，因为这些信息为儿童作品提供了额外的视角和意义。

儿童档案袋中的材料应当定期检查和更新，以监控儿童兴趣的变化、某种技能的掌握程度以及是否需要额外指导。在准备家长会、阐述讨论重点以及与家长分享交流时，教师都可以利用这些材料。此外，儿童档案袋往往还能揭示有关课程或教学方法有效性的重要信息，因此也有利于教学计划的改进。

小　结

今天，人们对儿童发展的了解综合了多种人类发展理论：成熟理论、精神分析和心理社会发展理论、认知发展理论、行为主义和社会学习理论、生物生态学理论以及基本需要理论。所有理论都表明，满足儿童的基本生理和心理需要是取得最优发展的强有力决定因素。大脑物理结构的改变，首次被证明是满足儿童基本需要的结果。其中最重要的是，要给孩子提供足够的身体照料、回应性的教养、丰富的学习体验以及发展积极自尊的机会。

关于儿童如何成长和发展，现代的解释很少依赖于单一的理论，上述的每种理论对理解儿童的行为都有重要贡献。现在大多数研究者已经不再将"先天与后天之争"当作全或无命题来考虑；人类的发展并非那么简单。相反，它通常被认为是一系列复杂的交互作用，既包括环境因素，也包括生物因素。

在收集儿童成长和发展的信息时，教师和家庭一直都发挥着重要作用。他们的观察使人们能更好地理解儿童独特的兴趣、能力、天赋和需要。而记录儿童行为的过程，也促使教师对课程和指导方法做出必要的调整，以进一步改善和支持儿童的学习。

关键术语

先天与后天之争　　　　　　发展适宜

常模　　　　　　　　　　　自尊

建构主义　　　　　　　　　描述性表扬

最近发展区　　　　　　　　自然情境

风险　　　　　　　　　　　真实性评价

基本需要　　　　　　　　　离散行为

教养　　　　　　　　　　　领域

互惠

知识运用

A. 运用学到的知识

再次阅读本章开篇关于贾马尔的故事，并回答下列问题。

1. 贾马尔出生后最初几个月在贫困环境中的生活，是否会对他当前的发展产生影响？根据本章介绍的理论做出解释。

2. 虽然贾马尔运动技能的发展可能有些迟缓，但他仍然学会了坐、爬、站、走，最终还学会了跑。在这个例子中，你认为哪种因素更重要，是他学会这些技能的年龄要比一般儿童偏大些，还是他有独特的发展顺序？给出答案并解释。

3. 基于贾马尔及其家庭的简短描述，你认为当贾马尔爬到父亲膝盖上时，会有怎样的互惠影响？斯金纳和班杜拉会如何解释这种反应？

B. 回顾下列问题

1. "先天与后天之争"指的是什么，这一争论对于人们理解儿童发展有什么作用？
2. 在埃里克森的心理社会发展理论的前5个阶段（婴儿期—青少年期），儿童在各个阶段可能会做出什么样的行为？
3. 成熟理论与认知发展理论在哪些方面存在差异？
4. 什么是行为主义？儿童在母亲反复的警告下，却依然拒绝吃饭，行为主义如何解释这种现象？
5. 为了确认孩子是否具备完成某项任务的能力，你会使用哪些数据、如何收集？

推荐网站

幼儿百科与学习中心 http://eclkc.ohs.acf.hhs.gov

儿童保护基金 http://www.childrensdefense.org

美国国家儿童健康与人类发展研究所 http://www.nichd.nih.gov

参考文献

Bandura, A. (1977). *Social learning theory*. New York: General Learning Press.

Belsky, D., Moffitt, T., Arseneault, L., Melchior, M., & Caspi, A. (2010). Context and sequelae of food insecurity in children's development, *American Journal of Epidemiology*, 172(7), 809–818.

Bronfenbrenner, U. (1979). *The ecology of human development: Experiments by nature and design*. Cambridge, MA: Harvard University Press.

Brooker, L. (2010). Learning to play in a cultural context. In P. Broadhead, J. Howard, & E. Wood (Eds.), *Playing & learning in the early years: From research to practice*. Thousand Oaks, CA: Sage.

Buysse, V., & Hollingsworth, H. (2009). Program quality and early childhood inclusion, *Topics in Early Childhood Special Education*, 29(2), 119–128.

Casey, P., Ettinger de Cuba, S., Cook, J., & Frank, D. (2010). Child hunger, food insecurity, and social policy, *Archives of Pediatrics & Adolescent Medicine*, 164(8), 774–775.

Copple, C., & Bredekamp, S. (2009). Developmentally appropriate practice in early childhood programs serving children from birth through age 8 (3rd ed.). Washington, DC: NAEYC.

Dalton, T. (2005). Arnold Gesell and the maturation controversy, *Integrative Psychological & Behavioral Science, 40*(4), 182–204.

Ebstein, R., Israel, S., Chew, S., Zhong, S., & Knafo, A. (2010). Genetics of human social behavior, *Neuron, 65*(6), 831–844.

Erikson, E. (1950). *Childhood and society.* New York: Vintage.

Fox, S., Levitt, P., & Nelson, C. (2010). How timing and quality of early experiences influence the development of brain architecture, *Child Development, 81*(1), 28–40.

Gesell, A., & Ilg, F. (1949). *Child development.* New York: Harper.

Harris, M. (2009). Implementing portfolio assessment, *Young Children, 64*(3), 82–85.

Horn, E., & Bannerjee, R. (2009). Understanding curriculum modifications and embedded learning opportunities in the context of supporting all children's success, *Language, Speech, & Hearing Services in Schools, 40,* 406–415.

Lenzil, D., Trentini, C., Pantanol, P., Macaluso, E., Iacoboni, M., Lenzil, G., & Ammanitit, M. (2010). Neural basis of maternal communication and emotional expression processing during infant preverbal stage, *Cerebral Cortex, 19*(5), 1124–1133.

Macy, M., & Bagnato, S. (2010). Keeping It "R-E-A-L" with authentic assessment, *NHSA Dialog: A Research-to-Practice Journal for the Early Intervention Field, 13*(1), 1–20.

Marotz, L. (2012). *Health, safety, & nutrition for the young child* (8th ed.). Belmont, CA: Wadsworth Cengage.

Maslow, A. (1968). *Toward a psychology of being* (2nd ed.). New York: Van Nostrand Reinhold.

NAEYC (2009). Position statement: Developmentally appropriate practice in early childhood programs serving children from birth through age 8. Accessed on October 29, 2010 from http://www.naeyc.org/files/naeyc/file/positions/position%20statement%20Web.pdf.

Olin, S., Hoagwood, K., Rodriquez, J., Ramos, B., Burton, G., Penn, M., Crowe, M., Radigan, M., & Jensen, P. (2009). The application of behavior change theory to family-based services: Improving parent empowerment in children's mental health, *Journal of Child & Family Studies, 19*(4), 462–470.

Piaget, J. (1954). *The construction of reality in the child.* New York: Basic Books.

Rueda, M., & Rothbart, M. (2009). The influence of temperament on the development of coping: The role of maturation and experience, *New Directions for Child & Adolescent Development, 124*(2009), 19–31.

Rushton, S., Juola-Rushton, A., & Larkin, E. (2010). Neuroscience, play and early childhood education: Connections, implications and assessment, *Early Childhood Education Journal*, *37*(5), 351−361.

Sameroff, A. (2010). A unified theory of development: A dialectic integration of nature and nurture, *Child Development*, *81*(1), 6−22.

Shonkoff, J. (2010). Building a new biodevelopmental framework to guide the future of early childhood policy, *Child Development*, *81*(1), 357−367.

Skinner, B. F. (1938). *The behavior of organisms: An experimental analysis.* New York: Appleton-Century.

Sylvestre, A., & Mérette, C. (2010). Language delay in severely neglected children: A cumulative or specific effect of risk factors?, *Child Abuse & Neglect*, *34*(6), 414−428.

Vygotsky, L. (1986). *Thought and language* (2nd ed.). Cambridge, MA: MIT Press.

第 2 章

生长和发展的规律

学习目标

通过本章学习，掌握下列知识点：

- 明确生长和发展是两个互相独立的概念，分别举出至少两个例子来说明。
- 论证这一表述："评价儿童发展的重要因素是顺序，而非年龄"。
- 本章的重点是认识儿童发展的 6 个主要领域。

NAEYC 标准章节链接：

1a 和 1b：促进儿童发展与学习

2a 和 2c：建立家庭和社区联系

4a：运用有效的发展性方法

认识双胞胎埃玛和伊桑

埃玛和伊桑是一对双胞胎，他们马上就 3 岁了。出生时，他们的体重都是 4 磅（1.8 千克）多一点。尽管这对双胞胎早产两个月，属于低体重新生儿，但是现在他们都很健康强壮。两个孩子看起来很像，都有着深褐色的眼睛、浓密的睫毛和高高的颧骨。虽然他们在很多方面看起来很相似，但两人仍然存在显著的差异。自婴儿早期开始，埃玛就显得更加活跃。她睡眠少、吃得多，学会坐、爬、走的时间比伊桑或其他同龄孩子早好几周。埃玛也更加具有冒险精神，喜欢尝试新事物，比如滑滑梯，在游乐设施上爬上爬下。然而，伊桑微笑、玩"躲猫猫"游戏以及说话的时间比埃玛更早。现在，他已经会说完整的句子了，而且认识大量的字母、单词和数字。他喜欢给埃玛读书，而且当埃玛不能表达自己的想法时，伊桑常常帮她翻译。反过来，当伊桑受伤或害怕时，埃玛总是第一个来安慰他。最近，这对双胞胎参加了一个早教项目，他们很容易适应，但还是需要整天呆在一起。

问　题

1. 根据埃玛和伊桑的简要介绍，哪些发展特征是仅由遗传因素决定的？
2. 环境如何帮助解释儿童的发展差异？
3. 埃玛和伊桑的运动能力在哪些方面存在差异？

基本模式和概念

　　同一年龄段的孩子在身高、体形、能力等方面看起来都非常相似。但是，仔细观察会发现，个体之间在许多方面都存在着差异（图2-1）。不管是相似的方面还是不同的方面，都取决于儿童独特的生长和发展模式。用什么来界定生长和发展这两种互为补充的过程呢？为什么儿童经历的这一进程会存在差异？人们运用许多术语来解释这些概念，而且这些术语有时可互相通用。然而，它们表达的并不是完全相同的概念。

生　长

　　生长（growth）是指特定的身体变化和儿童实际体格的增长。细胞数量的增加和现有细胞的扩大，会导致儿童身高、体重、**头围**（head circumference）、脚长、四肢长度和体形的明显增加。身体的生长要用直接可靠的方式来测量。

图 2-1
儿童的发展在许多方面存在个体差异。

身体的生长过程持续一生，但是随着年龄的增长，生长速度会发生变化。比如，婴儿期和青少年期的孩子身体生长非常迅速，但是在学龄期通常要慢很多，变化也不是那么明显。甚至到老年，身体仍然在不断地修复、代替旧细胞，尽管活力远不如从前。

发　展

发展（development）是指复杂性的增加——从相对简单到更加复杂高级的变化。这是一个依照一定顺序连续发展的过程。渐渐地，儿童能学会并精通各种知识、行为和技能。尽管儿童的发展顺序基本相同，但是习得的速度却存在很大的个体差异。儿童神经、肌肉和骨骼系统的生理成熟，直接决定其具备学习能力的时间。环境条件、文化以及家庭价值观会对他们的学习兴趣产生影响（图 2-2）。所有这些因素是导致儿童发展过程存在巨大个体差异的原因。例如，在许多文化中，家长会鼓励孩子尽早地学习

图 2-2
许多因素在促进儿童发展中发挥着共同的作用。

爬和走路；而在某些文化环境下，尽早掌握运动技能则不那么受重视或支持。

发展里程碑

获得某项技能的主要标志或标记称为"发展里程碑"，适用于追踪运动、社会、认知和语言技能的出现。对于正常发展的儿童，这些里程碑所代表的行为，是以一定顺序出现的，并且在相对可预测的年龄范围之内。例如，几乎每个儿童都是在 10~12 周左右开始出现社会性微笑，在 12 个月左右开始说一两个单词。社会性微笑和第一个单词只是儿童发展进程中诸多重要行为指标中的两个。如果儿童在合理的时间范围内没有达到一个或多个里程碑，那么应该请儿童发展专家或卫生保健人员进行认真、系统的检测。

坐、走和说话，这些都是取决于生理成熟的发展里程碑，但这些技能的发展也离不开环境的影响。例如，学习走不仅需要肌肉力量和协调，也需要有一个鼓励练习的环境，不仅要在走这个行为出现时练习走，也需要对那些在此之前出现的行为和技能（比如翻身、坐和站）进行练习。

发展顺序

发展顺序由大多数儿童普遍发展过程中可预测的步骤组成。这个过程有时被称作**连续性**（continuity）。儿童在学会"坐"之前必须会"翻身"，在"站"之前必须会"坐"。关键在于儿童获得这些发展技能的顺序，而不是以年月计算的年龄。儿童在每个领域适宜的发展顺序，是其在健康的发展连续体上稳步成长的重要标志（图 2-3）。例如，在语言发展方面，儿童

图 2-3

运动发展的典型顺序。

在 2 岁前能说多少单词并不要紧。重要的是，儿童经历了从咿呀学语到含糊不清［变调的**混杂语**（jargon）］，再到学会发出音节的发展过程。经历这些发展阶段的 2 岁或 3 岁儿童，通常能在合理的时期内说出符合年龄特征的单词或句子。

发展的进程很少是一帆风顺的。比如**口吃**（stammering）或**挑食**（food jag），这些不符合规律的问题经常刻画出儿童发展中的一些特点。偶尔出现退化或退行一两步也是完全正常的。例如，受过一段时间如厕训练的儿童，当面临入学或有某些压力时，可能会出现"意外"；一个年龄稍大的儿童在搬家之后可能会出现爱打人或言语攻击等行为。

年龄期望或发展常模

年龄期望可以看作**时序**（chronological），或与年龄相关的发展水平。包括格赛尔、皮亚杰和埃里克森在内的心理学家对不同年龄段的婴儿和儿童进行了数百次的系统观察。通过对观察结果的分析，心理学家得出了在特定文化中大多数儿童获得许多具体发展技能所处的平均或典型年龄（Gesell & Ilg, 1949; Piaget, 1954）。这种平均年龄通常被称作**常模**（norm）。因此，一个儿童的发展可以描述为处于常模、高于常模或低于常模水平。例如，一个孩子在 8 个月大的时候学会了走路，可以认为他的发展水平高于常模（会走的常模为 12~15 月龄）；而如果一个孩子到 20 个月大的时候才学会走路，就认为他低于常模水平。

年龄期望通常只列出儿童最有可能获得特定技能的年龄段，从不呈现精确的时间点。本书中的剖面图（某些特定技能的年龄期望）应解释为在几个月里的近似中间点（例如，幼儿学会走路的时间一般是 8 个月到 20 个月之间，中间值为 14 个月）。再次强调，在评价儿童发展时，顺序才是重要因素，而非年龄（Knight & Zerr, 2010; Blaga et al., 2009）。在现实生活中，可能几乎没有儿童在各个方面的发展都是真正典型的。儿童获取的技能范围以及习得技能的年龄存在巨大的个体差异。仍以走路为例，有的儿童可能在 8 个月的时候就学会走路，而有的则到 20 个月才学会，这分别是发展常模的两个端点。没有任何两个孩子的生长发育速度是完全一致的，他们表现的方式也不会完全相同。例如，幼儿爬行的方式多达六七种。然而，大多数儿童在学会走路之前，都是使用被称为对侧运动的方法爬行（用对侧膝盖和手爬行的方式）。但是，还有一些两岁学会正常走路的儿童从来不会爬，这也表明，在典型发展中存在显著的差异。

组织和重组

发展可以看作一系列的阶段。快速生长和发展爆发之后，通常紧接着的是混乱时期。儿童似乎开始恢复并迈入重组阶段。在这些阶段，即便孩子出现行为问题，甚至倒退，也不足为奇。其中的原因是多方面的。也许，家里的一个活泼可爱的新生儿成为了全家人关注的中心。而在差不多同一时间，这个新生儿 3 岁的哥哥可能会出现倒退，做出婴儿般幼稚的行为。他开始为一点儿小事大发脾气，也可能暂时丧失来之不易的膀胱控制能力。通常，这些时期都是短暂的。如果这个 3 岁的孩子能够得到家长充分的理解和支持，那么通常他能学会运用适龄的方式来吸引家人的注意。

脑生长和发展

脑成熟为儿童各方面的发展奠定了基础。胎儿脑的生长和发展十分迅速，极其复杂，而且会受到母体环境（参考第 3 章"产前发育"）和遗传基因的综合影响。婴儿出生时的脑细胞（即神经元）非常多，远远超过成年人或将来所需的数量！然而，这些神经元在可用于有目的的活动之前，首先必须组织成功能网络。

儿童大脑的大小和复杂性都随着神经连接或神经网络的形成而增加，这是不断重复学习新经验的直接结果（Giedd & Rapoport, 2010）。这些神经连接一旦建立，脑细胞之间便可以相互传达信息，从而完成特定的任务。**修剪**（pruning）是指将那些很少被用到的脑细胞和神经连接剔除，这是一个自然过程。通过这一过程，活跃的细胞和神经连接逐渐强化。这就解释了个体之间存在诸多差异的内在原因，例如，为什么孩子先学会说本民族母语而非其他语言；为什么有的孩子能够成为出色的钢琴家，而有的孩子却擅长运动或下棋。因此，遗传因素和学习经验在促进脑发育方面都发挥着重要作用，谨记这点很重要（图 2-4）。

科学研究已经在大脑与语言发展之间的关系方面发现了一些惊人的信息（Fox, Levitt, & Nelson, 2010）。例如，婴儿不仅可以理解听到的语言发音，还会使用方言进行重复。此外，儿童学会的方言多年都能保持不变。就语

图 2-4
生长和发展受到基因和学习经验的综合影响。

言发展而言，无论随后的语言环境发生了怎样的变化，大脑似乎都不会轻易切断个体在生命最早期建立的连接。

长期以来，人们一直认为，儿童在对持续的经验作出反应的情况下，其大脑只会变得越来越复杂。但是，最近的研究表明，在青少年期大脑额叶会形成一层新灰质。这个特别的区域负责控制情绪、冲动和决策过程（Romer，2010）。同样，新的神经连接必须通过反复的经验、精化和修剪来建立，然后个体才能表现出程度不等的一致性和类似成人的老练。这些发现也许有助于解释为什么青少年经常做出成人难以理解的行为和非理性决定。

典型生长和发展

典型（typical）发展和标准（normal）发展两个术语常可以通用，指按照预期的速度和顺序习得某些技能和行为。然而如前所述，每个发展领域典型行为的范围是宽泛的，存在微小的变动和简单的不规律性。比如，有的3岁孩子说话仍不利索；还有12个月大的孩子不会爬却学会了走。这两个术语的使用也会导致概念过分简单化。标准或典型的发展意味着：

- 一个整体的过程，支配着体形、**神经系统**（neurological）结构和行为复杂性的变化。
- 一个累积或构建的过程，每一方面的新生长或发展都包含早期变化并以其为基础；每项技能的成功都是习得下一项所必要的。
- 一个连续的过程，儿童与所处的外界环境之间互相交换（互惠），以多种方式互相影响。例如，一个3岁的孩子把杯子掉在地上摔碎了，为此家长责备了他。这两个事件——打碎的杯子和父母的不愉快——都是孩子所引起的环境变化。有了这次经历，这个孩子可能学会下次把杯子抓得更牢，这又会导致儿童和家长行为的变化——孩子少打碎杯子，因此父母少生气。

发展领域间的相关性

关于发展的论述通常集中在下列几个主要领域：生理发育、动作或运动能力发展、感知觉发展、认知发展、社会性－情绪发展以及语言发展。然而，没有任何一个领域的发展是独立于其他方面的。无论简单还是复杂，每项技能都需要各种发展能力的配合。社会技能便是最好的例证。为什么有些幼儿被认为具备良好的社会技能？通常答案是，这些孩子与其他孩子玩得很好，并且被其他孩子当作玩伴。要成为一个受欢迎的玩伴，儿童必须拥有多种能力，所有这些能力都是相互联系、相互依赖的。例如，一个4岁的孩子应该具备以下能力：

- 会跑、跳、攀爬和搭积木（良好的运动能力）。
- 会请求、解释和描述正在发生的事情（良好的语言能力）。
- 能够识别出游戏材料之间的异同，从而在拼接建筑游戏中选择出合适的材料（良好的感知觉能力）。
- 在合作性的冒险游戏中，具备问题解决、构思想象和提前计划的能力（良好的认知能力）。

在上面的例子中，虽然社会技能的发展是需要考虑的主要方面，但每个发展领域都需要有较好的表现。

气　质

气质是指个体人格特征中的遗传部分（Neppl et al., 2010; Bornstein & Cote, 2009）。气质描述了个体情绪反应的性质特点，比如强度、性情或心境、注意力和调节能力。它能够解释儿童在许多行为上存在的差异，比如活动水平、警觉性、兴奋性、易安抚性、焦虑感以及与他人亲密接触的意愿。

图 2–5
儿童的气质会影响照料者回应的性质。

这些特质经常给孩子带来一些标签——"容易型"儿童、"困难型"儿童和"慢热型"儿童,这容易影响成人对孩子的期望和回应(Todd & Dixon, 2010)。相应地,成人的回应方式又可能强化孩子的行为(图2-5)。例如,一个慢热型的儿童可能很少得到他人喜爱的表示,同时他又把这种情况理解为排斥,从而导致这个孩子更难表现出热情、开朗的一面。

性别角色

在生命早期，幼儿便学会了适应自己文化的性别角色（Martin & Ruble, 2010）。每个男孩和女孩都会形成一套特定的行为、态度和信念，它们被直接或间接地看作是社会认同的男性或女性特征（Denham, Bassett, & Wyatt, 2010）。此外，每个儿童都根据日常经验来扮演不同的性别角色。遗传、玩伴和游戏机会、玩具、媒体、文化期望，尤其是成人的角色榜样（父母、邻居和教师），这些因素会共同影响儿童对男性或女性的认知。

生态因素

首先介绍**生态**（ecology）这一概念，生态是指来自家庭、社区和社会的环境影响，这些因素会影响儿童各方面的发展（Conger, Conger, & Martin, 2010）。下面列举的是影响力较大的几个生态因素。

- 经济来源；充足、便利的食物和住所（Duncan, Ziol-Guest, & Kalil, 2010）；
- 文化价值观和习俗；
- 常规健康和营养；母亲和孩子的产前和产后护理；
- 家庭教育水平（母亲的教育水平是儿童学业成绩的重要预测因素）（Pettit, Davis-Kearn, & Magnuson, 2009）；
- 婴儿出生前后，家庭对义务和责任的理解；
- 家庭成员之间的沟通和抚养子女的做法（关爱或惩罚，养育或忽视）；家庭压力（Son & Morrison, 2010）；
- 家庭结构：单亲家庭、双亲家庭、重组家庭或大家庭；祖父母是否为主要的照料者；非传统家庭；寄养家庭。

以上几个方面的差异最终会导致孩子之间的不同。例如，一个出生在 15 岁贫困单亲妈妈家庭的孩子，他的生活经历与出生并成长在称职的双亲家庭的孩子是完全不同的。

发展的相互作用模式

自出生开始，孩子就影响着成年照料者的行为（比如，父母和教师）。相应地，这些成人也给孩子的行为施加了强烈影响。例如，一个安静、可爱的婴儿能以清晰、可预期的方式来表达自己的需要，这个婴儿最初生活中的个人-社会经验，就会与焦虑、爱哭闹的婴儿完全不同，后者的睡眠和饮食模式都非常不规律，往往会给父母带来很大压力。儿童与父母以及与日常事件之间这种复杂、交互的**相互作用过程**（transactional process）是持续进行且不断变化的，这些发展经历会使每个儿童形成自己独特的品质。

当成人对孩子的合理言行能够给予即刻、积极的反馈，至少他们愿意拿出时间来与孩子共同相处时，婴幼儿才会茁壮成长。研究表明，由回应型成人所抚养的孩子，有更健康的自我概念，学习能力、认知能力以及社会技能习得的时间更早，水平更高（Glascoe & Leew, 2010）。

儿童面临的风险

有些儿童出生的环境不利于他们的发展，或干扰他们正常的发展过程。这些儿童常被描述为处于风险中。早产和低出生体重便是两个例子，这两种状况会增大儿童出现身体发育问题、学习障碍或行为问题的易感性或可能性，也可能同时出现 3 种问题（Davis, Harris, & Burns, 2010）。婴儿早产或低体重通常与母亲孕期健康状况差、产前护理不到位、孕期物质滥用、贫穷或产妇的年龄不在正常范围内（母亲为未成年人或 40 多岁的高龄产妇）

等因素有关。家庭贫困、受到虐待或忽视，这些也被认为是导致儿童产生行为或发展问题的高风险因素（Denham, Bassett, & Wyatt, 2010）。研究表明，严厉的体罚，比如总打屁股，会妨碍孩子的学习并降低智商（Scarborough & McCrae, 2010）。

非典型生长和发展

非典型这一术语用来描述在发展中存在差异、偏差或明显迟缓的儿童——与典型的发展模式和顺序相比，这些儿童的发展看起来不完整或不一致。导致非典型发展的原因是多方面的，包括遗传问题、健康状况不佳、营养不良、受伤害，以及学习的机会太少或质量不佳。

儿童在某一方面的异常发展可能会影响其他方面，也可能不影响。但是，发展迟缓的儿童可能在某一个或多个发展领域表现得像一个小得多的孩子。比如，一个3岁孩子依然在呀呀学语，不能说出可辨别的单词，这个孩子便属于发展迟缓。除非这个孩子永远没有学会**功能性语言**（functional language），否则这种状况不一定意味着残疾。发展偏差描述了儿童在某一方面的发展与预期的典型发展存在差异（图2-6）。例如，出生时少一根手指或有严重听力损失的儿童便存在发展偏差。少一根手指的儿童不太可能成为残疾，但与此相反，如果不及早进行深入干预，失聪的儿童将会出现严重的发展障碍。

无论如何，本章所描述的概念和原则不仅适用于存在发展差异的儿童，也适用于正常发展的儿童。然而，我们在对儿童的发展状况进行判断时必须保持谨慎的态度，首先要考虑文化、种族、社会经济、语言和性别差异等可能确实会导致差异的因素（Trawick-Smith, 2009）。最重要的是，我们必须谨记，不管存在哪种类型的发展问题，这些孩子的基本需要与其他孩子一样。

图 2-6
视力障碍是发展偏差的一种。

发展领域

要描述和准确评估儿童的发展进程，需要一个框架结构。本书关注 6 个主要方面，或者说发展领域：生理、运动、感知觉、认知、言语和语言、社会性 – 情绪。每个领域都包括许多技能和行为，这些正是本书的重点，即发展剖面图所讨论的内容（第 4 章至第 9 章）。出于讨论的需要，我们划分了不同的发展领域，但它们在现实中却是密不可分的。在个体的整体发展过程中，每个发展方面都与其他方面紧密相关、**互相依赖**（interdependent）。

发展剖面图，或文字图片，对于评估儿童的技能和行为的即时和持续状态是很有用的。发展的速度不均衡，而且在不同领域之间有时是不可预知的，谨记这一点很重要。例如，婴儿和学步儿的语言和社会能力发展通常不如他们的动作或运动能力。此外，儿童的个人成就在不同发展领域也存在差异：一个儿童可能学步较晚，但学说话较早。再次强调：儿童在任何领域的发展很大程度上依赖于恰当的刺激和充分支持性的学习机会。此外，儿童个体所经历的学习经验类型差异很大，反映了文化、社会经济和家庭价值观。

生理发育与生长

身体或生理发育主导着婴儿期和儿童期的主要任务。要成为高效的家长、教师和照料者，理解儿童生理发育的模式和顺序十分必要。使学习新的知识和行为成为可能的是健康的成长和发育，而非来自成人的压力或管教。成人的压力不仅不能加速儿童的学习过程，还会适得其反。7个月大的婴儿不能进行如厕训练，因为**括约肌**（sphincter）尚未发育完善，难以控制这种行为。大多数幼儿园的孩子不能熟练地接球或踢球，因为以5、6岁儿童的生理发育水平，是不可能有这种协调能力的。然而，我们大多数人都见过这种场景：教练或家长因为孩子没有接到或踢到球而把孩子训哭。

受遗传因素的控制和环境条件的巨大影响，个体的生理发育和生长是一个极其个性化的过程（Leve et al., 2010）。它是体形、身材比例和整个身体大小发生改变的原因。在人的一生中，胎儿期和出生头一年的生长速度是最快的，尤其是脑的发育。生长与其他发展领域之间有着错综复杂的关系。它使肌肉更有力量，这是运动、协调视觉和运动控制、使神经系统和肌肉活动保持同步以获得大小便控制力等所必需的。儿童的生长与营养状况和种族特征也密切相关（Stang & Bayerl, 2010）。因此，儿童的生理发育状况可以作为其整体健康和良好状态的可靠指标。此外，身体生长和发育直接决定儿童是否能够充分发挥认知和学术潜力。

运动发展

儿童走动和控制身体不同部位的能力是运动发展的主要功能。儿童运动能力的提高取决于大脑成熟、感觉系统的输入、不断增大和增多的肌纤维、健康的神经系统以及练习的机会。这种整体分析与早期发展心理学家（如格赛尔等）关于运动技能发生的观点形成了鲜明的对比。早期发展心理学家认为，运动能力的发展是一个纯粹的成熟过程，几乎完全受个体遗传密码（先天）的控制。当代的心理学家则认为，这种解释是错误的、不全面的。例如，他们的研究表明，当幼儿对自己用勺子吃东西表现出兴趣时，总是伴随着不断提高的眼 – 手协调能力（把勺子对准嘴巴）、动机（喜欢并想要吃碗里的食物）以及模仿他人动作的内在动力。也就是说，环境即经验，在儿童形成新的运动技能中发挥着重要作用（后天）。

婴儿早期的运动活动完全是**反射性**（reflexive）的，随着儿童对自己的动作发展出**随意**（voluntary）控制，这种反射性运动或动作会逐渐消失。在儿童的**发展顺序**（development sequence）中，如果这些最早的反射性不能在适当的时间逐渐消失，它可能预示着神经系统出现了问题（见第 4 章"婴儿期"）。这种情况应该寻求医学鉴定。动作发展遵循 3 条原则：

1. **头尾原则**（cephalocaudal） 骨骼和肌肉的发育遵循从头到脚的规律（图 2-7）。婴儿首先学会控制支撑头部和颈部的肌肉，其次是躯干，再次是手臂，最后是下肢。

2. **近远原则**（proximodistal） 骨骼和肌肉的发育，首先是对最靠近身体中心部分的肌肉的控制提高,逐渐从正中央向外扩展到四肢(胳膊和腿)（图 2-8）。例如，儿童对头部和颈部的控制要先于用拇指和食指捡起东

图 2-7
头尾原则是指沿着从头到脚的顺序发展。

图 2-8
近远原则是指沿着从躯干中央向外的顺序发展。

西（指尖抓握，食指与拇指互相用力）。

3. **大小原则**（refinement） 无论是**大动作**（gross motor），还是**精细动作**（fine motor），儿童的肌肉发育遵循从整体到具体的规律。例如，在大动作技能的发展中，一个 2 岁孩子试图扔球，但却扔不远或控制不好。但短短几年之内，这个孩子可能就可以又快又准地将球投进本垒区。至于精细动作，可以对比一个学步儿自己吃饭所做的努力，与一个 8 岁儿童为了实现某种目的而表现出来的优雅的餐桌礼仪。

感知觉发展

儿童通过感官——视觉、听觉、触觉、嗅觉、味觉和身体姿势——来接收信息。随着年龄的增长,儿童获取信息的方式逐渐复杂,这些构成了感知觉发展的基础(Santrock, 2009)。可以说,知觉是决定和统筹多种感官单独或共同运作的重要因素。知觉过程还使得个体在某个特定时刻能够把注意力集中在相关事物上,筛选掉无关内容:哪些细节是重要的?应该注意哪些差异?忽略哪些差异?知觉发展涉及3大重要功能:

1. **多感官**。一般而言,个体每次都通过多个感觉系统接收信息。例如,在听演讲时,我们会用到视觉(观察面部表情和手势)和听觉(听单词)(Frank et al., 2009)。
2. **习惯化**。指专注于某一特定任务,而忽略其他无关信息的能力。例如,一个孩子可能沉浸在读书的乐趣里,完全意识不到同学们的交谈或背景音乐。换句话说,这个孩子能够做到不理会周边发生的事件,把注意力完全集中在当时最重要的事情上(Casasola & Bhagwat, 2007)。
3. **感觉统合**。这一过程是指将**感觉信息**(sensory information)转换为功能性行为。例如,一个5岁孩子看到或听到有车驶过来,他会等车过去后再过马路。

孩子出生时就已具备最基本的感知系统。通过经验、学习和成熟,感知系统逐渐发展成为平稳协调的机制,对来自多种感官的复杂信息进行加工。因此,儿童能够根据大小和颜色对不同形状进行分类,并进行精细的辨别;或由听觉区分出押韵词中首字母的不同发音,比如 *rake*、*cake* 和 *lake*。感觉系统也使得我们能够对不同的信息和信号做出合理的反应,比如以微笑回应微笑,以安静回应皱眉。

认知发展

认知领域主要指儿童智力或心智能力的发展。认知包括识别、加工和组织信息，然后合理运用信息（Charlesworth, 2011）。认知过程包括下列心理活动：发现、解释、排序、分类和记忆。对学龄前和学龄期的儿童而言，认知意味着评价观点、做出判断、解决复杂问题、理解规则和概念、预测，以及想象事情的可能性或结果。

认知发展是儿童及其对环境中客体或事件的知觉之间持续不断相互作用的过程（Piaget, 1954）。可以很肯定地说，认知发展和知觉发展都不是相互独立进行的。认知技能总是与知觉发展和动作发展有重叠的部分。在生命第二年的早期，语言和言语的出现又为发展增添了一个维度。

认知发展始于原始或反射性行为，这些行为是健康的新生儿生存和早期学习的基础。举一个早期学习的例子，如果母亲开玩笑地伸几次舌头，婴儿会开始模仿她。这些以及一些其他的早期行为，促使发展心理学家去思考婴儿和儿童学习中这些诸多惊人的一致性或相似性。20 世纪 50 年代，瑞士心理学家让·皮亚杰通过对这些相似性的反复观察，总结出认知发展的 4 个阶段：感知运动阶段、前运算阶段、具体运算阶段和形式运算阶段（见第 1 章"儿童发展理论与信息收集"）。

语言发展

通常语言被定义为能使我们与他人交流的系统，包括符号的、口头的、书面的和肢体的系统（挥手、微笑、皱眉、畏缩）。正常的语言发展是有规律、循序渐进的，依赖于个体的成熟和学习机会（Hammer, Farkas, & Maczuga, 2010）。出生后的第一年被称为前语言阶段。儿童完全依赖身体动作和哭、笑这样的声音来传达需要和情感。随后的第二年进入言语或语言阶段，说

图 2-9

大部分 5 岁儿童都能使用正确的语法清楚地表达自己的思想。

话成为此阶段最主要的交流方式。在接下来的 3~4 年中，由于儿童已经学会了适当的语法结构，他们能将单词连在一起构成简单句和复合句，从而向别人表达有意义的内容。在 5~7 岁时，大多数儿童已经能够熟练运用语言来表达自己的思想和观点（图 2-9）。这一年龄段的许多儿童已经掌握了超过 14 000 的词汇量[1]，而且在儿童中期，依据儿童所处的文化环境，该数目会翻倍或增至 3 倍。

早在使用词汇来描述很多词、概念或关系之前，大多数儿童似乎就已经能理解它们的含义。这种能力被称为**接受性语言**（receptive language），发生在**表达性语言**（expressive language）（用词汇来描述和解释的能力）之前。言语和语言发展与儿童一般认知、社会性、知觉和神经肌肉的发展密切相关。语言发展及如何使用语言的规则也会受到儿童在家庭、学校和社区所听到的语言类型的影响（Pungello et al., 2009）。

---

1 本书中的"词汇量"均指母语为英语的儿童所掌握的英文单词词汇量。

社会性和情绪发展

社会性和情绪发展是一个宽泛的领域，涉及儿童对自我以及与他人关系的感知（Stack et al., 2010）。社会性和情绪发展涉及儿童的行为、对游戏和工作活动的反应方式，还涉及对家庭成员、照料者、教师和朋友的依恋。另外，性别角色、气质类型、独立性、道德感、信任感、对规则的接受度和社会文化期望同样也是该发展领域的重要组成部分（Denham, Bassett, & Wyatt, 2010）。

在描述个性和社会性发展时，必须谨记，儿童发展的速度是不同的。在遗传和文化背景、健康状况、生活方式、家庭互动、较大社区范围中的日常经验等方面的个体差异，不断地塑造和重塑儿童的发展。因此，没有两个孩子是完全一样的，不管是在社会性和情绪发展方面，还是在其他发展领域。

年龄划分

下面是本书所采用的年龄划分，是大多数儿童发展专家在描述发展领域的显著变化时普遍采纳的标准：

婴儿期	0~1 个月
	1~4 个月
	4~8 个月
	8~12 个月
学步期	12~24 个月
	24~36 个月
儿童早期	3~5 岁
	6~8 岁

儿童中期	9~12 岁
青少年期	13~14 岁
	15~16 岁
	17~19 岁

在涉及儿童时，运用年龄划分要十分谨慎，且要有足够的灵活性。它们是根据大量处于不同发展阶段的儿童在成就、能力和行为方面的平均水平得出的。如前所述，不同儿童之间存在巨大差异。

本书从第 4 章到第 9 章详细描述了儿童一步一步的发展过程，重点强调了要理解"表明各发展领域以及每个儿童整体发展进程的是获得的顺序、而非年龄"。

小 结

儿童的生长和发展受其独特的基因组成和日常环境品质的影响，包括养育、医疗保健、营养状况以及学习各种技能的机会，这些都是发展进程的证据。每个儿童的健康发展都依赖于习得以下 6 个发展领域所必需的技能：生理发育、运动发展、感知觉发展、认知发展、语言发展以及社会性和情绪发展。尽管出于讨论的需要，研究者将这 6 个领域分开探讨，但事实上，在人的整个发展过程及一生当中，它们是相互依赖、相互交织在一起的。

尽管在评估儿童个体的发展状况时，年龄期望（常模）非常有用，但也要慎重使用。常态可接受的范围很广，每个儿童都是独特的。因此，更为重要的因素不是年龄，而是顺序——即儿童在各个发展领域每一步的进展，有时比同龄孩子晚，有时则比同龄儿童早。非典型发展的特征是明显延迟，或者出现典型发展中不常见的特征。尽管如此，也必须记住，无论每个孩子有什么特别的能力、局限或者挑战，他们的基本需求都是一致的。

关键术语

生长	互相依赖
头围	括约肌
发展	反射性
连续性	随意
混杂语	发展顺序
口吃	头尾原则
挑食	近远原则
时序	大小原则
修剪	大动作
典型	精细动作
神经系统	感觉信息
生态	接受性语言
相互作用过程	表达性语言
功能性语言	

知识运用

A. 运用学到的知识

再次阅读本章开篇介绍的埃玛和伊桑这两个孩子的发展特点，并回答下列问题。

1. 埃玛和伊桑在个性–社会性发展方面存在哪些差异？考虑到他们是双胞胎，哪些因素可能导致了这些差异？

2. 根据皮亚杰的理论，这对接近3岁的双胞胎正在经历哪个认知发展阶段？根据文中对埃玛和伊桑的描述举例说明相关概念。

3. 因为埃玛和伊桑是双胞胎，两个孩子的发展方式及速度是否完全一致？发展理论家会如何解释这些差异（见第 1 章）？

B. 回顾下列问题

1. 解释生长和发展这两个概念有何差异。
2. 明确并讨论可能导致非典型发展的 3 种因素。
3. 环境在儿童的脑发育中发挥了什么作用？
4. 感觉信息这个术语指的是什么？举 3 个例子来说明此概念。
5. 一个正在学走路的学步儿反而坚持爬行，为什么你对此并不担心？请解释。
6. 发展里程碑是什么，它们有何作用？

推荐网站

疾病控制与预防中心 http://www.cdc.gov/ncbddd/child

美国儿童发展协会 http://www.nacd.org

美国儿童健康与人类发展研究所 http://www.nichd.gov

美国幼儿教育发展协会 http://www.naeyc.org

参考文献

Blaga, O., Shaddy, D., Anderson, C., Kannass, K., Little, T., & Colombo, J. (2009). Structure and continuity of intellectual development in early childhood, *Intelligence*, 37(1), 106–113.

Bornstein, M., & Cote, L. (2009). Child temperament in three U.S. cultural groups, *Infant Mental Health Journal*, 30(5), 433–451.

Casasola, M., & Bhagwat, J. (2007). Do novel words facilitate 18-month-olds' spatial categorization?, *Child Development*, 78(6), 1818–1829.

Charlesworth, R. (2011). *Understanding child development* (8th ed.). Belmont, CA: Wadsworth Cengage Learning.

Conger, R., Conger, K., & Martin, M. (2010). Socioeconomic status, family processes, and individual development, *Journal of Marriage & Family*, 72(3), 685–704.

Davis, D., Harris, R., & Burns, B. (2010). Attention regulation in low-risk very low birth weight preschoolers: The influence of child temperament and parental sensitivity, *Early Child Development & Care, 180*(8), 1019–1040.

Denham, S., Bassett, H., & Wyatt, T. (2010). Gender differences in the socialization of preschoolers' emotional competence, *New Directions for Child and Adolescent Development, 2010*(128), 29–49.

Duncan, G., Ziol-Guest, K., & Kalil, A. (2010). Early childhood poverty and adult attainment, behavior, and health, *Child Development, 81*(1), 306–325.

Fox, S., Levitt, P., & Nelson, C. (2010). How the timing and quality of early experiences influence the development of brain architecture, *Child Development, 81*(1), 28–40.

Frank, M., Slemmer, J., Marcus, G., & Johnson, S. (2009). Information from multiple modalities helps 5-month-olds learn abstract rules, *Developmental Science, 12*(4), 504–509.

Gesell, A., & Ilg, F. (1949). *Child development.* New York: Harper.

Giedd, J., & Rapoport, J. (2010). Structural MRI of pediatric brain development: What have we learned and where are we going?, *Neuron, 67*(5), 728–734.

Glascoe, F., & Leew, S. (2010). Parenting behaviors, perceptions, and psychosocial risk: Impacts on young children's development, *Pediatrics, 125*(2), 313–319.

Hammer, C., Farkas, G., & Maczuga, S. (2010). The language and literacy development of Head Start children: A study using the Family and Child Experiences Survey database, *Language, Speech, and Hearing Services in Schools, 41*, 70–83.

Knight, G., & Zerr, A. (2010). Informed theory and measurement equivalence in child development research, *Child Development Perspectives, 4*(1), 25–30.

Leve, L., Neiderhiser, J., Scaramella, L., & Reiss, D. (2010). The Early Growth and Development Study: Using the prospective adoption design to examine genotype-environment interplay, *Behavior Genetics, 40*(3), 306–314.

Martin, C., & Ruble, D. (2010). Patterns of gender development, *Annual Review of Psychology, 61*(1), 353–381.

Neppl, T., Donnellan, M., Scaramella, L., Widaman, K., Spilman, S., Ontai, L., & Conger, R. (2010). Differential stability of temperament and personality from toddlerhood to middle childhood, *Journal of Research in Personality, 44*(3), 386–396.

Pettit, G., Davis-Kean, P., & Magnuson, K. (2009). Educational attainment in developmental perspective: Longitudinal analyses of continuity, change, and process, *Merrill-Palmer Quarterly, 55*(3), 217–123.

Piaget, J. (1954). *The construction of reality in the child.* New York: Basic Books.

Pungello, E., Iruka, I., Dotterer, A., Mills-Koonce, R., & Reznick, J. (2009). The effects of socioeconomic status, race, and parenting on language development in early childhood, *Developmental Psychology, 45*(2), 544–557.

Romer, D. (2010). Adolescent risk taking, impulsivity, and brain development: Implications for prevention, *Developmental Psychobiology, 52*(3), 263–276.

Santrock, J. (2009). *Children* (10th ed.). New York: McGraw-Hill.

Scarborough, A., & McCrae, J. (2010). School-age special education outcomes of infants and toddlers investigated for maltreatment, *Children & Youth Services, 32*(1), 80–88.

Son, S., & Morrison, F. (2010). The nature and impact of changes in home learning environment on development of language and academic skills in preschool children, *Developmental Psychology, 46*(5), 1103–1118.

Stack, D., Serbin, L., Enns, L., Ruttle, P., & Barrieau, L. (2010). Parental effects on children's emotional development over time and across generations, *Infants & Young Children, 23*(1), 52–69.

Stang, J., & Bayerl, C. (2010). Position of the American Dietetic Association: Child and adolescent nutrition assistant programs, *Journal of the American Dietetic Association, 110*(5), 791–799.

Todd, J., & Dixon, W. (2010). Temperament moderates responsiveness to joint attention in 11-month-old infants, *Infant Behavior & Development, 33*(3), 297–308.

Trawick-Smith, J. (2009). *Early childhood development: A multicultural approach.* Upper Saddle River, NJ: Merrill/Prentice Hall.

第 3 章

产前发育

学习目标

通过本章学习，掌握下列知识点：

- 讨论胎盘有哪些功能。
- 描述在怀孕期间，孕妇应该遵循哪些做法，以增加生下健康婴儿的概率。
- 列举 5 种致畸物，并说出预防措施。
- 说明哪些变化标志着分娩活跃期的开始。
- 讨论产妇抑郁及其对婴儿发育的潜在影响。

NAEYC 标准章节链接：

1b：促进儿童发展与学习

2a：建立家庭和社区联系

6e：成为专业人士

认识安娜和米格尔

在得知已经怀孕 7 周后，安娜和米格尔非常高兴。6 个月前，安娜在怀孕第 3 个月时经历了一次流产。当时医生建议，如果安娜想再次怀孕，最好戒烟。虽然无法完全戒除，但安娜还是大大减少了每天吸烟的量。安娜还努力改善自己的饮食习惯，注意多吃水果和蔬菜，不再饮酒。

当安娜和米格尔与家人分享这个令人激动的好消息时，每个人都为避免安娜再次流产给出了自己的建议。她的母亲坚持认为，安娜应该好好休息，避免任何类型的活动，包括打扫房间和做饭。米格尔的姑母建议，安娜不要喝牛奶，而且要尽可能多吃，"因为她现在要吃两个人的饭"。她的姐姐则劝说安娜放弃在银行的工作，因为她听说压力也会导致流产。然而，安娜的工作是她和米格尔能够享有医疗保险的唯一来源。安娜非常感谢家人给出的建议，但是她也相信这次会一切顺利的。

问　题

1. 为了提高生下健康婴儿的概率，安娜在生活方式上做了哪些改变？还有哪些是她可以尝试改变的？
2. 你认为安娜是否应当遵循朋友和家人给出的建议？理由是什么？

要生下一个健康的婴儿，在怀孕的大约266天时间里［从**受孕**（conception）到出生］，每一天都非常关键。遗传自生身父母的**基因**（genes）决定了胎儿所有的生理特征以及可能出现的畸形。研究表明，**气质**（temperament）也可能有其生物学基础（Aron et al., 2010）。然而，由于为胎儿发育提供全部所需（包括有害物质）的是母亲，所以母亲在促进胎儿健康发育方面发挥着主要作用。母亲的个人健康、营养状况以及孕前和孕期的生活方式，会极大地影响婴儿是否能够健康出生。近期的研究证实，父亲的健康、个人习惯以及他在母亲怀孕期间所给予的关怀和支持，也会影响胎儿的发育（Haber et al., 2010）。因此，对于每个准父母来说，熟悉典型的产前发育模式，了解哪些做法可能促进或妨碍该过程，是非常重要的（图3-1）。

发育过程

怀孕期常常被分成若干个阶段。在产科实践中，怀孕期又称妊娠期，分为3个阶段或3期，每期或每个阶段包含3个月：

图 3-1
父母的生活方式对婴儿的发育有着直接的影响。

- 早期妊娠：受孕起至第 3 个月
- 中期妊娠：第 4 个月至第 6 个月
- 晚期妊娠：第 7 个月至第 9 个月

妊娠期也可以按照胎儿的发育情况来描述（表 3-1）。这种方法强调胎儿每周发生的关键性变化，也包括 3 个阶段：

- 孕卵期
- 胚胎期
- 胎儿期

孕卵期指的是怀孕后的头 14 天。精子和卵子结合为**受精卵**（zygote）。受精卵在 24 小时内开始分裂，并逐渐形成针头大小的分化细胞群，称为囊胚。大约 14 天时，这个小细胞群会粘附在母亲的子宫壁上。成功的附着［**着床（implantation）**］标志着**胚胎（embryo）**的产生和胚胎期的开始。大约有

表 3-1 胎儿发育特征

2 周	• 细胞分裂成由 16 个细胞组成的胚胎。
3~8 周	• 支持胚胎发育的必要组织已经形成：胎盘、绒毛膜囊、羊水和脐带。 • 胚胎细胞层开始分化，发育成主要的内脏和组织以及外部结构。 • 出现第一个骨细胞。 • 在第 8 周时身长不到 1 英寸（2.54 厘米）。
12 周	• 体重大约 1~2 盎司（0.029~0.006 千克），身长接近 3 英寸（7.6 厘米）。 • 性器官开始发育；可以确定宝宝的性别。 • 肾脏开始工作。 • 胳膊、腿、手指和脚趾有清晰的轮廓并且可以活动。 • 开始出现面部表情（例如微笑和向四周看等），能够吮吸和吞咽。
16 周	• 体重达到大约 5 盎司（0.14 千克），身长接近 6 英寸（15.2 厘米）。 • 吮吸拇指。 • 运动活跃；妈妈开始感受到宝宝的运动（称为"胎动"）。 • 能听到强有力的心跳。
20 周	• 体重接近 1 磅（0.46 千克），身长达到 11~12 英寸（27.9~30.5 厘米，大约为出生时的一半）。 • 偶尔会打嗝。 • 眼睫毛、眉毛和头发开始形成；但眼睛仍然闭着。
24 周	• 体重增加一倍，达到 1.5~2 磅（0.68~0.90 千克），身长增加到 12~14 英寸（30.5~35.6 厘米）。 • 眼睛发育完全，经常睁眼；对光线和声音能做出反应。 • 发展出抓握反射。 • 皮肤很皱很薄，覆盖着柔软的毛发（胎毛），以及白色油脂状的保护物质（胎脂）。
28 周	• 体重增加到大约 3~3.5 磅（1.4~1.6 千克）；身长增加到 16~17 英寸（40.6~43 厘米）。 • 发展出睡眠觉醒节律。 • 非常活跃；会踢或戳妈妈的肋骨和腹部。 • 即使早产也能存活，虽然肺部还没有完全发育成熟。
32 周	• 体重增加到大约 5~6 磅（2.3~2.7 千克），身长增加到 17~18 英寸（43~45.7 厘米）。 • 宝宝从妈妈的饮食中摄取铁和钙，增加储备。 • 由于体型变大，活动空间减少，活跃程度降低。
36~38 周	• 出生时平均体重可达到 7~8 磅（3.2~3.6 千克）；身长大约为 19~21 英寸（48~53.3 厘米）。 • 移动至最终位置（常常头部朝下），准备出生。 • 大部分胎毛脱落；皮肤仍然有些发皱发红。 • 更不活跃（几乎没有能够活动的空间）。 • 身体组织发育得更加成熟（尤其是肺和心脏），出生后的成活率大大增加。

2/3 的受精卵会在这个阶段生存下来并继续发育。

　　胚胎期包括妊娠的第 3 周至第 8 周，这段时期对胎儿的发育至关重要。此时细胞分裂继续进行，形成分化细胞层，而分化细胞层则发育成人类所有的主要器官和组织，比如心、肺、消化系统和大脑。许多结构在这一阶段的末期已经开始具备相应的功能。例如，在第 4~5 周时，胚胎血液开始在主要的心血管系统内（心脏和血管）流动。

　　在此期间，其他一些重要的变化也在发生。当着床完成以后，**胎盘**（placenta）便开始形成。这个器官发挥着 4 个主要功能，包括：

- 为胎儿提供营养和激素。
- 在整个妊娠期清理胎儿的排泄物。
- 过滤掉多种有害物质以及一些病毒和其他致病菌。（可惜的是，很多药物也能穿过胎盘的过滤系统。）
- 作为临时免疫系统，为胎儿提供与母亲对抗某些传染病相同的抗体（在大多数情况下，婴儿在出生后 6 个月左右仍能得到这些抗体的保护。）

　　脐带，包括两条动脉和一条静脉，随着胎盘的形成而生长，在胎儿、母亲及外部世界之间建立起联系。从这一刻开始，胎儿通过胎盘变成了母亲身体的一部分，开始受到母亲的健康和生活方式的影响，并分享母亲的所有经历。在这个早期阶段，胎儿如果接触到进入母亲身体的某些化学物质，比如酒精、香烟、药物（见表 3-2）或传染病（见表 3-3）等，就会显得尤其脆弱。暴露于这些物质中的任何一种都可能损害胎儿器官和系统的发育，增大不可逆的先天缺陷的风险。

　　胎儿期指的是从第 9 周至分娩（大约第 38 周）的这段时期。胎儿的大多数组织和结构在这一阶段形成，胎儿在这最后也是最长的时期持续地生长和成熟。怀孕 7 个月后，胎儿出生就能够存活。在最后的两个月里，胎儿不会再有很大的发展变化。相反，胎儿的脂肪层开始增厚，进入重要而迅速的体重体型增长阶段。例如，一个 7 个月大的胎儿体重约为 2~3 磅（0.9~1.4 千克），在此后一直到出生的 2 个月时间里，他的体重每周将增加约 1/2 磅（0.23 千克）。此时胎儿的身体系统也不断成熟，发育得更加强壮，这些都增加了胎儿在出生后存活的机会。

促进健康的胎儿发育

胎儿发育的关键环节处于怀孕的最初阶段。由于孕妇此时很可能还不知道自己已经怀孕，所以准备做父母的夫妻在备孕期间应当保持健康的生活方式，这一点非常重要。为了提高孕妇生下健康婴儿的概率，研究人员提出了很多有效的实践建议，包括：

- 充分重视早期产前保健
- 科学饮食，摄取营养
- 保持适度增重
- 充分的休息
- 避免压力过大
- 保持积极的心理状态
- 女性在 20 多岁至 30 多岁身体健康时计划怀孕
- 参与日常体育锻炼
- 减少与致畸物质的接触，例如药物、酒精、烟草和环境中的化学物质等
- 两次怀孕之间保持充足的时间间隔

产前保健

医学监督下的产前保健对确保婴儿的健康发育至关重要（图 3-2）。在

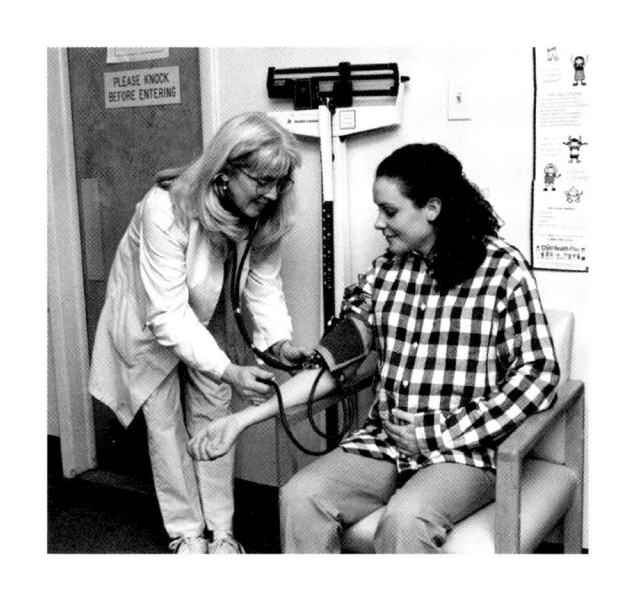

图 3-2
常规的产前保健对孕妇和婴儿的健康都至关重要。

女性怀疑自己怀孕的时候,就应当着手安排产前保健。女性在寻求医疗护理之前,不应仅依赖家庭验孕,因为这样不一定能得到准确的结果,尤其是在怀孕的最初几天或几周里。第一次去健康护理机构时,就可以确认(或排除)是否怀孕,任何孕妇可能出现的医学问题也可以得到评估和治疗。准父母应当接受专家的建议,进行有利于胎儿发育的活动。例如,可以鼓励妈妈参加定期的非接触性锻炼计划。(只要没有并发症,定期锻炼能够加强善体重控制,促进血液循环,提高肌肉张力,改善便秘,而且有利于分娩的进行。)

尽管近 80% 的美国孕妇在怀孕的前 3 个月会接受产前保健,但这一数据仍有相当大的提升空间(CDC, 2009)。缺乏产前保健常常与医疗并发症、**早产**、**低出生体重**(low birth weight, LBW)婴儿、胎儿死亡和残疾等发生率增加有关(图 3-3)。贫穷可能会限制孕妇获得医疗保健的机会,也可能会限制她对其重要性的理解(Buckner-Brown et al., 2011)。语言障碍、文化信仰差异、过早怀孕以及种族也是制约孕妇接受产前保健的因素(Debiec

图 3-3
2009 年美国低出生体重儿的比例
（资料来源：National Vital Statistics Reports, Vol.59, No.3, December 21, 2010）。

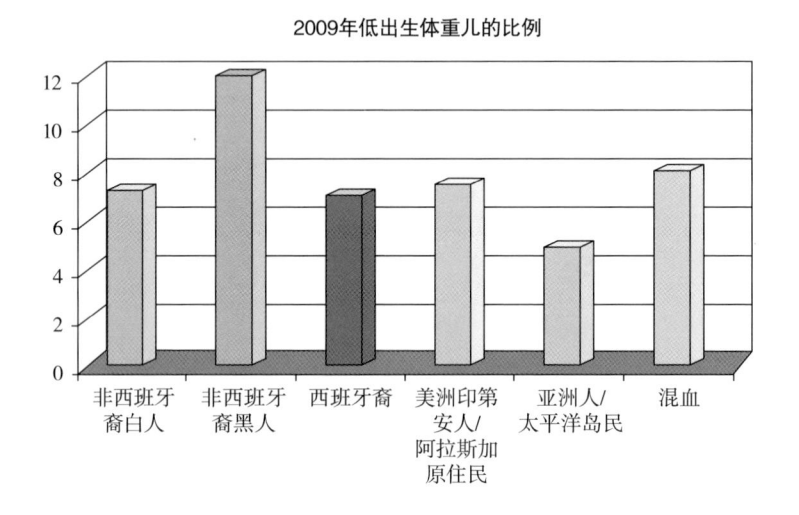

2009年低出生体重儿的比例

（柱状图显示：非西班牙裔白人约7.5；非西班牙裔黑人约12；西班牙裔约7；美洲印第安人/阿拉斯加原住民约7.5；亚洲人/太平洋岛民约5；混血约8.5）

et al., 2010）。因此，必须继续努力提高母亲对政府资助的营养计划的认识，例如美国 WIC 计划（为妇女、婴儿和儿童补充食物）、低成本医疗保险以及社区赞助的卫生诊所等。

营 养

孕妇在孕前和孕期的饮食决定了自身的营养状况，这对孕妇自身的健康和胎儿的发育起着非常重要的作用。健康饮食能减少出现低出生体重儿或**早产儿**（premature infant）的风险，这两种情况常常会导致严重的发育问题（Khanani et al., 2010）。

孕妇应当坚持遵循国家营养建议，以确保摄入足够的必需营养和能量，这一点尤为关键（www.choosemyplate.gov）（图3-4）。怀孕会增加女性对饮食的需求，因为她们需要摄取卡路里（能量）、蛋白质、水分、某些维生素（如叶酸、维生素 B6、B12、维生素 C 和维生素 D）以及铁和钙等微量元素。哺乳会进一步增加产妇对能量和这些营养元素的需求。研究表明，

图 3-4
探索互动工具，寻找孕妇和哺乳期妇女的日常食谱（www.choosemyplate.gov）。

叶酸摄入量（怀孕之前和怀孕期间的消耗量：未怀孕妇女每天 400 微克、怀孕妇女每天 600 微克）与神经管缺陷［例如**脊柱裂**（spina bifida）、**无脑畸形**（anencephaly）］和**唇腭裂**（cleft lip/cleft palate）畸形发生率降低之间存在着关键联系（Amarin & Obeidat, 2010; Wehby & Murray, 2010）。叶酸是一种 B 族维生素，很多食物都富含叶酸，尤其是生绿叶蔬菜、干豆、扁豆、橙汁以及强化全谷类食品，如意大利面、面包、早餐麦片等。

虽然医嘱内常会有维生素补充剂，但是药品一定不能替代营养饮食。大多数食物包含胎儿健康发育所必需的蛋白质、能量和其他重要的营养物质，这些是药品所不具备的，而且这些物质可以帮助身体吸收药品中的维生素和微量元素。由于人们对怀孕期间服用中草药的安全性知之甚少，所以一般并不建议孕妇服用中草药（Broussard et al., 2010）。

包括美国环境保护局（EPA）在内的很多机构都建议，备孕、已经怀孕以及哺乳期的妇女和年幼的儿童应限制对某些鱼类和海产品的摄入量，因为这些食物中可能存在汞和农药污染（Kuntz et al., 2010）。然而，由于鱼类含有的热量较低，并含有丰富的优质蛋白质和必需的脂肪，也有研究者认为将其放入饮食列表利大于弊。因此，妇女和幼儿可以将海产品的摄入量限制在每周 12 盎司（0.34 千克）以内，可以食用的海产品种类包括虾、鲑鱼、鳕鱼、鲶鱼和罐装淡金枪鱼（并非长鳍金枪鱼，这种鱼体内的汞含量更高）等，应避免食用鲨鱼、剑鱼、方头鱼和鲭鱼等。此外，鼓励消费者在食用当地河流和湖泊中捕捞到的鱼类之前先与有关当局进行确认，以确定汞污染是否令人担忧。

体　重

怀孕期间增重多少才是最理想的？大多数医生都认为，正常体重（BMI）的女性在怀孕的 9 个月里，增加 25~35 磅（10~14 千克）应该是最理想的（ACOG, 2010）。如果体重的变化远大于或小于这个范围，在孕期和分娩时会给母亲和胎儿带来较大的风险。

营养充足的饮食有助于确保孕妇的体重达到最佳水平。推荐的食物中包含种类丰富的水果和蔬菜，它们能为胎儿的发育提供必需的维生素（维生素 A 和 C），且富含大量纤维，有助于减少孕妇便秘。有些微量元素对婴儿和母亲的健康来说必不可少，选择低脂乳制品、瘦肉和植物蛋白（例如豆类和全谷类）能够帮助孕妇在摄取关键微量元素（例如铁和钙）的同时不会摄入过多热量。过多地摄取垃圾食品、糖果和酒等食物中的无营养热量，不仅会导致体重的过度增加，还会妨碍母亲和胎儿获取均衡饮食中的关键营养。

休息与压力

怀孕给女性的身体施加了额外的压力，孕妇常常会感到疲劳。晚上保证足够的睡眠，白天偶尔小憩，有助于缓解这些问题。怀孕还会诱发或增加女性情绪上的压力。长时间或过度压力非常不利于孕妇的健康，有可能导致睡眠和饮食紊乱、高血压、抑郁、头痛、免疫力低下和背痛（Woods et al., 2010）。同时，压力过大也会给胎儿造成负面影响，例如体重、呼吸速率和心跳降低，大脑发育迟缓（Davis & Sandman, 2010）。所有孕妇都不可避免地会感到压力、紧张和疲劳，但是充分的休息、充足的营养和适当的体育活动能够缓解这些不良影响。

年龄和健康状况

女性怀孕的年龄是影响胎儿发育的重要因素之一。大量研究表明，25岁左右至30岁出头是怀孕的黄金时期（Partington et al., 2009）。十几岁的青少年孕妇生下早产儿、低体重儿、死胎或有发育缺陷胎儿的概率更高，接近所有孕妇平均值的2倍。这些问题常常是由于产前护理不当、营养不良和物质滥用所致，有的青少年妈妈甚至同时出现以上3种问题。此外，青少年妈妈的生殖系统发育不成熟，她们缺乏基本的知识，不懂得如何照顾自己，这些都增加了胎儿面临风险的几率。

高龄产妇（年近40及40岁以上）所面临的一系列问题则截然不同（Ghosh et al., 2010）。由于卵细胞中包含的遗传物质会随着女性年龄的增长而逐渐退化，从而增加了胎儿出现某些先天缺陷的概率，例如唐氏综合征等。还可以确定的是，随着年龄的增长及暴露在环境污染物下时间的增加，男性精子的质量会下降，并可能增加胎儿患自闭症和其他先天缺陷的风险（Grether et al., 2010）。高龄孕妇在孕期出现其他医学问题的可能性也更高。

图 3-5
母亲生产时的年龄
（资料来源：www.cdc.gov/nchs/data/nvsr/nvsr59/nvsr59_03.pdf）。

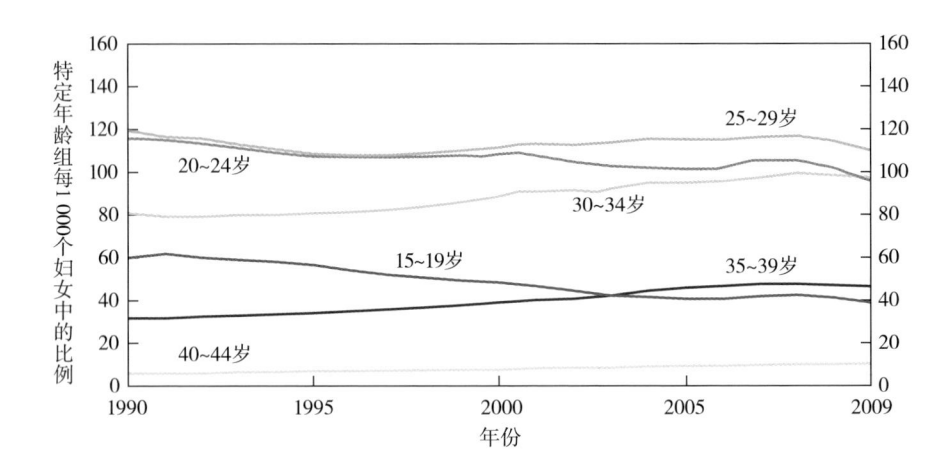

但是，重视营养、体育锻炼和医学监测，能够提高高龄产妇生下健康婴儿的概率（表 3-5）。

随着人类知识的不断丰富和技术水平的不断提高，各年龄段的孕妇所面临的胎儿风险都有所降低。基因咨询、超声波扫描 [**超声波扫描图**（sonogram）]、**绒毛膜绒毛取样**（chorionic villus sampling，CVS）、**羊膜穿刺术**（amniocentesis）和全新的产妇血液检查，使得医疗人员能够严密监控胎儿的发育情况，及早发现特定的遗传疾病。这些手段对于那些 40 岁左右的孕妇尤为有利（Franz & Husslein, 2010）。

对于高龄妇女和少女来说，虽然怀孕的风险确实更大，但很多问题依然与知识贫乏和贫穷有着很大的关系。（唐氏综合征等染色体异常不在此列。）不论孕妇的年龄大小，大量胎儿问题都与医疗护理缺乏、饮食不健康、居住条件差、物质滥用和受教育水平较低密切相关，而这些又往往与贫穷有着不可分割的联系。此外，在两次怀孕期间保证两年左右的恢复期也会使孕妇的健康状况和生育能力得到明显改善，从而保证胎儿能够足月出生（Nabukera et al., 2009）。

胎儿最佳发育所面临的威胁

关于改善孕妇的生活方式以促进胎儿的健康发育，人们已经积累了相当丰富的经验。然而有证据表明，环境中有很多被称为**致畸物**（teratogens）的物质，会给未出生的胎儿带来不利影响（Gilbert-Barness, 2010）。其中有几种物质在怀孕早期对胎儿的伤害尤其大，而这段时期孕妇常常还没有意识到自己已经怀孕。在这段敏感而关键的时期，胎儿的各种组织和主要器官系统正在迅速形成，因此在任何有害物质面前都非常脆弱。这些组织器官的发育关键期长短不一。例如，心脏在怀孕第3周至第6周最为脆弱，而上腭发育的关键期为第6周至第8周。大量研究确定了多种主要的致畸物，包括：

- 饮酒
- 孕妇吸烟
- 成瘾性药物（如可卡因、海洛因和安非他命等）
- 危险化学品（如汞、铅、一氧化碳、多氯联苯 [PCBs]，油漆溶剂等）
- 农药和杀虫剂
- 某些药物（见表 3-2）
- 母体感染（见表 3-3）
- X 射线等辐射

研究人员仍在继续研究环境因素与出生缺陷之间的其他潜在联系。迄今为止，很多发现尚未得出确切结论，或仍存在争议。一些受质疑的因素包括：

- 长时间暴露在高温下（热水淋浴、桑拿、热水泡澡）
- 二手烟

- 草药补充品和非处方药物
- 电磁场，比如电热垫和电热毯产生的电磁场
- 咖啡因（Peck, Leviton,& Cowan, 2010）
- 有害废物处置点

接触致畸物与胎儿损伤之间的关系并非总是明确、直接的。多种因素都可能影响致畸物对胎儿发育造成的不利后果，包括接触的总量（剂量）、胎龄（时间）以及孕妇和胎儿的基因构成。因此，计划怀孕的女性应当避免与能够穿过胎盘屏障的已知致畸物进行不必要的接触。如前所述，胎儿的器官和身体系统在怀孕最初的几周内对这些物质尤其敏感，但这并不意味着存在一个绝对安全的时期。即使在临近分娩的最后几个月里，如果母亲接触或使用了前面提到的有害物质，胎儿的发育仍有可能受到严重影响。还有证据表明，致畸物可能对个体的健康造成终生影响（Visser, Mulder,& Ververs, 2010）。

酒 精

在怀孕期间饮酒会对孕妇自身和胎儿造成严重的后果（O'Leary et al., 2010）。所有酒类产品的标签上都有这类副作用的警告。如果孕妇在怀孕期间饮酒，出现流产、死产、早产以及低体重儿的几率会增高，出现死胎的几率也高得多。由于酒精饮料只提供热量，几乎没有任何营养成分，所以，经常饮酒或酗酒会限制孕妇通过饮食对必需的蛋白质、维生素和微量元素的摄取，而这些营养成分是胎儿和孕妇健康所必需的。

酒精还是一种潜在的毒性致畸物，对胎儿各个方面的发育都可能造成不可逆的影响。由于孕妇和胎儿共享一个循环系统（通过胎盘与脐带），两者都会受到摄入酒精的影响。但是，酒精在胎儿循环系统内的持续时间是

孕妇的两倍。在关键的怀孕早期，胎儿的大多数身体组织和器官，尤其是大脑、心脏和神经系统正在形成，特别容易受到酒精的伤害。

产前饮酒给胎儿造成的一系列问题一般称为胎儿酒精谱系障碍（fetal alcohol spectrum disorders, FASDs）。大量饮酒或酗酒造成的可预防性疾病称为胎儿酒精综合征（fetal alcohol syndrome, FAS），这会导致儿童智力和身体发育迟缓、行为和学习问题（活动过度）、运动协调能力低下、心脏缺损、典型面部畸形（眼距过大，眼睑过短，鼻子扁平）以及语言障碍（Ismail et al., 2010）等。适度饮酒也会带来较轻的伤害，称为胎儿酒精效应（fetal alcohol effect, FAE）。受到影响的儿童常常会出现一系列学习和行为障碍。在怀孕后期饮酒，通常会影响胎儿的正常发育。

酒精到底会对胎儿造成多大程度的伤害？对此进行精确评估是非常困难的。最有可能的是，酒精和胎儿损伤之间的关系远比人们最初观察到的复杂。因此，怀孕期间滴酒不沾才是安全的。

吸 烟

尽管美国卫生局局长一再警告吸烟的危害，烟草包装上也有清晰的提示，很多女性还是会在怀孕期间吸烟（图 3-6）。孕妇吸烟已经被证明是很多胎儿畸形和分娩并发症的罪魁祸首（Ashford et al., 2010）。烟草烟雾中包含尼古丁、焦油和一氧化碳，这些物质能够穿过胎盘屏障并影响胎儿的正常发育。一氧化碳会减少胎儿获取的氧气含量。早期缺氧似乎与学习和行为问题相关，尤其是在学龄期表现得更为明显。在孕期吸烟的女性更可能出现流产、早产、死产和低体重儿，她们的宝宝也更可能出现婴儿猝死综合征（sudden infant death syndrome, SIDS）以及一系列急慢性呼吸系统疾病（如过敏症、哮喘和感冒等）。研究还表明，孕期吸烟的女性所生下的孩子更容易出现注意力缺陷障碍（Nomura, Marks, & Halperin, 2010）。

图 3-6
怀孕期间吸烟的孕妇所占的比例。
（资料来源：National Vital Statistics Reports, Vol.56, No.6, December 5, 2007）。

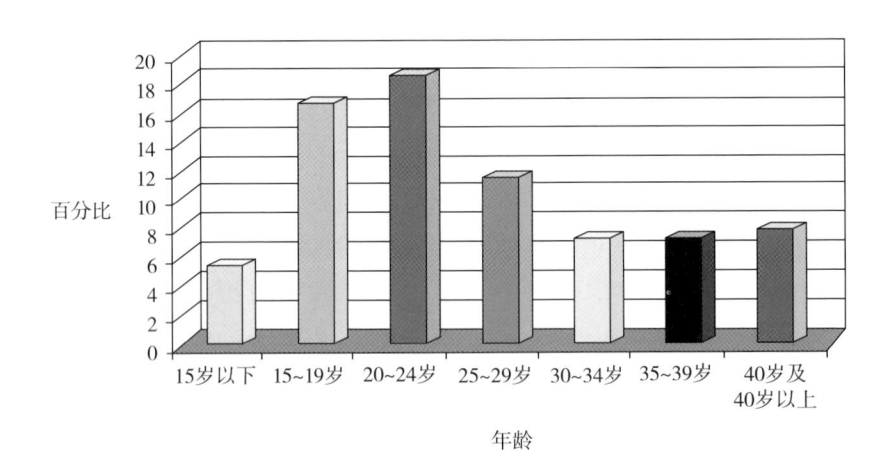

化学物质和药物

现在已知的很多化学物质和药物也会对发育中的胎儿造成不利影响。这些物质既包括处方药和非处方药，还包括农药、化肥和街头毒品等（Mattison, 2010）（表 3-2）。有些还会导致严重的畸形，例如四肢或五官缺失或畸形等；而有些则会导致胎儿死亡（自然流产）、早产或终生的行为和学习障碍。接触化学物质给胎儿带来的影响各不相同，程度也轻重不一。影响胎儿畸形类型和严重程度的因素有很多，包括在胎儿发育过程中与化学物质的接触时间、化学物质的剂量和种类、孕妇的健康状况以及母婴的遗传基因等。关于哪些药物和化学物质（如果有的话）对正在发育的胎儿绝对没有不良影响，研究者们还无法给出明确的答案。因此，准备怀孕和已经怀孕的女性应当在使用任何化学物质和药物（处方或非处方的）之前先与药品供应方进行确认。先前提到的高剂量辐射和 X 射线等环境危害也应当避免接触，尤其在怀孕早期。

表 3-2 可能致畸的药物

- 止痛药（超过偶尔服用的阿司匹林或布洛芬剂量）
- 抗生素（尤其是四环素和链霉素类药物）
- 抗惊厥药物（如大仓丁）
- 抗凝血剂（可密定等稀释血液的药物）
- 抗抑郁药
- 抗组胺药
- 抗高血压药（用于治疗高血压）
- 抗肿瘤药物（氨甲叶酸等用于治疗癌症和某些关节炎的药物）
- 抗病毒药物
- 激素（如己烯雌酚 [DES] 和黄体酮）
- 大剂量的维生素 A（超过 1 万国际单位；包括阿克唐丸和维 A 酸等去痤疮药物）
- 甲状腺素或抗甲状腺药物
- 减肥药
- 尼古丁
- 可卡因、海洛因、大麻和美沙酮

母体感染

虽然胎盘能有效过滤多种传染性微生物，但并不能阻挡所有的致病源到达胎儿，其中有些致病源已经确定会导致胎儿异常（表 3-3）。胎儿是否会受到影响以及受到影响后可能导致哪种异常，则取决于母体感染的种类以及感染时所处的孕期。例如，如果孕妇在受孕后的 4~8 周感染了风疹（德国麻疹），胎儿出现心脏病、耳聋和（或）失明等（这是胎儿发育早期的极端例子）的风险就很高。注意：没有自然免疫力的孕妇如果在孕后或怀孕之前 3~4 个月内接种疫苗，就可以控制风疹。

幸运的是，只有很小比例的胎儿在接触传染源后出现畸形。为什么有些胎儿会受到影响，而其他胎儿则平安无事？人们还不得而知。可以确定

表 3–3　可能致畸的孕妇疾病或感染

- 水痘
- 巨细胞病毒（CMV）
- 糖尿病
- 传染性红斑
- 疱疹
- 艾滋病
- 流行性腮腺炎
- 风疹（德国麻疹）
- 梅毒
- 弓形体病

注：有关上述病症的详细信息可登录疾病控制中心的网站（www.cdc.gov）查找。

的是，只要孕妇能够摄取丰富的营养，接受常规的产前保健，身体健康并且远离成瘾物质，就更有可能生下一个强壮、健康的宝宝。

婴儿的到来：分娩和生产

对大多数女性而言，婴儿的出生是经过数月的期待与准备之后的自然过程。现在的家庭可选择的分娩方式有很多，既可以在分娩中心或医院生产，也可以请医生或有资质的助产士在家生产。尽管大多数孕妇分娩的基本过程是相似的，但实际上每个分娩经历又是独特的。分娩的时间可能恰好在预产期，也可能提前或超出预产期；产程可能很长，也可能很短；孕妇对分娩的感受也各不相同，有的人感到很容易，有的人则感到很艰难；有的孕妇在生产过程中还会出现并发症。

通常，许多变化预示着分娩的开始。大概在分娩前两周时，孕妇可能会觉察到胎儿在腹部的位置越来越靠下。这是因为胎儿头部下降进入产道，为分娩做准备，通常称为孕腹轻松（胎儿下降进入盆腔，使孕妇感到腹胀减轻——译者注）。孕妇还可能感觉到宫缩越来越强烈，越来越规律，这是为分娩的产道做准备。当分娩进入活跃期时，孕妇可能会感到有少量血性分泌物，这是因为保护产道口长达 9 个月的粘液塞流出了。如果包绕在胎儿周围的羊膜囊破裂，有些母亲也会经历羊水泄漏。

正常的分娩过程分为 3 个阶段。第一个阶段的时间最长，初产妇大约要经历 14~17 个小时，经产妇则要 6~8 个小时。在这个阶段，宫缩导致**宫颈**（cervix）缓慢扩大，为分娩做准备。第二阶段从宫颈口完全张开到胎儿娩出，大概持续 30~90 分钟。在第二阶段，宫缩的强度增大，孕妇的疼痛感也更强烈。待婴儿出生后将脐带剪断，婴儿便开始自主生活了。第三个即最后一个阶段，从婴儿出生到胎盘娩出，这一过程往往只持续几分钟。

大多数分娩过程比较顺利，不会出现并发症。但是，也不排除有少数分娩需要某种形式的医疗干预。不足 5% 的活产儿是足先露或臀先露的胎位（而不是头先露），这种状况通常需要进行**剖腹产术**（cesarean section）（Peterson, 2010）。另外，当出现分娩过程不顺利、母亲产道过窄、脐带脱垂或胎儿窘迫等医学问题时，也需要进行剖腹产。医疗干预有时也会用于帮助胎儿从产道娩出。医生将产钳（一种形似色拉钳的设备）置于胎头的两侧，当宫缩时，用产钳轻轻牵拉胎头，帮助胎儿娩出。实施产钳术后，婴儿脸上或头部可能会出现暂时性的青肿，但几天后就会消失。目前，许多医院使用胎头真空吸引术来代替产钳术。医生将真空吸引器吸附在胎儿头部，该装置呈帽状，由塑料或橡胶制成。医生轻轻牵引吸引器，帮助胎儿通过产道。

在分娩过程中，为防止出现危险，医生会对胎儿严密监控，通过听诊器、超声设备（多普勒）或者在胎儿头部放置的微型电极来监控胎儿心率。婴儿出生以后，医生立即花 1~5 分钟的时间使用阿普加量表（图 3-7）来评估新生儿的状况。新生儿得到以下 5 项评分：外观、脉搏、表情、活动和呼吸，

图 3-7
评价新生儿的阿普加量表。

资料来源：V.Apgar（1953）。

	0	1	2
外观（皮肤颜色）	泛青或苍白	除四肢外身体粉红	通体粉红
脉搏	无	低于100次/分	多于100次/分
表情（反射性反应）	无	有一些面部反应	反应强烈：哭闹、咳嗽或打喷嚏
活动（肌张力）	松软无力	四肢弯曲力度不大	动作活跃
呼吸（呼吸状况）	无	缓慢且/或不规律	规律；高声啼哭

每一项的分数范围在0~2之间，总得分为8分及以上表明婴儿达到正常水平（Apgar, 1953）。阿普加量表为评估婴儿出生时的状况提供了可靠的测量方法，但是无法预测以后的健康或发育问题。

健康的产妇和婴儿一般在出生后一至两天便可以离开医院。接受剖腹产或出现并发症的产妇要在医院里多待几天。而早产儿和低出生体重儿则要一直住院，直到足够健康才能离开。

文化差异会影响孕妇及其家属对怀孕和生产的认知（Maternowska et al., 2010）。一些群体将怀孕和分娩看作稀松平常的事件，认为不需要得到任何特殊的注意或重视。还有的群体认为孩子的出生是值得与大家庭成员分享的一件事。从孕妇的饮食到如何应对身体不适，从性行为到日常生活习惯，来自不同文化背景的人都有着各自独特的看法和观念（Carolan, Steele, & Margetts, 2010）。虽然这些观点有所差异，但我们还是应该支持和尊重这些家庭的信仰和价值观。

产妇抑郁

婴儿出生以后，新妈妈常常会经历一系列混杂的情感。兴奋、不确定性、焦虑和极度疲劳等情绪可能会在片刻之间出现又消失。大多数新妈妈都会经历的这种情绪波动，通常称为产后忧郁（图3-8），一般在分娩几天后出现。症状包括流泪、悲伤、焦虑、失眠、缺乏精力、食欲不振和紧张易怒等，可能是其中的几种，也可能都有。荷尔蒙的变化、缺乏睡眠以及增加的责任可能是产生这些情绪的诱因，但是一般在接下来的几周内会得到缓解。来自家人和朋友的热诚支持、适度运动、充足休息和健康饮食有利于缓解这种暂时的不适。但是，如果症状比较严重或持续时间较长，则要及时求助医生，因为这可能是产后抑郁的征兆。

不超过10%~12%的新妈妈有产后抑郁的迹象，一般在产后6个月内出现（Wood, Middleton, & Leonard, 2010）。虽然这些症状同产后忧郁相似，

围产期抑郁的估计发病率

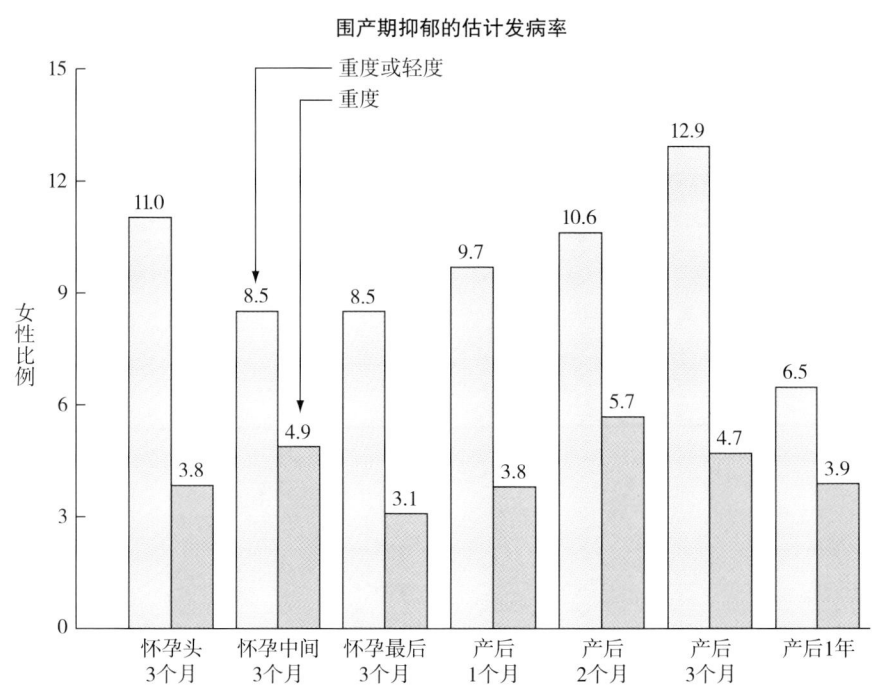

时期	重度或轻度	重度
怀孕头3个月	11.0	3.8
怀孕中间3个月	8.5	4.9
怀孕最后3个月	8.5	3.1
产后1个月	9.7	3.8
产后2个月	10.6	5.7
产后3个月	12.9	4.7
产后1年	6.5	3.9

（女性比例）

图3-8
产妇抑郁的估计发病率。
（资料来源：U.S. Department of Health and Human Services, Health Resources and Services Administration, *Women's Health USA 2005*. Rockville, MD:U.S. Department ofHealth and Human Services, 2005.）

但是往往更加严重，并且可能出现幻觉、伤害宝宝的想法、绝望和（或）自杀等情况。产后抑郁可能持续 3~12 个月，会妨碍母亲对婴儿的照顾和婴儿的情感依恋（Bagner et al., 2010）。还有研究表明，母亲的产后抑郁也会影响婴儿的语言和社会情绪发展（Conroy et al., 2010; Pemberton et al., 2010）。

小　结

孕期从受孕开始持续到胎儿发育完成，大约需要 266 天（9 个月）。孕妇的总体健康状况、年龄、饮食质量、情绪状态和身体素质都会对胎儿的健康发育产生影响。接触环境中的致畸剂，例如某些传染病、酒精、毒品、烟草和一些药品（处方药和非处方药）等，都会对胎儿的发育造成不利影响。孕妇可以采取措施来提高生下健康宝宝的概率，包括接受常规的产前保健、保持身体健康、遵循营养饮食、适度增加体重（不要太重也不要太轻）、加强体育锻炼并保持积极乐观的心态。

大多数孕妇会经历正常的分娩和生产过程，如果出现并发症，有些孕妇则需要剖腹产。早产儿和低出生体重儿在出生后应当一直住院，直到完全健康，并增长足够的体重。虽然产后忧郁在产妇身上十分常见，但只有很少一部分会发展为产后抑郁症，而产后抑郁症会妨碍婴儿的发育，需要医学治疗。

关键术语

受孕　　　　　　　　　　　　　胎盘
基因　　　　　　　　　　　　　低出生体重（LBW）
气质　　　　　　　　　　　　　早产儿
受精卵　　　　　　　　　　　　脊柱裂
着床　　　　　　　　　　　　　无脑畸形
胚胎　　　　　　　　　　　　　唇腭裂

超声波扫描图　　　　　　　致畸物
绒毛膜绒毛取样　　　　　　宫颈
羊膜穿刺术　　　　　　　　剖腹产术

知识运用

A. 运用学到的知识

再次阅读本章开篇介绍的安娜和米格尔的故事，并回答下列问题。

1. 安娜可能在什么时候开始感觉到胎动？
2. 安娜在怀孕期间应当避免做哪些事情，才能提高生下一个健康宝宝的机会？
3. 安娜吸烟会给自己的宝宝带来哪些不利影响？
4. 在日常饮食中，哪些营养对安娜来说尤为重要？

B. 回顾下列问题

1. 讨论 3 种促进健康妊娠的方法。
2. 描述 3 种可能严重影响胎儿发育的因素。
3. 列举出一种在孕期的每个月中胎儿发育出现的特征或变化。
4. 胎盘在怀孕期间发挥了什么作用？
5. 患有胎儿酒精综合征的儿童会有哪些表现？这种疾病应该如何预防？

推荐网站

美国畸形儿基金会：http://www.modimes.org
美国医学索引数据库：http://www.nlm.nih.gov/medlineplus/pregnancy.html
美国妇女健康信息中心：http://www.womenshealth.gov/pregnancy/index.cfm

参考文献

Amarin, Z., & Obeidat, A. (2010). Effect of folic acid fortification on the incidence of neural tube defects, *Paediatric & Perinatal Epidemiology, 24*(4), 349–351.

American Congress of Obstetricians & Gynecologists (ACOG). (2010). *Nutrition during pregnancy*. Accessed on October 22, 2010, from http://www.acog.org/publications/patient_education/bp001.cfm.

Apgar, V. (1953). Proposal for a new method of evaluation of the newborn infant. *Current Researches in Anesthesia & Analgesia, 32*(4), 260–267.

Aron, A., Ketay, S., Hedden, T., Aron, E., Markus, H., & Gabrieli, J. (2010). Temperament trait of sensory processing sensitivity moderates cultural differences in neural response, *Social Cognitive & Affective Neuroscience, 5*(2–3), 219–226.

Ashford, K., Hahn, E., Hall, L., Rayens, M., Noland, M., & Ferguson, J. (2010). The effects of prenatal secondhand smoke exposure on preterm birth and neonatal outcomes, *Journal of Obstetric, Gynecologic, and Neonatal Nursing, 39*(5), 525–535.

Bagner, D., Pettit, J., Lewinsohn, P., & Seeley, J. (2010). Effect of maternal depresssion on child behavior: A sensitive period?, *Journal of the American Academy of Child & Adolescent Psychiatry, 49*(7), 699–707.

Broussard, C., Louik, C., & Honein, M., & Mitchell, A. (2010). Herbal use before and during pregnancy, *American Journal of Obstetrics & Gynecology, 202*(5), 443.e1–443.e6.

Buckner-Brown, J., Tucker, P., Rivera, M., Cosgrove, S., Coleman, J., Penson, A., & Bang, D. (2011). Racial and ethnic approaches to community health: Reducing health disparities by addressing social determinants of health, *Family & Community Health, 34*(1), S12–S22.

Carolan, M., Steele, C., & Margetts, H. (2010). Attitudes towards gestational diabetes among a multiethnic cohort in Australia, *Journal of Clinical Nursing, 19*(17–18), 2446–2453.

Centers for Disease Control & Prevention (CDC). (2009). Pediatric and Pregnancy: Nutrition Surveillance System. Accessed on October 22, 2010, from http://www.cdc.gov/pednss/pnss_tables/tables_analysis.htm.

Conroy, S., Marks, M., Schacht, R., Davies, H., & Moran, P. (2010). The impact of maternal depression and personality disorder on early infant care, *Social Psychiatry & Psychiatric Epidemiology, 45*(3), 285–292.

Davis, E., & Sandman, C. (2010). The timing of prenatal exposure to maternal cortisol and psychosocial stress is associated with human infant cognitive development, *Child Development, 81*(1), 131–148.

Debiec, K., Paul, K., Mitchell, C., & Hitti, J. (2010). Inadequate prenatal care and risk of preterm delivery among adolescents: A retrospective study over 10 years, *American Journal of Obstetrics & Gynecology, 203*(2), 122.e1–122.e6.

Franz, M., & Husslein, P. (2010). Obstetrical management of the older gravida, *Women's Health*, *6*(3), 463–468.

Ghosh, S., Feingold, E., Chakraborty, S., & Dey, S. (2010). Telomere length is associated with types of chromosome 21 nondisjunction: A new insight into the maternal age effect on Down syndrome birth, *Human Genetics*, *127*(4), 403–409.

Gilbert-Barness, E. (2010). Teratogenic causes of malformations, *Annals of Clinical & Laboratory Science*, *40*(2), 99–114.

Grether, J., Anderson, M., Croen, L., Smith, & Windham, G. (2010). Risk of autism and increasing maternal and paternal age in a large North American population, *American Journal of Epidemiology*, *170*(9), 1118–1126.

Haber, J., Bucholz, K., Jacob, T., Grant, J., Scherrer, J., Sartor, C., Duncan, A., & Heath, A. (2010). Effect of paternal alcohol and drug dependence on offspring conduct disorder: Gene-environment interplay, *Journal of Studies on Alcohol & Drugs*, *71*(5), 652–663.

Ismail, S., Buckley, S., Budacki, R., Jabbar, A, & Gallicano, G. (2010). Screening, diagnosing, and prevention of fetal alcohol syndrome: Is this syndrome treatable?, *Developmental Neuroscience*, *32*, 91–100.

Khanani, I., Elam, J., Hearn, R., Jones, C., & Maseru, N. (2010). The impact of prenatal WIC participation on infant mortality and racial disparities, *American Journal of Public Health*, *100*(S1), S204–S209.

Kuntz, S., Ricco, J., Hill, W., & Anderko, L. (2010). Communicating methylmercury risks and fish consumption benefits to vulnerable childbearing populations, *Journal of Obstetric, Gynecologic, & Neonatal Nursing*, *39*(1), 118–126.

Maternowska, C., Estrada, F., Campero, L., Herrera, C., Brindis, C., & Vostrejs, M. (2010). Gender, culture and reproductive decision-making among recent Mexican immigrants in California, *Culture, Health & Sexuality*, *12*(1), 29–43.

Mattison, D. (2010). Environmental exposures and development, *Current Opinion in Pediatrics*, *22*(2), 208–218.

Nabukera, S., Wingate, M., Owen, J., Salihu, H., Swaminathan, S., Alexander, G., & Kirby, R. (2009). Racial disparities in perinatal outcomes and pregnancy spacing among women delaying initiation of childbearing, *Maternal & Child Health Journal*, *13*(1), 81–89.

Nomura, Y., Marks, D., & Halperin, J. (2010). Prenatal exposure to maternal and paternal smoking on attention deficit hyperactivity disorders symptoms and diagnosis in offspring, *Journal of Nervous & Mental Disease*, *198*(9), 672–678.

O'Leary, C., Nassar, N., Kurinczuk, J., de Klerk, N., Geelhoed, E., Elliott, E., & Bower, C. (2010). Prenatal alcohol exposure and risk of birth defects, *Pediatrics*, *126*(4), e843–e850.

Partington, S., Steber, D., Blair, K., & Cisler, R. (2009). Second births to teenage mothers: Risk factors for low birth weight and preterm birth, *Perspectives on Sexual & Reproductive Health, 41*(2), 101–109.

Peck, J., Leviton, A., Cowan, L. (2010). A review of the epidemiologic evidence concerning the reproductive health effects of caffeine consumption: A 2000-2009 update, *Food & Chemical Toxicology, 48*(10), 2549–2576.

Pemberton, C., Neiderhiser, J., Leve, L., Natsuaki, M., Shaw, D., Reiss, D., & Ge, X. (2010). Influence of parental depressive symptoms on adopted toddler behaviors: An emerging developmental cascade of genetic and environmental effects, *Developmental Psychopathology, 22*(4), 803–818.

Peterson, C. (2010). Are race and ethnicity risk factors for breech presentation? *Journal of Obstetric, Gynecologic, & Neonatal Nursing, 39*(3), 277–291.

Visser, G., Mulder, E., & Ververs, F. (2010). Fetal behavioral teratology, *Journal of Maternal-Fetal and Neonatal Medicine, 23*(S3), 14–16.

Wehby, G., & Murray, J. (2010). Folic acid and orofacial clefts: A review of the evidence, *Oral Diseases, 16*(1), 11–19.

Wood, A., Middleton, S., & Leonard, D. (2010). When it's more than the blues: A collaborative response to postpartum depression, *Public Health Nursing, 27*(3), 248–254.

Woods, S., Melville, J., Guo, Y., Fan, M., & Gavin, A. (2010). Psychosocial stress during pregnancy, *American Journal of Obstetrics & Gynecology, 202*(1), 61.e1– 61.e7.

第4章

婴儿期：从出生到12个月

学习目标

通过本章学习，掌握下列知识点：

- 理解反射性动作活动这一术语，识别新生儿的独特标志。
- 回应"婴儿不会学习"这一观点，描述哪些活动能够促进婴儿的认知发展。
- 讨论婴儿通过哪些方式与成人交流。
- 解释"陌生人焦虑"现象。

NAEYC 标准章节链接：

1a，1b 和 1c：促进儿童发展与学习
2a 和 2c：建立家庭和社区联系
3c 和 3d：观察、记录和评估，为幼儿及其家庭提供支持
4a，4b，4c 和 4d：运用有效的发展性方法
5c：运用内容知识构建有意义的课程体系

认识胡安

望着自己的宝贝儿子胡安酣然入睡的模样，安娜和米格尔禁不住嘴角上翘，面露喜色。安娜感到很庆幸，整个怀孕过程都很顺利，尽管胡安早产两周，但是身体很健康。他们的家人和朋友都赞赏胡安是个特别棒的小宝贝。他每睡3~4个小时需要喂一次奶。每次吃完奶后，胡安都会探究自己的手指和脚趾，然后在爸爸的怀抱里安然入睡。

胡安的父母简直难以置信，下周胡安就要两个月大了。当趴着时，胡安总是试图抬头，认真注视妈妈固定在婴儿床边上有几何图形的彩色图片。

当父母递给他小小的毛绒玩具时，他也开始伸手去够、去抓。安娜对胡安每天学到大量新技能感到十分惊奇。他们的儿科医生也为胡安的生长发育速度感到高兴。

　　安娜的产假很快就要结束了，对于她而言，要离开胡安，回到银行的工作岗位上，心理上比较难接受。但是，令她稍感安慰的是，米格尔的母亲已经答应帮忙照顾胡安，直到他们在附近找到儿童保育中心。米格尔的母亲自己有4个孩子，都是由她抚养长大的。胡安的父母已经走访了附近好几家保育中心，并在等候者名单上登记，但当时还没有一个保育中心对婴儿开放。

问　题

1. 胡安和他的父母采用什么方式互相交流来建立深厚的感情？
2. 安娜和米格尔现在可以通过哪些活动，来促进胡安未来的语言发展？

新生儿（出生~1个月）

　　一个健康的新生儿确实神奇。在出生后短短几分钟内，他便开始适应外部世界——一个与**子宫内**（in utero）完全不同的环境。自出生的那一刻起，新生儿的呼吸、饮食、排泄、体温调节系统等各项机能都已具备。但是，因为这些系统还没有发育成熟，婴儿依旧要完全依赖成人才能生存。

　　动作发展（运动）是反射性和防御性的。在出生后最初的几周内，新生儿缺乏对身体的自主控制。虽然新生儿大多数时间都在睡觉，但他们并不是没有意识。他们对周边的环境非常敏感，而且有独特的回应方式。哭是他们表达需要和情绪的主要方式。在出生后最初几周里，新生儿就具备感知觉和认知能力，但处于较低水平，很难对不同事物进行区分（Robinson & Sloutsky, 2010）。

发展剖面图和生长模式：出生~1个月

生长和生理特征

新生儿的生理特征与年龄稍大点的婴儿有明显不同。刚出生时，新生儿的皮肤通常看起来比较皱。最初几天内，皮肤逐渐变干，像是要脱皮。所有的新生儿刚出生时的皮肤颜色都比较浅，然后逐渐变深，由基因决定最终的肤色。由于在分娩过程中受到挤压，有些新生儿的头部会变形，但在最初几周内便会恢复正常。新生儿的头发颜色和数量各不相同。其他生理特征包括：

- 出生时的平均体重为 6.5~9 磅（3.0~4.1 千克）；女婴的体重大约为 7 磅（3.2 千克），男婴的体重大约为 7.5 磅（3.4 千克）。
- 出生后的头几天，新生儿的体重会下降 5%~7%。
- 在出生后的第一个月，婴儿的体重每周平均增加 5~6 盎司（0.14~0.17 千克）。
- 出生时的身高大约在 18~21 英寸之间（45.7~53.3 厘米）。
- 呼吸速率大约为每分钟 30~50 次；呼吸的节奏和速率不甚规律。
- 胸部看起来比较小，呈圆柱形，与脑袋差不多大。
- 正常的体温范围为 96~99 华氏度（35.6~37.2 摄氏度）；头几周体温上下波动是正常的，当各个系统逐渐成熟，皮下生成脂肪膜后，体温开始稳定。
- 皮肤敏感，尤其是新生儿的手和嘴周围的皮肤。
- 相对身体而言，头很大，几乎占整个身

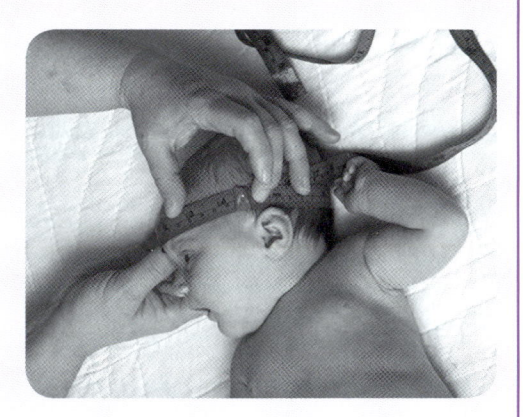

图 4-1

测量头围。

发展剖面图和生长模式：出生~1个月（续）

体长度的 1/4。
- 出生时的头围平均值为 12.5~14.5 英寸（31.7~36.8 厘米）（图 4-1）。
- 头顶（前部）和头的后面（后部）都有**囟门**（fontanels）——"柔软"的部位（图 4-2）。
- 与嘴的比例相比，舌头似乎显得很大。
- 哭时没有眼泪。
- 眼睛对光极其敏感。
- 只能看到轮廓和形状，不能聚焦于远处的物体。

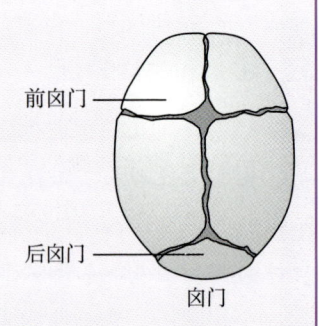

图 4-2
囟门的位置。

运动发展

新生儿的运动技能完全是反射性动作，主要是为了自我保护和生存。在出生后的第一个月里，婴儿逐渐学会控制几个早期的反射。随着婴儿的中枢神经系统不断成熟，许多反射会逐渐消失，婴儿开始能随意地控制自己的行为。如果婴儿的反射没有按照时间表消退，可能是神经问题的早期征兆（Yasuyuki & Yasuhiro, 2010）。在第一个月，婴儿具备以下能力：

- 主要的反射性动作活动（图 4-3）：
  - 吞咽、吸吮、呕吐、咳嗽、打哈欠、眨眼和排泄反射是出生时便具有的。
  - 当轻轻地抚摸婴儿脸颊和嘴部的敏感皮肤时，会引发觅食反射，即婴儿会将脸转向被抚摸的一侧。
  - 莫罗反射（惊跳反射），当婴儿突然听到巨大的声音或突然被碰触时会引发该反射，比如婴儿床被碰撞或快速降低婴儿的位置（好像下落）；婴儿双臂伸直，然后又迅速在胸前紧抱。

- 抓握反射，当把物体放在婴儿手中时，他会紧紧地蜷缩手指握紧物体。
- 踏步反射，当婴儿被竖着抱起，他的脚碰到坚固的平面时，会做出一上一下类似迈步的动作（图 4-4）。
- 强直性颈部反射（Tonic neck reflex, TNR），当婴儿仰卧（脸朝上）时，头会转向一侧，并伸出同侧的手臂和腿，弯曲另一侧的手臂和腿（朝向身体弯曲）。有时被称为"击剑姿势"（图 4-5）。

图 4–3

反射总结。

出现	吞咽*,呕吐*,咳嗽*,打哈欠* 眨眼 吸吮 觅食 莫罗（惊跳） 抓握 踏步 跖 排泄 强直性颈部反射（TNR）	兰道反射 流泪*（哭时流泪）	降落伞反射 手掌抓握 钳状抓握				
(年龄)	(出生时)	(1~4 个月)	(4~8 个月)	(8~12 个月)	(12~18 个月)	(18~24 个月)	(3~4 岁)
消失		抓握 吸吮（变得自主） 踏步 觅食 强直性颈部反射（TNR）	莫罗（惊跳）	手掌抓握 跖反射	兰道反射	降落伞反射	排泄（变得自主）

* 为永久性的；在人的一生中始终存在。

发展剖面图和生长模式：出生~1个月（续）

- 跖反射，当给婴儿的跖球部施加压力时，会引起脚趾弯曲。
- 保持"胎儿"姿势（背部弯曲或呈圆形，四肢紧贴身体，膝盖蜷曲），尤其是在睡觉时。
- 紧握拳头，不会伸手去够物体。
- 当以俯卧（脸朝下）位抱着婴儿时，婴儿的头部比身体的水平位置低，臀部弯曲，胳膊和腿下垂（图4-6）。
- 当被从腋下支撑起，婴儿的上身有很强的肌张力。
- 当处于俯卧姿势时，婴儿的头左右转动。
  - 随着光线变化，婴儿的**瞳孔**（pupils）会放大或缩小。
  - 两只眼睛不总是能很好地配合，有时会出

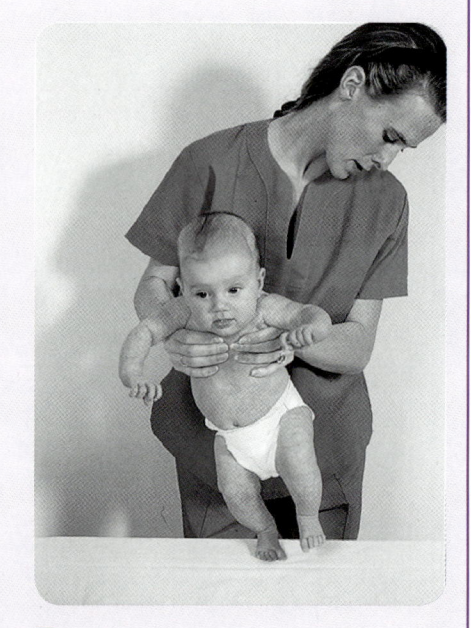

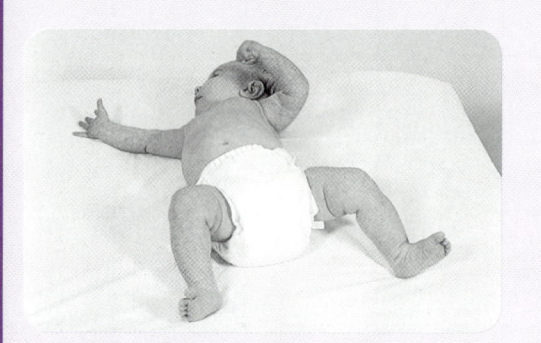

图4-4
踏步反射。

图4-5
强直性颈部反射。

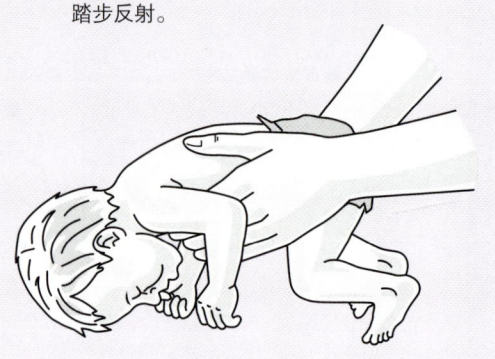

图4-6
俯卧悬空。

现斜视。
- 当物体沿着直线远离视线时,婴儿会试图追踪(跟随)物体;不能协调眼睛和手部的动作。

感知觉 – 认知发展

新生儿的感知觉 – 认知技能可以让他们吸引和保持家长和照料者的注意力,并在一定程度上感知周围环境。听觉是发育得最好的一项技能。新生儿不仅能够听到声音,而且能够辨别某些特定的声音,尤其是对妈妈的声音非常敏感(Vouloumanos et al., 2010)。他们常常被轻柔的声音(低声细语、小声哼唱)和动作(摇晃)所安抚。新生儿也能对触摸做出回应,嘴周围和手部的皮肤尤其敏感。新生儿具有视力,但水平有限。然而,新生儿对对比鲜明(黑白)的几何图形尤其感兴趣。他们的双眼能够短暂注视附近的和缓慢移动的物体,尤其是人脸(Balas, 2009)。

从出生后的头几天开始,新生儿通过各种感官来获取信息,从看到、听到、摸到、尝到和闻到的事物中学习。因此,新生儿的认知行为可以被描述为纯粹的反射性动作。他们采用吸吮、惊跳反应、扮鬼脸、挥舞胳膊和腿、不受控制的眼球运动等各种形式,所有这些都与知觉反应相互重叠在一起。在出生后的第一个月,婴儿具备以下能力:

- 对快速接近自己的物体做出眨眼动作。
- 视线跟随缓慢移动的物体转完整的180度。
- 如果物体与婴儿的脸部距离较近[10~15英寸(25.4~38.1厘米)],婴儿的眼睛能够盯着该物体竖直移动。
- 持续地四下环顾,即使是在黑暗中。
- 当处于强直性颈部反射卧姿时,开始研究自己的手。
- 新生儿出生时的听力与大多数成人差不多(除了对轻柔的声音敏感之外);听觉比视觉更加敏锐。

发展剖面图和生长模式：出生~1个月（续）

- 相比陌生人，新生儿更喜欢听妈妈的声音；睁开眼睛，朝妈妈看。
- 经常保持自己的身体动作与父母或照料者的言语模式同步。
- 辨别一些味道；对甜的液体表现出喜爱。
- 出生时便有敏锐的嗅觉；更喜欢香甜的气味，远离浓烈、难闻的气味（Lagercrantz & Changeux, 2009）。

言语和语言发展

在新生儿的多个反射中都可以找到言语和语言发展的起始，包括当婴儿的牙龈受到摩擦时出现的咬-放行为、觅食反射和吸吮反射。此外，新生儿通过许多其他方式进行直接和间接交流。

- 大哭大闹是这个阶段主要的交流形式。
- 当听到很大的噪音时，会眨眼、移动、停止动作、四下环顾或表现出惊跳反应。
- 对特定的声音表现出偏好，比如音乐和人声，在这些声音下能恢复平静或保持安静。
- 转动头部试图寻找人声或其他声音的方位。
- 除了哭之外，偶尔发出其他声音。

社会性-情绪发展

新生儿具备各种天生的社交技能。它们表明了新生儿的需要、痛苦，并且对成人的反应做出回应（Hari & Kujala, 2009）。婴儿在安全感中成长，很快便对主要照料者表现出依恋。新生儿具备以下能力：

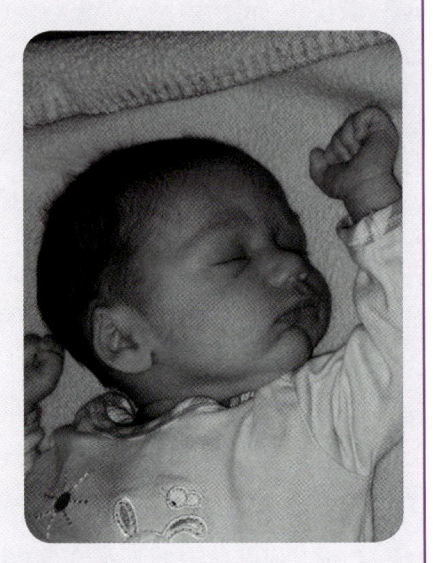

图 4-7

小婴儿大多数时间都在睡觉。

- 出生后立即经历短暂的平静警觉期；凝视父母，听他们的声音。
- 每天睡 17~19 个小时；清醒和回应的时间逐渐变长（图 4-7）。
- 清醒时喜欢被紧紧地抱着或搂着；睁着眼睛看向妈妈。
- 表现出个性特征；每个婴儿对相似情境的反应方式各不相同。
- 开始建立情感依恋，或与父母和照料者建立**联结**（bonding）关系；睁开眼睛；身体放松。
- 对父母和照料者逐渐形成安全感或信任感。能够意识到不同照料者的差异，并作出相应的回应。例如，婴儿在面对不熟悉的成人或与婴儿在一起感到不舒服的成人时，可能会变得紧张。

日常生活：出生~1 个月

饮食

- 刚开始时，婴儿每 24 小时要喂食 6~10 次，总计大约 22 盎司（660 毫升）；随后，喂食次数将下降至 5~6 次，总量增加。
- 婴儿每次要喝 2~4 盎司（58.5~117 毫升）母乳或配方奶粉；每次要花 25~30 分钟进食；吃完后可能会睡着。
- 通过哭泣表达进食需要。
- 直立位吃奶对婴儿有好处；这种方式可以降低噎住和耳朵感染的风险 (Ladomenou et al., 2010)。

如厕、洗澡和穿衣

- 通过哭传达换尿布的需要信号。（如果换完尿布婴儿仍然哭，那么就要寻找其他原因。）
- 喜欢洗澡：当把婴儿放在温水中，他们睁着眼睛，发出咕咕的声音，身体放松。

日常生活：出生~1个月（续）

- 当把衣服拉过头顶时，会表达不满（哭闹）（最好不穿套头的衣服）。
- 喜欢被毯子（襁褓）紧紧地裹起来；被裹起来的时候会发出咕咕的声音，停止哭泣，放松肌肉；襁褓似乎给婴儿营造了安全感和舒适感。
- 每天排便1~4次。

睡眠

- 出生几天后，开始每24小时睡4~6次；每次睡眠持续5~7小时。
- 睡觉之前有时会哭（如果被人短暂地抱一抱或摇晃一下，通常便会停止哭泣）。
- 只让婴儿仰卧并在较硬的床垫上睡觉，可以降低婴儿遭遇猝死综合征（sudden infantdeath syndrome, SIDS）的风险。把婴儿床或睡觉区域的所有枕头、毛毯、防撞护垫、玩具和其他柔软的东西拿走。不要给婴儿穿过多，以防太热。

游戏和社会活动

- 喜欢光亮：如果远离光源，可能会哭闹。
- 在较近的视野范围内注视人脸［10~12英寸（25.4~30.5厘米）］。
- 通过哭表达社会刺激的需要信号；当被抱起来或放在离人声和动作很近的婴儿椅上时会停止哭泣。
- 大多数时间喜欢仰躺。
- 为了避免受到惊吓，在被抱起来之前，需要提前告知（比如抚摸或说话）。
- 喜欢经常被抚摸和拥抱；但是如果过多碰触和过度刺激可能会让婴儿感到不安。
- 喜欢与照料者保持面对面的姿势（Frank, Vul, & Johnson, 2009）。

> **学习活动：出生~1个月**

供家长和教师参考的发展性应用建议

- 当婴儿哭时，给予温和可靠的回应，这样他会感到安全，学会信任。（婴儿哭总是有原因的；哭表示有某种需要。）轻轻地抚摸皮肤可以帮助婴儿平静和放松。
- 当婴儿处于警觉状态时，与他进行眼神交流；做鬼脸或伸舌头，这些是新生儿经常模仿的活动。（模仿是早期学习的重要途径。）
- 在给婴儿喂食、换尿布和洗澡的时候，用正常的声音与他交谈或唱歌；可以变换声调和说话的节奏。
- 对婴儿的回应性表现出高兴：微笑、大笑、评论。（相互回应和社会性话轮转换是人生头几个月和头几年所有教学和学习的基础。）
- 向婴儿展示简单的图片（年龄小的婴儿更喜欢黑白几何图形和人脸）；在婴儿视觉通路距婴儿脸部约10~15英寸（25~37.5厘米）的位置轻轻地移动布偶或玩具，激励婴儿的视觉追踪；在婴儿视野范围内悬挂玩具或可活动的物品（经常变换——新奇的事物能够提高婴儿的兴趣）。
- 关注婴儿给出的线索；太少关注和太多刺激都会使婴儿烦恼；如果婴儿开始哭，变得烦躁不安或失去兴趣时，可暂时停止活动。

> **发展警报：出生~1个月**

如果婴儿在满月时没有达到下列指标，应与儿科医生或幼儿保教专家联系：

- 对大的噪音表现出警觉或惊跳反应。

- 熟练地吸吮和吞咽。
- 身高、体重和头围都有所增加。
- 两只手的抓握力量相同。
- 当清醒和被抱着时，能做眼神交流。
- 趴着时，头左右转动。
- 用具有辨别性的哭声和可以区分的发声模式表达需要和情绪。
- 被抱起或举起时，大多数时候会停止哭闹，平静下来（放松）。

安全隐患：出生~1个月

在婴儿出生之前，务必完成急救和心肺复苏术课程（cardiopulmonary resuscitation, CPR）。随着婴儿持续生长发育，时刻注意新安全问题的出现。

烫伤

- 决不用微波炉加热奶瓶；热的地方会烫伤婴儿的嘴。
- 给热水器设置温度，使之不高于120华氏度（49摄氏度）。
- 给婴儿洗澡前，一定要试水温。

噎住

- 学习心肺复苏术。
- 喂食时，始终让宝宝处于直立位；不要扶着奶瓶顶住宝宝的嘴不动。

窒息

- 在婴儿床上铺一个完美贴合床的合适的坚固床垫，避免婴儿卡在床的缝隙中。
- 一定要让婴儿以仰卧姿势睡觉；这可以降低婴儿猝死综合征（SIDS）的风险。把薄毯子的下边缘塞在床垫下面。婴儿床上不能有任何柔软的物品（比如毛毯、防撞护垫、填充玩具或枕头等）。
- 不要使用婴儿睡姿固定垫或婴儿吊袋。
- 在婴儿房附近安装烟雾和一氧化碳检测器。

交通

- 带宝宝乘坐车辆出行时，一定要使用质量合格、后朝向的安全座椅；确保安全座椅安装正确。

1~4个月

在这头几个月，婴儿奇迹般的能力持续展现出来。婴儿的生长发育速度惊人。身体系统相当稳定，体温、呼吸模式、心率越来越规律。随着力量和自主肌肉控制的增强，运动技能不断提高。婴儿觉醒时间越来越长，这促进了社会情绪的发展。随着婴儿开始并喜欢用眼睛探索外部世界，社会反应开始出现（Mundy & Jarrold, 2010）。随着社会意识的发展，婴儿逐渐对父母和照料者建立起信任感和情感依恋。

尽管"哭"仍然是婴儿沟通和获取成人注意力的主要方式，但是更复杂的沟通技能开始出现。婴儿很快就会发现模仿别人的语音和姿势有很大的乐趣（Vouloumanos et al., 2010）。婴儿咿呀学语通常出现在两个月左右，代表着婴儿在获取语言以及与他人互动方面迈出了重要的一步。

婴儿清醒的时间一直在学习，用新习得的技能来探索和收集有关陌生环境的信息，这些环境对婴儿来说仍然是新鲜的。但是，文化期望和环境条件的差异会影响婴儿获取这些技能的速度。通过给婴儿提供大量的学习机会，可以促进关键的脑发育（见"学习活动"）。我们要再次强调，感知觉、认知和运动发展是密切相关的，在这头几个月几乎不可能把它们区分开来。

发展剖面图和生长模式：1~4个月

生长和生理特征

- 平均身高 20~27 英寸（50.8~68.6 厘米）；每月大约增长 1 英寸（2.54 厘米）（婴儿仰躺时测量从头顶到脚后跟的距离，膝盖伸直，足背屈。）
- 平均体重 8~16 磅（3.6~7.3 千克）；女婴的体重比男婴略轻。

发展剖面图和生长模式：1~4个月（续）

- 每周大约增重 1/4~1/2 磅（0.11~0.22 千克）。
- 呼吸速率大约为每分钟 30~40 次；在哭或活动时，呼吸速率明显增加。
- 正常的体温范围为 96.4~99.6 华氏度（35.7~37.5 摄氏度）。
- 头围和胸围几乎一样。
- 在第一和第二个月，头围大约增加 3/4 英寸（1.9 厘米）；在第三和第四个月，头围大约增加 5/8 英寸（1.6 厘米）。头围增加是大脑持续生长的重要指标。
- 继续使用腹部肌肉呼吸。
- 后囟门在第二个月时闭合；前囟门大约闭合 1/2 英寸（1.3 厘米）。
- 皮肤依旧很敏感，容易过敏。
- 胳膊和腿的长度、大小和形状相同；能轻易弯曲和伸展。
- 腿看起来微微呈弓形；脚看起来是平的，没有足弓。
- 哭时有眼泪。
- 开始协调地移动双眼（双眼视觉）。
- 觉察到颜色（色觉已经出现）（Franklin et al., 2010）。

运动发展

- 反射性运动行为开始发生变化（图 4-3）：
  - 强直性颈部反射和踏步反射消失。
  - 觅食反射和吸吮反射发育良好。
  - 吞咽反射和舌头运动依旧不成熟；继续流口水；不能把食物（除了奶）移动到口腔后部。
  - 抓握反射逐渐消失。
  - 在这一阶段中期出现兰道反射：将婴儿以俯卧（脸朝下）姿势抱起时，婴儿的头向上抬起，双腿完全伸展（图 4-8）。

- 用整只手抓住物体（手掌抓握）；但是，在这一阶段初期婴儿的力量不够，不能抓牢物体。
- 大多数时间手保持张开或半张开的姿势。
- 男婴和女婴的肌肉张力及其发展相同。
- 婴儿的运动一般是大动作且不平稳，随着肌肉力量和控制的提高，动作逐渐平稳、更有目的性。
- 当处于俯卧姿势时会抬头，用胳膊支撑起上身（图 4-9）。
- 当处于仰卧（脸朝上）姿势时，把头从一边转向另一边；在这一阶段末期，婴儿能够保持头向上，与身体成一条直线。
- 上身表现出更高的活动水平，双手能够在脸上方紧紧抓握在一起，挥舞手臂，伸手够东西。
- 开始能将头转向一边，躯干随着头转动，从仰卧位翻身到俯卧位。在这一阶段末期，婴儿能够自如地从仰卧位翻到俯卧位和侧卧位。
- 在这一阶段初期，能够把婴儿拉成坐的姿势，但是头部明显落后，背部呈圆形。稍后，被拉起成坐姿时，头部能够稍稍

图 4-8

兰道反射。

图 4-9

俯卧时抬头，用胳膊支撑起上身。

发展剖面图和生长模式：1~4个月（续）

支撑起来。到第 4 个月时，大多数婴儿能够在有支撑的情况下保持坐姿，头部保持稳定，背部直立；喜欢坐在婴儿椅中，或被抱着坐在成人的膝部。

感知觉 – 认知发展

- 能够注视距离 12 英寸（30.5 厘米）远移动的物体；视线能够更平稳地追踪移动物体 180 度，无论是垂直方向，还是水平方向。
- 当物体消失后，眼睛能够继续注视物体移动的方向。
- 表现出在一定程度上认识周围环境中物体的大小、颜色和形状。比如，能够识别自己的奶瓶，即便把奶瓶倒过来，呈现出不同的形状时也认识（图 4-10）。
- 当把奶瓶从婴儿床上拿走，或者将玩具藏在毯子下面时，婴儿便无视它们（不再寻找）："看不见，即不存在"。[婴儿还没有发展出皮亚杰所指的**客体永久性**（object permanence）（Piaget, 1954）。]
- 视线能从一个物体移向另一个物体。
- 能够把注意力集中于小的物体上，并伸手去够；专心注视自己的手。
- 轮流注视，看看物体，看看自己的手（单手或双手），然后再转过头来看这个物体。
- 模仿一些手势，比如再见、拍脑袋。

图 4-10

识别熟悉的东西。

- 能够比较准确地击打右手或左手边最近的东西。
- 能够看向声音来源的方向（声源定位）。
- 能够将声音和节奏与动作联系起来，跟着音乐、歌声或吟诵的节奏活动或抖动。
- 在有其他线索（比如声音、抚摸或气味等）的条件下，能够区分父母与陌生人的脸（Parsons et al., 2010）。
- 试图通过重复胳膊或腿的动作（该动作最初让玩具开始移动），让玩具保持移动状态。
- 开始咬东西（图 4-11）。

言语和语言发展

- 能够对声音（比如人声、摇铃声或门铃）做出反应（停止抽泣，表现出惊吓）。随后，会通过转头和看向声音的方向寻找声源。
- 能够协调发声、注视和身体运动，与父母或照料者进行面对面交流；能够跟随和主导以保持交流继续。
- 当成人对婴儿说话或微笑时，婴儿能够咿呀学语或者发出咕咕的声音；即使婴儿失聪，也会开始咿呀学语（McGowan, Nittrouer, & Chenausky, 2008）。
- 使用单元音（ah, eh, uh）发出咕咕的声音；也会模仿自己的声音以及别人发出的元音。
- 能够大声笑。

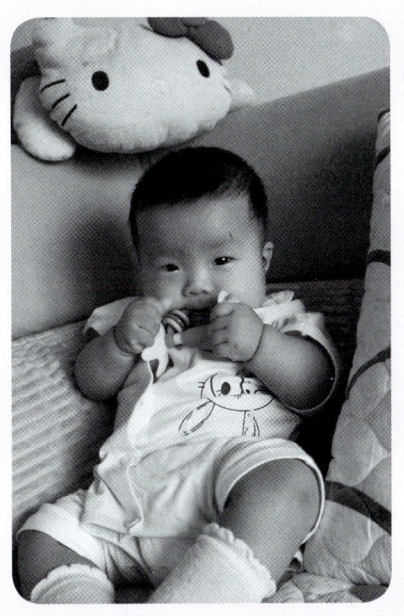

图 4-11

大多数东西最后都会被婴儿放进嘴里。

社会性 - 情绪发展

- 能够模仿、维持、终止或躲避与别人的交往——比如，婴儿能够任意转向或背向某个人或某种情境。

发展剖面图和生长模式：1~4个月（续）

- 对成人不同的声音做出不同的回应；比如，如果成人发出过大、生气或不熟悉的声音，婴儿可能会皱眉或者表现出焦虑。
- 除了吃饭和睡觉的时间之外，婴儿喜欢被搂抱着。
- 清醒时，婴儿会发出咕咕声、咯咯声或尖叫。
- 对友好的面孔或声音会以微笑回应；睡着时的微笑被认为是反射性的（Kawakami et al., 2009）。
- 有时会玩一会儿自己的手指、手和脚趾，自娱自乐。
- 喜欢熟悉的日常活动，比如洗澡和换尿布（图 4-12）。
- 当玩温柔地挠痒、逗笑和轻摇的游戏时会很高兴（尖叫，大笑）。
- 哭的时间大大缩短；当父母或照料者走近时停止哭泣。
- 能够识别出熟悉的面孔和物体，比如爸爸或奶瓶，并伸手去够；通过挥动胳膊和尖叫表达兴奋。

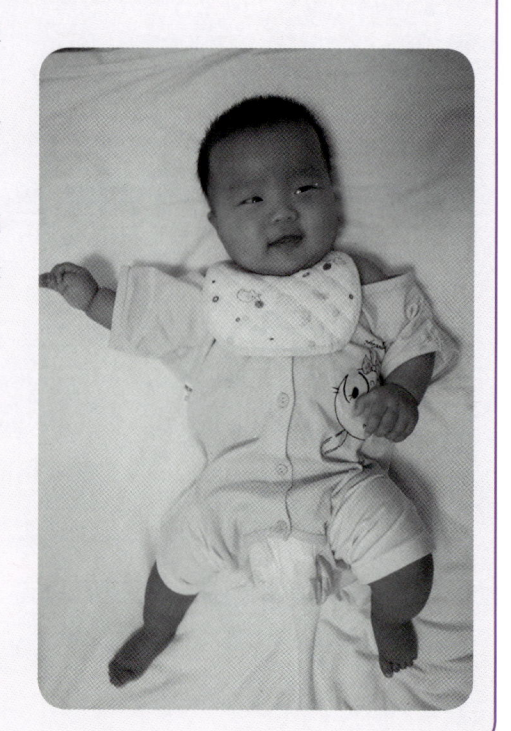

图 4-12
能够识别熟悉的日常活动，并做出回应。

日常生活：1~4个月

饮食

- 每天进食 5~8 次，每次 5~6 盎司（146.4~175.6 毫升）。
- 在预定的喂食时间之前，婴儿开始表现出急躁；但并不总是用哭来传递进食的需求信号。
- 只需要一点点帮助便可以将奶嘴含在嘴里；开始用手来引导奶嘴，或紧紧抓住奶瓶来帮助照料者喂奶。
- 大力吸吮；由于吸吮用力过大过猛，偶尔导致噎住。
- 如果已经吃饱了，成人继续喂奶或哺乳，会表现出不耐烦。
- 配方奶粉或母乳可以满足所有的营养需要；还不能吃固体食物。

如厕、洗澡和穿衣

- 大多数情况下享受洗澡的时间；用脚踢、大声笑和在水里嬉戏。
- 每天排便 1~2 次；也许一天不排便。
- 开始建立起规律的排便时间或模式。

睡眠

- 每天平均睡觉 14~17 个小时；白天通常有 2~3 个清醒周期。
- 晚上喂奶之后很快便会睡着。
- 开始一觉睡到天亮；许多婴儿在头几个月的睡眠一次性不会超过 6 个小时。
- 在这一时期开始吸吮大拇指。
- 睡觉之前跟自己玩一会儿，自言自语、玩弄手指或者摇晃婴儿床。

日常生活：1~4个月（续）

游戏和社会活动

- 清醒时忙于各种身体活动：踢腿，来回转头，两手紧握在一起，抓握东西。
- 高兴时会发出声音；变得越来越"健谈"。
- 当有人对婴儿说话或唱歌时，会微笑和发出咕咕的声音；当社会互动停止时，可能会大哭。
- 独自一人清醒时，有时也表现出心满意足（只是很短一段时间）。

学习活动：1~4个月

供家长和教师参考的发展性应用建议

- 模仿婴儿的发声和面部表情（咕噜咕噜的声音、咂嘴、打哈欠、眯着眼睛看、皱眉）。当婴儿开始微笑时，也要报之以笑，并时不时地告诉他："你在笑！快乐的宝宝！"
- 给婴儿唱歌，把杂志、书或者任何你感兴趣的内容大声读出来；重要的是你的声音和亲密接触。
- 玩简单的躲猫猫游戏（在你的脸前面挡一块布，然后拿下来，说"躲猫猫"）；如果婴儿感兴趣，就重复这个动作。
- 轻轻地伸展、弯曲婴儿的胳膊和腿，边动边伴唱一首自编的曲子；随后，轻轻地做"骑自行车"或摇摆手臂活动。
- 用一个小玩具*触碰婴儿的手（声音轻柔的摇铃或者其他较为安静的会发声的玩具效果尤其好）；鼓励婴儿抓住玩具。
- 抱着婴儿四处走走，触摸不同的东西，并告诉婴儿它们的名字。抱着婴儿站在镜子面前，摸一摸自己的五官，并告诉他五官的名字："宝宝的嘴巴，爸爸的嘴巴。宝宝的眼睛，妈妈的眼睛"。

- 在婴儿床附近放一面不易碎的镜子，这样婴儿可以看到自己，并跟自己讲话。
- 在婴儿床附近悬挂颜色鲜亮的或有几何图形的图片（黑白图片）或玩具；经常更换，以维持婴儿的兴趣与注意力。
- 在婴儿的短袜上系上小铃铛（保证安全）；这可以帮助婴儿定位声音来源，同时还能让他了解到，自己是有力量的，仅仅通过动动腿便能促使事件发生。

* 拳头法则：给婴儿的玩具和其他东西不应该比婴儿的拳头小（1.5 英寸，3.8 厘米），防止婴儿被噎住或咽下去。

发展警报：1~4 个月

如果婴儿在 4 个月大时没有达到下列指标，应与儿科医生或幼儿保教专家联系：

- 身高、体重和头围持续稳定增长。
- 对他人的笑脸能够以微笑回应。（社会性微笑是一个非常重要的发展里程碑。）
- 双眼聚焦在一起，注视并追踪移动的物体。
- 双手握在一起，高举过胸部中间。
- 转头定位声音来源。
- 趴着时，开始抬起头和上身。
- 伸手去够东西或熟悉的人。

安全隐患：1~4个月

继续贯彻上阶段执行的安全措施。随着儿童持续生长发育，时刻注意新安全问题的出现。

烫伤

- 不要把热的饮料或器具放在婴儿附近。
- 如果对配方奶或母乳进行加热，在喂奶前，先检查奶瓶的温度。

噎住

- 在给婴儿玩摇铃和填充玩具之前，先检查那些容易脱落的小零件。只购买直径大于1.5英寸（3.75厘米）的玩具。
- 把所有小的物件或东西放在婴儿够不着的地方。

跌落

- 当把婴儿放在较高的地方时（比如换尿布的桌子、沙发、台子、床），要时刻注意婴儿；婴儿可能会出乎意料地翻身或打滚。
- 一定要把婴儿提篮放在地上，而不是桌子或台子上，系好安全带。

尖锐物体

- 把别针和其他尖锐的东西放在婴儿够不到的地方。
- 仔细检查婴儿房中有尖角或突出边缘的家具；只购买符合安全标准的家具和玩具（参见推荐网站）。

4~8个月

在出生后4~8个月期间，婴儿发展形成各种技能，运用自己的身体进行有目的活动的能力也越来越强。婴儿在清醒的每一刻似乎都很忙碌，不停地摆弄或用嘴咬玩具和其他东西。他们总是不停地"说话"，发出的元音和辅音越来越多样、越来越复杂。他们开始模仿社会互动，对所有类型的交流线索（比如面部表情、姿势）以及身边来来往往的人做出回应。处

图 4–13

婴儿变得越来越多话和外向。

于这一年龄段的婴儿,既热衷于自我关注,同时又好交际(Goldstein & Schwade, 2009)(见图 4-13)。他们能够轻易地从自发活动转移到别人发起的社交活动之中。

发展剖面图和生长模式:4~8 个月

生长和生理特征

- 婴儿的体重每月大约增加 1 磅(2.2 千克);到 8 个月时,体重达到出生时的两倍。
- 婴儿的身高每月大约增长 1/2 英寸(1.3 厘米);平均身高为 27.5~29 英寸(69.8~73.7 厘米)。
- 在婴儿 6~7 个月之前,头围每月平均增加 3/8 英寸(0.95 厘米),然后增速放缓,每月大约增加 3/16 英寸(0.47 厘米)。头围持续不断的增长是婴儿大脑健康生长和发育的标志。
- 婴儿的呼吸速率大约为每分钟 25~50 次,根据其活动状态的不同而变化;不同婴儿之间的呼吸速率和模式有所差异;婴儿靠腹部呼吸。

发展剖面图和生长模式：4~8个月（续）

- 开始长牙，首先长出来的是上下门牙。
- 牙龈可能会红肿，同时伴随着流口水、咀嚼、咬东西和把东西塞进嘴里等现象的增多。
- 婴儿的腿经常呈现弓形；随着婴儿不断长大，这种弓形逐渐消失。
- 真正的眼睛颜色形成。

运动发展

- 反射性行为开始发生变化（图 4-3）。
  - 眨眼反射得以良好形成。
  - 吸吮反射变得自主。
  - 莫罗反射消失。
  - 在该阶段将要结束时开始出现降落伞反射：将婴儿以俯卧姿势托着，从水平位置突然下移，婴儿会伸出双臂作为保护（图 4-14）。
  - 吞咽反射出现（一种比较复杂的吞咽形式，需要做出舌头顶着上腭的动作）；这能够帮助婴儿把固体食物从口腔的前面移到后面，以便吞咽。
- 同时伸出两只胳膊去够远处的物体；之后便可以用任意一只手去够。
- 把物体从一只手递到另一只手中；仍然用整只手抓住物体（手掌抓握）。
- 高举、摇晃、敲打物体；什么东西都要塞进嘴里。

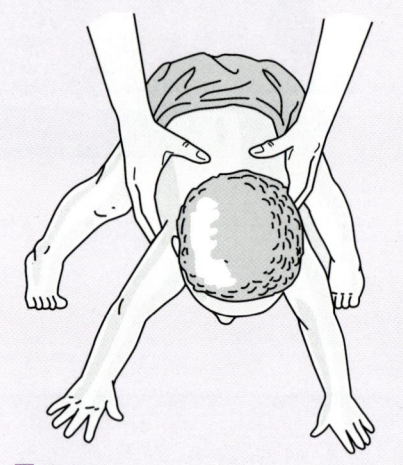

图 4-14

降落伞反射。

图 4-15

在没有支撑的情况下能够独自坐着。

- 在吃奶时，帮着紧紧抓住奶瓶。
- 在没有支撑的情况下能够独自坐着，头部保持直立，背部挺直，双手在前面支撑（图4-15）。
- 自己做出爬的姿势，用两只胳膊撑住身体，膝盖在身体下方移动；来回摆动，但是通常不会向前移动。
- 前前后后地来回翻滚。
- 当婴儿趴着时，开始向后挪动（有时是意外情况）；很快就能学会向前爬。
- 喜欢处于站立的姿势，尤其是站在别人的膝盖上；原地跳。
- 在该阶段临近结束时，婴儿开始使用手指和拇指来捡起物体（钳状抓握）（图4-16）。

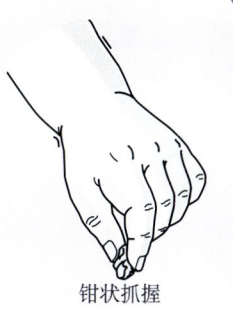

钳状抓握

图 4-16
钳状抓握。

感知觉 – 认知发展

- 听到熟悉的人声或声音时，婴儿会朝向声音的方向并定位声音的来源；这种行为可以作为婴儿听力的非正式测验。
- 用眼睛注视小的物体，而且能用任意一只手准确地抓住它们。
- 协调使用手、嘴和眼睛，探索自己的身体、玩具和周围环境。
- 模仿一些动作，比如拍手游戏、挥手再见和躲猫猫游戏。
- 表现出**深度知觉**（depth perception）的迹象；当从高处（比如换尿布的桌子、台阶）落下时，表现出紧张、退却和恐惧。
- 从婴儿床边或高脚椅上看物体下落；喜欢反复把东西扔掉，让大人捡回来，乐此不疲。
- 当把玩具或食物藏在布下面或屏幕后面，并露出一部分时，婴儿会去寻找；开始理解有些物体即使看不见，也是存在的。（皮亚杰将之称为客体永久性。）
- 用多种方式操纵或探究物体：观察、翻转、触摸表面，敲打和摇晃。
- 能够识别倒置的物体（比如，即使一只杯子以不同的方位放置，也能识别出来）。
- 当给婴儿一个新玩具时，他们或者忽视新玩具，或者把手里原来的玩具扔掉；每次只

发展剖面图和生长模式：4~8个月（续）

能玩一个玩具。
- 喜欢玩小玩具，比如摇铃或积木。
- 爱玩敲打物体的游戏；在桌子上敲勺子或玩具。
- 仍然喜欢把所有东西往嘴里塞。
- 对妈妈或主要照料者建立完全的依恋：主动去找这个成人，更喜欢被他抱，这与婴儿对客体永久性的理解不断增强是一致的。

言语和语言发展

- 对自己的名字和简单的要求（比如"过来""吃饭""挥手再见"）能做出恰当的回应。
- 模仿一些非言语的声音，比如咳嗽、弹舌和咂嘴的声音。
- 能够发出全部元音和一些辅音：r、s、z、th 和 w。
- 对他人不同语调的声音，比如生气、玩笑、悲伤，做出不同的回应。
- 通过发出不同的声音来表达自己的情绪，比如高兴、满意和愤怒。
- 与玩具"交谈"。
- 咿咿呀呀，重复一系列同样的音节：ba，ba，ba。
- 对噪音做出不同的反应，比如吸尘器响声、电话铃声或狗叫声；可能会哭、啜泣、从父母或照料者那儿寻求安慰。

社会性–情绪发展

- 喜欢观察周围环境；持续不断地观察人和活动。
- 开始形成自我意识，把自己看作独立于他人的个体。
- 性格变得越来越开朗，越来越好交际：微笑、发出咕咕的声音、伸手去够。
- 能够区分陌生人、教师、父母和兄弟姐妹，并且做出不同的回应。
- 对他人不同的面部表情，比如皱眉、微笑，做出不同的、恰当的回应。

- 模仿面部表情、动作和声音（图 4-17）。
- 在该阶段之初，见到陌生人时还比较友好；稍后，不太愿意被陌生人靠近或者照看；表现出**陌生人焦虑**（stranger anxiety）。
- 喜欢被人举起来和抱着；通过举起手臂和大叫，表达自己想被抱起来的愿望。
- 如果生理和情感需要始终能够得到满足，婴儿就能与家庭成员和教师建立信任关系；到 6 个月大时，开始表现出对主要照料者的偏爱。
- 大声笑。
- 如果玩具或其他物体被拿走，会变得不高兴。
- 通过身体动作和言语，或者两者结合，来寻求注意。

图 4-17

乐于模仿成人的声音。

日常生活：4~8 个月

饮食

- 进食时间逐渐适应家庭的生活节奏；每天通常吃 3~4 次，每次 6~8 盎司（175.6~234.2 毫升），取决于睡眠时间安排。
- 注意：不宜再让婴儿用奶瓶喝配方奶或果汁，喂奶的时间也不宜过长。如果牙齿与这些液体持续接触的时间太长，会带来大面积的伤害，导致众所周知的奶瓶龋（baby

日常生活：4~8个月（续）

bottle tooth decay, BBTD）(Peterson-Sweeney & Stevens, 2010)。喂奶之后用少量的水漱口，清洗牙齿，可以降低发生奶瓶龋的风险。
- 对进食活动表现出兴趣；在吃东西时会伸手去抓杯子或勺子。
- 在早晨醒来吃第一顿饭之前，能够耐心等半小时以上。
- 对吸吮的需求降低。
- 到6个月大时，开始接受少量的糊状辅食，比如谷类食品和蔬菜。但是，在喂辅食时要将其放在婴儿舌头的后半部分，如果放在舌尖的位置，婴儿会将食物吐出来。
- 吃饱后，会紧紧地闭上嘴巴，或把头扭向一边。

如厕、洗澡和穿衣

- 喜欢光着身子。
- 在洗澡的时候，两只手使劲儿拍水，有时也用脚用力踩水。
- 手不停地乱动；凡是伸手可及的物品都不能幸免，要么被洒出来，要么被放进嘴里，或者被摔到地板上。
- 喜欢脱掉自己的袜子；玩衣服上的绳子、纽扣和带魔术贴的口袋。
- 通常情况下，每天大便一次，而且基本是在同一时间。
- 小便次数多，而且量大；女婴小便间隔时间往往比男婴更长一些。

睡眠

- 早晨醒得较早；经常在晚饭后很快睡着。
- 开始不再需要深夜喂奶。
- 整个晚上能睡11~13个小时。
- 每天小憩2~3次。（但是，不同婴儿之间小憩的频率和时长有很大差异。）

> **游戏和社会活动**
>
> - 喜欢仰躺；挺胸后仰，踢腿，腿向上抬，用手抓住脚，然后把脚塞进自己的嘴里。
> - 饶有兴致地看自己的手；可能发出尖叫或专注地盯着手看。
> - 喜欢玩软软的、会发出声音的玩具和摇铃；把它们塞进嘴里，咬它们。
> - 与自己高兴地"交谈"：咯咯笑、低吼，或尖叫。
> - 区分不同的人：在自己熟悉的人面前表现得很活泼，而对其他人可能忽视，或者变得焦虑。
> - 喜欢节律性活动：轻轻地上下晃动或左右摇晃。

学习活动：4~8 个月

供家长和教师参考的发展性应用建议

- 逐渐细化早期活动：模仿婴儿的声音、面部表情和身体动作；告诉婴儿身体各部位的名称；和婴儿一起看镜子并做鬼脸；一整天给婴儿读书、说话、唱歌。
- 在所有的活动中叫婴儿的名字，这样他便能开始识别自己的名字："凯尔在微笑，""卡拉的眼睛睁得好大。""泰勒看起来很困。"
- 当婴儿拿着东西开始乱晃时，给他们准备一些玩具、摇铃和会发声的家居用品（一套量匙或塑料钥匙、振动罐头、发出吱吱声的玩具；牢记拳头法则）。
- 把东西放在婴儿刚好够不到的位置，促进婴儿的运动（身体活动）以及手眼协调能力（Ward, 2010）。
- 经常对着婴儿大声阅读，无论是晚报还是你最喜爱的杂志。婴儿虽然不能理解你读的具体内容，但是他们开始学习单词的发音、音调的升降、面部表情，能够认识到阅读是一种快乐的体验。

- 伴着收音机或 CD 中的音乐，带着婴儿玩耍、跳舞或来回走动；不时地改变节拍和动作：轻轻地晃动、跳舞、转圈；在镜子前跳舞，给婴儿描述这些动作。
- 给婴儿唱各种类型的歌曲——好玩的歌谣、摇篮曲、流行歌曲；鼓励婴儿跟你一起"唱"，并模仿你的动作。
- 给婴儿充足的洗澡时间。对于婴儿而言，洗澡是一个促进各领域发展的重要机会，也是十分愉快的体验。
- 玩一些当场可做的简单游戏，比如"这只小猪（一种手指游戏。——编者注）""宝宝的（鼻子、眼睛、手……）在哪里"等等。成人和婴儿可以轮流摇晃摇铃、轻触额头或拍手。

发展警报：4~8 个月

如果婴儿在 8 个月大时没有达到下列指标，应与儿科医生或幼儿保教专家联系：

- 婴儿的体重、身高和头围呈现出均匀、稳定的增长态势（生长过缓或过快都需要引起注意）。
- 探索自己的手以及拿在手中的东西。
- 能拿住并摇晃摇铃。
- 微笑、咿呀学语和大声笑。
- 寻找藏起来的东西。
- 开始用钳状抓握捡起东西。
- 对拍手游戏和躲猫猫等游戏表现出兴趣。

- 对新的声音或奇怪的声音表现出兴趣，并做出回应。
- 伸手去够，并抓住物体。
- 独自坐着。
- 开始吃一些固体（糊状）食物。

安全隐患：4~8个月

继续贯彻前几个阶段执行的安全措施。随着儿童持续生长发育，时刻注意新安全问题的出现。

烫伤

- 把电线放在婴儿够不着的地方，不要把电源插座暴露在外面；经常检查电线的状况，如果有磨损应及时更换或丢弃。
- 时刻警惕，防止婴儿无意地摸到热的物体（烤箱或壁炉门、小型供暖器、蜡烛、卷发器、点燃的烟、热饮料杯等）。

跌落

- 使用质量合格的婴儿安全门栏，避免婴儿从楼梯上摔下来；安全门栏还可以帮助我们把婴儿限制在特定区域，便于看护。
- 当把婴儿放在高脚椅、婴儿车或购物车上时，要始终系紧安全带。
- 当婴儿在婴儿床上时，要始终把婴儿床栏固定在最高位置并扣牢。

中毒

- 存放可能有毒的物品（药品、清洁用品、化妆品、化学制品等）的橱柜或抽屉要使用安全插销。

颈勒

- 绝对不要在牙胶或安抚奶嘴上栓绳子或系在婴儿的脖子上；不要穿带细绳的衣服。
- 在婴儿5个月大时，或当他们开始用手和膝盖向上挺身后，拿走婴儿床上的锻炼玩具和可活动的物体。
- 使用无线婴儿监视器，或确保所有绳子都在婴儿够不到的地方。

8~12个月

在 8~12 个月期间,婴儿要为两个重大的发展事件做准备——走路和说话。尽管婴儿所处的文化背景可能会影响这些早期技能发展的速度和特点,但走路和说话这两个里程碑事件通常在 1 周岁左右开始(Cappiello & Gahagan, 2008)。婴儿逐渐能够操控小东西,花很长时间练习把玩具或手边的任何东西捡起来再放下。这个年龄段的婴儿也变得非常好交际。他们能够找到办法成为众人关注的焦点,赢得家长和朋友的赞赏和掌声(图 4-18)。当别人给予掌声时,婴儿自己也会高兴地欢呼鼓掌。婴儿的模仿能力大大提高,以便实现两个目的:扩展社会互动的范围;帮助儿童在即将到来的快速发展阶段学会许多新技能和行为。

图 4-18
喜欢吸引成人的注意。

发展剖面图和生长模式：8~12 个月

生长和生理特征

- 身高增长的速度比头几个月慢，平均每个月增加 1/2 英寸（1.3 厘米）。婴儿在 1 周岁时的身高大约是出生时的 1.5 倍。
- 体重平均每个月增加 1 磅（0.5 千克）左右；1 周岁时的体重大约是出生时的 3 倍，平均体重为 21 磅（9.6 千克）。
- 随着活动强度的不同，呼吸速率有所变化：一般每分钟 20~45 次。
- 体温范围为 96.4~99.6 华氏度（35.7~37.5 摄氏度）；环境条件、天气、活动强度和衣着都会影响体温的变化。
- 头围和胸围仍然相当。
- 前囟门开始闭合。
- 上下大约长出 4 颗门牙，两颗下臼齿开始萌出。
- 胳膊和手比腿和脚发育得更好（发展的头尾原则）；相比身体其他部位，手的比例看起来很大。
- 腿看起来依然呈弓形。
- 脚底看起来是平的，因为足弓还没有发育完全。
- 视敏度大约为 20/100；能够看到远处的物体（距离 15~20 英尺 [4.6~6.1 米]），并能指向它们。
- 两只眼睛协同工作（真正的双眼协调）。

运动发展

- 当递给婴儿一个物体或玩具时，能伸出一只手去抓。
- 摆弄东西，把它们从一只手递到另一只手（Fagard& Lockman, 2010）。
- 通过用一只手指戳来探究新的物体。

发展剖面图和生长模式：8~12个月（续）

- 有意地用钳状抓握捡起小物体、小玩具或小点心。
- 把物体堆叠在一起；也会把一个物体放进另一个物体里。
- 通过丢或扔把物体或玩具放下；还不能有意地把东西放下。
- 开始主动使自己处于站立姿势。
- 开始独立站着，倚在家具上支撑身体；能够移动，并通过侧步绕开障碍物（Snapp-Childs & Corbetta, 2009）。
- 坐着时能很好地保持平衡；能够自己变动位置，不摔倒。
- 用手和膝盖着地，匍匐前进；在楼梯上爬上爬下（图 4-19）。
- 在成人的扶持下能够走路，紧紧抓住成人的手；可能开始独立走路。

图 4-19

随着婴儿可以自由移动，安全成为非常重要的问题。

感知觉－认知发展

- 对当前环境中的人、物和活动进行观察。
- 通过指着远处的物体来表现对物体的关注（距离 15~20 英尺 [4.6~6.1 米]）。
- 对听力测试做出回应（声音定位）；但是，很快就失去兴趣，因此，非正式测试会更难进行。
- 开始理解一些词的意义（接受性语言）。
- 遵从简单的指令，比如"挥手再见"，或者"拍手"。

- 伸手去够看得见但够不着的物体。
- 什么东西都往嘴里放。
- 当给婴儿其他玩具或物体时，还是会把原本手里的东西扔掉。
- 把物体反过来依然能认出：杯子口朝下依旧是杯子。
- 模仿活动：把两个木块撞在一起，玩拍手游戏。
- 故意重复地扔玩具；朝着物体下落的方向看。
- 能合理使用日常物品：假装从杯子里喝水，戴项链，抱娃娃，梳头发，让填充玩具"走路"。
- 表现出一定程度的空间关系感：把木块放进杯子里，当成人要求他拿出来时再拿出来（Guevas & Bell, 2010）。
- 开始对因果关系表现出一定的理解——比如，当音乐停止时，把音乐盒递给成人重新上发条。
- 对物体的功能关系表现出一定的认识；把勺子放进嘴里，用梳子梳头发，翻书。
- 在该阶段末，即便玩具或物体被完全藏起来，婴儿也会去寻找。

言语和语言发展

- 有意地咿咿呀呀或叽里咕噜地说话发起社会交往；可能会为了吸引别人的注意而大喊大叫，听听别人的反应，如果没有回应会再次大喊。
- 摇头表示"不"，点头表示"是"。
- 当别人叫自己的名字时，会寻找声音的来源。
- 会模糊不清地说"*ma ma ma ma*"和"*ba ba ba*"这样的句子；随后会说混杂语（许多语言共有的音节和发音，发出类似语言的音调）。
- 在被要求时，会挥手再见、拍手。
- 会说"*da-da*"和"*ma-ma*"。
- 模仿和自己已经学会的类似的声音；也会模仿机动车噪音、弹舌、咂嘴和咳嗽的声音。

发展剖面图和生长模式：8~12个月（续）

- 喜欢押韵诗和简单歌曲；伴着音乐发声和跳舞。
- 如果在提出要求时配合恰当的手势，婴儿会把玩具或物品递给成人。

社会性－情绪发展

- 对陌生人表现出明显的害怕；紧紧抓住父母和照料者，或藏在他们身后（陌生人焦虑）；通常对与熟悉的成人分离表现出抗拒（分离焦虑）（图 4-20）。
- 希望有成人一直在身边陪伴；当身边没有人时，会大哭，去各个房间寻找。
- 喜欢待在家庭成员和教师的身边，参与他们的日常活动；变得越来越喜欢交际、外向。
- 喜欢探究新事物，喜欢新奇的体验。
- 通过向上伸胳膊、哭或者抓住成人的腿，表达自己想被抱的需要。
- 开始通过拒绝照料者的要求表达自己的主张；可能会用脚踢、尖叫、扔玩具或躺在地板上。
- 把玩具和物品拿给别人。
- 特别钟爱某个玩具或毯子；当它丢失时会大哭大闹。
- 当听到自己的名字时，抬头看并对说话的人微笑。
- 重复能吸引别人注意力的行为；不停地叽叽喳喳。
- 执行简单的指令和要求；能够理解"不""是""过来"和其他常用短语的含义。

图 4-20
对主要照料者之外的成人表现出害怕（陌生人焦虑）。

日常生活：8~12 个月

饮食

- 一日三餐，上午十点左右或下午三点左右加一次餐，比如果汁、水果、饼干和麦片粥等。喜欢吃东西，通常情况下食欲很好。
- 开始拒绝奶瓶。
- 学会用杯子喝水；想自己拿杯子；甚至为了喝到最后一滴水往后仰头。
- 开始吃小点心；可能会把食物从嘴里拿出来，看看，然后再放进嘴里。
- 对食物开始有喜欢、不喜欢之分。
- 持续活跃；婴儿的手是闲不住的，要在他们的每只手里都放个玩具，以避免杯子或盘子被打翻、食物被抓走或扔掉。

如厕、洗澡和穿衣

- 享受洗澡的时间；在水中嬉戏，玩毛巾、肥皂和水上玩具。
- 喜欢捏湿海绵或毛巾，把里面的水挤出来；把水从一个杯子倒进另一个杯子。
- 对脱帽子、鞋子、袜子表现出极大的兴趣。
- 当纸尿裤需要更换时感到紧张不安；也许会脱掉弄脏的纸尿裤。
- 穿衣时，在一定程度上给予配合；把胳膊伸进袖子里，甚至可能在穿裤子时把腿伸直。
- 每天大便 1~2 次。
- 偶尔在小憩过后纸尿裤仍然是干的。

睡眠

- 乐意上床睡觉，但可能不能立即入睡；会在婴儿床里玩耍或走来走去，最后在被子上面睡着。
- 一觉睡到早上。

日常生活：8~12个月（续）

- 在睡醒之后，能够独自安静地玩耍 15~30 分钟；然后开始发出声音，表达想起床、四处走动的需要。
- 清醒时在婴儿床里高兴地玩耍；必须立起婴儿床栏并牢牢固定。
- 大多数时候会午睡；睡眠时间长短因人而异。

游戏和社会活动

- 喜欢大动作活动：被拉着站起来，慢慢向前走，一个人站着，匍匐前进。
- 把东西放在头上：篮子、碗、杯子；发现这样做很有趣，期望能够引起别人的注意并引人发笑。
- 把一个物品放进另一个物品里再拿出来：把套装平底锅叠放在一起再分开，把玩具放进盒子里再拿出来。
- 喜欢藏在椅子后面，玩"宝宝在哪儿"的游戏。
- 喜欢把东西扔在地板上，期望别人捡起来还给他。
- 对开关房间和柜子的门非常感兴趣。
- 应要求把物品递给成人；期望成人马上还给他。
- 当成人说"不"时，婴儿有时会停下正在进行的活动，有时则可能微笑、大笑，继续不恰当的行为，把这种行为当成游戏。

学习活动：8~12 个月

供家长和教师参考的发展性应用建议

- 继续开展之前建议的活动；唱歌、阅读、说话、玩简单的游戏（滚球，把物体堆叠在一起），并对婴儿的努力及时给予鼓励。
- 无论何时，只要婴儿做出新的反应或对熟悉的游戏发明新的玩法（创造性的根源），成人都要认真领会婴儿的指令。
- 在父母或照料者旁边为婴儿提供一片安全的地面活动空间；在 8~12 个月这段时期，学习坐、爬、站以及探索是婴儿的主要任务。
- 与婴儿一起看相册，谈论宝宝每天生活中发生的事情。
- 与婴儿一起阅读结实的、颜色鲜艳的图画书，允许宝宝帮着拿书、翻页。指着图片，告诉宝宝图中物体的名称，帮助宝宝建立物体与名称之间的关联；"软软的棕色小猫""快乐的小狗""大红桶"。
- 与婴儿谈论正在进行的活动，说出物体的名称，对关键词进行强调："这是肥皂""你挤一下海绵""吃饭之前先洗手"。
- 给婴儿下简单的指令："拍一拍妈妈的头""指一指宝宝的鼻子"。给婴儿足够的时间做出反应；如果婴儿看起来有兴趣却没有做出回应，成人要给婴儿做一下示范。
- 接受婴儿新发明的游戏，比如从高脚椅上把东西扔下来或把东西从婴儿床里扔出来；此时，成人应该表现出吃惊的表情，大笑，然后把东西捡起来还给宝宝，不要责骂宝宝。这是婴儿学习了解因果关系、重力和成人耐心的重要方式。
- 鼓励婴儿用小玩具、小木块或其他东西装满一个容器，然后再把它们都倒出来（拳头法则仍然适用）。
- 给宝宝提供推拉式玩具、有轮子的玩具和能滚动的大球。（帮忙打开罐装食品，让空罐子在厨房地板上滚来滚去，这是一直深受宝宝喜爱的游戏！）

发展警报：8~12个月

如果婴儿在 12 个月大时没有达到下列指标，应与儿科医生或幼儿保教专家联系：

- 当快速移动的物体临近眼前时，会做出眨眼的动作。
- 牙齿开始发育。
- 模仿简单的声音。
- 遵从一些简单的口头要求："过来""再见"。
- 自己能够站起来。
- 把东西从一只手递到另一只手中。
- 面对陌生人表现出焦虑，或者大哭，或者拒绝被抱。
- 与父母、照料者和兄弟姐妹调皮地互动。
- 自己吃饭；拿着自己的水瓶或杯子；自己拿着食物用手抓着吃。
- 靠双手和膝盖匍匐前进或向前爬。

安全隐患：8~12个月

继续贯彻前几个阶段执行的安全措施。随着幼儿持续生长发育，时刻注意新安全问题的出现。

噎住

- 把小点心切成小块[1/4英寸（0.63厘米）或更小]。不要给孩子吃粘性食物（比如葡萄干、焦糖、花生酱）和坚硬的食物（比如生胡萝卜、硬糖和坚果）。
- 把小物体放在婴儿够不着的地方，比如纽扣、干的宠物食品、硬币、笔帽和小号电池；把垃圾桶盖严。对幼儿而言，任何一个能够穿过卫生纸卷筒的物体都有导致噎住的危险。

溺水

- 不要让婴儿靠近无人监管的水源，包括洗澡水、喷泉、宠物食盘和浅水池。在马桶盖上安装安全装置。
- 用栅栏和带锁的门把水池封闭起来；在窗户和门上安装警报器。绝对不能把幼儿单独留在水池或浴盆里，即便只是去接个电话。

跌落

- 当把婴儿放在高脚椅、购物车、婴儿车或换尿布台上时，时刻牢记系上安全带。不要让婴儿站在这些东西上（除非你紧紧抓住婴儿）。
- 保持婴儿床栏一直处于立起固定的状态。

- 家具和橱柜门的边缘和尖角装上保护垫。
- 在楼梯口装上安全门。

颈勒

- 在买衣服时，比如带帽夹克衫，要买带松紧带的，而不是系绳子的。
- 把所有百叶窗和窗帘上的绳子固定在高处，让婴儿够不着。

窒息

- 把塑料袋和包装纸放在婴儿够不着的地方；应将这些东西立即捆紧丢弃。
- 把密闭容器的盖子拿走，比如塑料储物桶和玩具箱。

积极的行为指导

关于婴儿的行为，成人必须理解几点：婴儿完全依赖成人来满足自己所有的基本需要；哭是婴儿沟通的主要方式；婴儿既不能被宠坏，也不能被惩罚。有时照顾婴儿会感到压力很大，因此，照顾自己、学习自我控制和愤怒管理技巧对成人来说十分重要。

新生儿：

- 当新生儿哭泣时，成人要用爱、温柔的抚摸和平静的话语来回应，为新生儿建立信任感和安全感。

1~4 个月：

- 帮助婴儿学会安慰、平复自己：抱着、搂着或轻轻地摇晃；用小毯子紧紧地包住；按摩皮肤；提供安抚奶嘴（有些婴儿更喜欢自己的拇指）。

4~8 个月：

- 保持始终如一的进食和睡眠时间表，从而降低婴儿大哭、烦躁不安等情况的发生。
- 创造一个安全的环境，这样可以自由移动的婴儿才不会进入不该接近的区域或情境。
- 在回应烦躁的婴儿时，要传递一种平静的感觉。

8~12 个月：

- 当婴儿做可能造成伤害的事时，开始对婴儿说"不"（温柔地），教婴儿哪些事是不能做的。如果有必要的话，在实施补救措施以前，把婴儿抱到安全区域，但不要惩罚他。
- 当婴儿做出恰当的行为时，要给予积极关注："你把球扔得真远！""爸爸让你过来，你就过来了"。

小 结

　　从出生到 1 周岁这段时期的显著标志是个体在所有发展领域都发生着急剧的变化。身高和体重的增长速度比生命中其他任何时期都快。营养食物是确保婴儿健康生长的必要条件；营养不良会严重限制儿童的生长潜力和大脑发育。持续不断的生理变化和运动技能的发展，使得婴儿从一种无法移动、反射性的状态，转变为开始有目的地控制一些事情的状态。这一时期也是大脑发育最重要的阶段之一，脑的大小（脑细胞的数量）和神经联接的建立都迅猛发展，两者均是个体习得言语和语言、感知觉 - 认知、运动以及个性 - 社会性技能的必要条件。许多因素会影响这一学习过程，包括基因、文化、环境以及与婴儿互动的个体的期望。

关键术语

子宫内　　　　　客体永久性
囟门　　　　　　深度知觉
瞳孔　　　　　　陌生人焦虑
联结

知识运用

A. 运用学到的知识

再次阅读本章开篇关于胡安和他的父母，安娜和米格尔的发展梗概，并回答下列问题。

1. 当胡安 7 个月时，父母可以期待胡安的运动发展发生哪些变化？
2. 如果父母直到胡安 7、8 个月时才送他去幼儿保教中心，你觉得胡安会出现陌生人焦虑吗？解释原因。
3. 如果胡安在 1 周岁时还没有兴趣自己站起来或学走路，他的父母为此感到担心，你会如何回应？

B. 回顾下列问题

1. 当把 10 个月大的婴儿留给熟悉的临时保姆照顾时，他可能开始表现出紧张不安和拒绝，请解释为什么会出现这一现象。
2. 说出 3 种测查新生儿听力是否健全的非正式方法，并进行讨论。
3. 说出一般在 1 岁时消失的 3 种新生儿反射。如果这些反射不按照时间表消退，我们为什么应该感到担心？
4. 家长和教师可以采取哪些措施，来提升婴儿的早期读写能力？
5. 说出 3 种在婴儿晚期（8~12 个月）出现的感知觉 - 认知能力，请用行为实例对每种能力进行说明。

推荐网站

婴儿心理健康与发展中心 http://www.cimhd.org

早期开端计划美国国家资源中心 http://www.ehsnrc.org

美国儿童保育资源与转介机构协会 http://www.naccrra.org

安全睡眠 http://www.sidsks.org/CSsafesleep.html

参考文献

Balas, B. (2009). Using innate visual biases to guide face learning in natural scenes: A computational investigation, *Developmental Science, 13*(3), 469−478.

Cappiello, M., & Gahagan, S. (2008). Early child development and developmental delay in indigenous communities, *Pediatric Clinics of North America, 56*(6), 1501−1517.

Cuevas, K., & Bell, M. (2010). Developmental progression of looking and reaching performance on the A-not-B task, *Developmental Psychology, 46*(5), 63−71.

Fagard, J., & Lockman, J. (2010). Change in imitation for object manipulation between 10 and 12 months of age, *Developmental Psychobiology, 52*(1), 90−99.

Frank, M., Vul, E., & Johnson, S. (2009). Development of infants' attention to faces during the first year, *Cognition, 110*(2), 160−170.

Franklin, A., Bevis, L., Ling, Y., & Hurlbert, A. (2010). Biological components of colour preference in infancy, *Developmental Science, 13*(2), 346−354.

Goldstein, M., & Schwade, J. (2009). The value of vocalizing: Five-month-old infants associate their own noncry vocalizations with responses from caregivers, *Child Development, 80*(3), 636−644.

Hari, R., & Kujala, M. (2009). Brain basis of human social interaction: From concepts to brain imaging, *Physiological Reviews, 89*, 453−479.

Kawakami, F., Kawakami, K., Tomonaga, M., & Takai-Kawakami, K. (2009). Can we observe spontaneous smiles in 1-year-olds?, *Infant Behavior & Development, 32*(4), 416−421.

Ladomenou, L., Kafatos, A., Tselentis, Y., & Galanakis, E. (2010). Predisposing factors for acute otitis media in infancy, *Journal of Infection, 61*(1), 49−53.

Lagercrantz, H., & Changeux, J. (2009). Basic consciousness of the newborn, *Seminars in Perinatology, 34*(3), 201−206.

McGowan, R., Nittrouer, S., & Chenausky, K. (2008). Speech production in 12-month-old children with and without hearing loss, *Journal of Speech, Language & Hearing Research, 51*(4), 879−888.

Mundy, P., & Jarrold, W. (2010). Infant joint attention, neural networks and social cognition, *Neural Networks, 23*(8−9), 985−997.

Parsons, C., Young, K., Murray, L., Stein, A., & Kringelbach, M. (2010). The functional neuroanatomy of the evolving parent-infant relationship, *Progress in Neurobiology, 91*(3), 220−241.

Peterson-Sweeney, K., & Stevens, J. (2010). Optimizing the health of infants and children: Their oral health counts!, *Journal of Pediatric Nursing, 25*(4), 244−249.

Piaget, A. (1954). *The construction of reality in the child*. New York: Basic Books.

Robinson, C., & Sloutsky, V. (2010). Development of cross-modal processing, *Wiley Interdisciplinary Reviews: Cognitive Science, 1*(1), 135−141.

Snapp-Childs, W., & Corbetta, D. (2009). Evidence of early strategies in learning to walk, *Infancy, 14*(1), 101−116.

Vouloumanos, A., Hauser, M., Werker, J., & Martin, A. (2010). The tuning of human neonates' preference for speech, *Child Development, 81*(2), 517−527.

Ward, D. (2010). Physical activity in young children: The role of child care, *Medicine & Science in Sports & Exercise, 42*(3), 499−501.

Yasuyuki, F., & Yasuhiro, S. (2010). Neural mechanism and clinical significance of the plantar grasp reflex in infants, *Pediatric Neurology, 43*(2), 81−86.

第 5 章

幼儿期：12~24 个月

学习目标

通过本章学习，掌握下列知识点：

- 描述典型的 1 岁和 2 岁儿童的运动能力。
- 讨论 1 岁和 2 岁儿童在言语和语言能力方面存在哪些差异。
- 举两个例子，阐述 2 岁儿童对大小和空间关系的理解有哪些进步。
- 定义自我中心的概念，并举例说明。
- 解释为什么人们常常认为学步儿很挑食。

NAEYC 标准章节链接：

1a,1b 和 1c：促进儿童发展与学习

2a 和 2c：建立家庭和社区联系

3c 和 3d：观察、记录和评估，为幼儿及其家庭提供支持

4a, 4b, 4c 和 4d：运用有效的发展性方法

5c：运用内容知识构建有意义的课程体系

认知安娜和胡安

胡安的父母 5 个月前离婚了，当时小胡安只有 18 个月大。现在他和妈妈安娜住在外祖母家附近的一所小公寓里。作为一个单身母亲，安娜白天要照顾两岁大的孩子，晚上还要到当地一家餐馆工作，常常感到不堪重负。由于妈妈上午要睡觉，胡安一般自己在卧室玩耍或者看电视。当玩腻了房间里的几件玩具后，胡安常常跑到厨房，从抽屉和橱柜里往外拿东西。他的行为常常吵醒妈妈，招来责骂甚至痛打。他家里从来没有书刊、杂志和报纸。胡安的妈妈从不阅读，喜欢通过看电视获取信息。偶尔，安娜会带

胡安去社区公园玩，但是公园里的大多数设备都很陈旧了，而且只适合大一点儿的孩子玩。胡安只能独自在沙箱里玩泡沫杯子、塑料勺子和在附近捡的树枝，而他的妈妈则一直和朋友聊天。

胡安非常喜欢他的爸爸米格尔，每隔一周会到爸爸家里度周末。然而回家之后，安娜发现儿子很难管理又不听话。她埋怨是米格尔给儿子带来这些行为问题，两人常常在胡安面前吵架。外祖母很担心父母离婚会给胡安的发育带来影响。两岁的胡安只能说出两三个大家都懂的单词，对外祖母从邻居那里借来的书籍也不感兴趣。渐渐地，每当情绪低落的时候，他越来越倾向于用攻击、叫喊或乱扔东西来发泄。他拒不配合穿衣服，毫不理会妈妈让他上床睡觉的要求，并且常常故意跟妈妈对着干。

问 题

1. 你认为胡安的家人是否应当关注他的语言发展？为什么？
2. 基于安娜的家庭经济状况，你建议她采取哪些方法来促进胡安的语言发展？
3. 胡安的生长环境在哪些方面影响到了他的行为？

12~24个月

学步儿就像发电机，充满了无尽的能量、热情和好奇。虽然他们的生长速度在这一阶段明显放缓，但是仍有重要的发展变化。这一阶段刚开始时，学步儿的运动、社交、语言和认知能力非常有限，只相当于婴儿水平。但是到该阶段结束时，他们就会变成拥有相对复杂技能的幼儿。

逐渐提高的运动能力使得学步儿可以接近、探索并检验周边的环境。然而，由于控制能力较弱，对因果关系的理解不够，新出现的移动能力常常使他们碰撞、跌倒以及受到其他伤害。学步儿还开始以相当快的速度学习词汇，这让他们得以参与到更复杂的思维和交流形式中去。"不"是幼儿最喜欢的词，幼儿频繁、着重使用这个词来表达愿望、需要和沮丧。在这一阶段，幼儿开始维护自己的独立性，反抗（包括发脾气）和消极反应变得越来越多。虽然成人有时可能觉得这种行为令人烦恼，埃里克森却认为这是一个重要的步骤，能够帮助儿童培养**自主**（autonomy）意识以及个人对环境的控制水平（Erikson, 1959）。然而，因为所有的文化都不鼓励早期独立性，所以教师必须保持敏锐，注意到在不同家庭和期望中的儿童之间的差异（Raeff, 2010）。

1 岁

直立站起和蹒跚行走的能力，帮助 1 岁儿童开始认识周围的世界。他们开始说话和行动，只有在必须吃饭和睡觉时才停下来。他们的好奇心增强，能力日益提高，精力似乎永无止境。1 岁儿童认为，所有事物、所有人都只是为自己的利益而存在的（Piaget & Inhelder, 1967）。最终，这种**自我中心**（egocentricity），或者说自私自利，会逐渐转变为对他人的尊重。然而，到目前为止，1 岁儿童很满足于将所有物品宣称为"我的"。他们喜欢独自玩耍（**单人游戏**［solitary play］），模仿其他孩子的行为，而不是和其他孩子一起玩耍。

发展剖面图和生长模式：1 岁

生长和生理特征

- 这一阶段的发育相对缓慢得多。
- 身高每年增长大约 2~3 英寸（5.0~7.6 厘米）；学步儿的平均身高约为 32~35 英寸（81.3~88.9 厘米）。
- 体重大约为 21~27 磅（9.6~12.3 千克）；每月增加 1/4~1/2 磅（0.13~0.25 千克）；体重达到出生时的 3 倍左右。
- 呼吸速率每分钟约 22~30 次；随着情绪状态和活动水平的不同会有所波动。
- 心率（脉搏）大约每分钟 80~110 次。
- 头围缓慢增长，每 6 个月大约增长 1/2 英寸（1.3 厘米）；随着颅骨的增厚，前囟门在 18 个月大时接近闭合。
- 胸围超过头围。
- 开始迅速长牙；这一阶段会长出 6~10 颗新牙。
- 腿部可能还呈现弓形。
- 体型出现变化；学步儿看起来更像成人，但是仍然头重脚轻；腹部凸出，背部后倾。
- 视敏度大约为 20/60。

运动能力发展

- 能够灵活地爬行，并迅速到达想去的地方。
- 双脚分开、腿部挺直、双手张开保持平衡时能够独自站立。
- 在没有帮助的情况下，能够自己站起来。
- 对大多数幼儿来说，快 2 岁的时候可以无需帮助独立行走；但是仍然有些走不稳，常常会摔倒；偶尔不能成功地绕开家具或玩具等障碍物。
- 可以利用家具下到地面；向后倒成坐姿，或者向前倒以手撑地然后坐下。

- 能够自愿地放下一件东西。
- 喜欢在走路的时候推拉玩具。
- 反复地捡起和扔掉东西；方向感更好。
- 尝试奔跑；但是停下来有困难，常常摔倒在地。
- 能够手脚并用地爬楼梯；并以相同的姿势倒退着下楼梯。
- 坐在小椅子上。
- 到处搬运玩具。
- 用蜡笔和记号笔涂鸦；在整条手臂的带动下画画。
- 帮助自己进食；想要握住勺子（常常背面朝上）和杯子；把餐具往嘴里送时常常对不准；经常将食物洒出来（图 5-1）。
- 在大人读故事书的时候帮助翻页。
- 比较精确地堆起 2~4 件物品。

图 5-1
学步儿常常坚决要自己吃饭！

感知觉 – 认知发展

- 喜欢"藏东西"的活动：
  - 在这一阶段早期，学步儿常常去同一地点寻找藏匿起来的物品（如果孩子曾经看到这个物品被藏到该处）。之后，儿童学会去几个地点寻找（Charles & Rivera, 2009）。
  - 接受第二件物品的时候，会将原来的玩具放到另一只手上（这是一项重要的神经发展，被称为"跨越中线"式的质变）。
  - 出现新玩具的时候，懂得将一件物品暂时先放到一边（地板或膝盖上），从而支配 3~4 个物品。

发展剖面图和生长模式：1岁（续）

- 和从前相比更少将玩具放到嘴里。
- 喜欢看图画书（图 5-2）。
- 表现出对功能关系（有组合关系的物品）的理解：
    - 将勺子放到碗里，然后拿起勺子装作吃饭的样子。
    - 用玩具锤敲打木栓。
    - 试图让玩具娃娃站起来，并假装走路。
- 展示玩具或拿给其他人看。
- 说出很多日常用品的名称。
- 对空间和形象分辨表现出与日俱增的理解（将所有的大木钉放到玩具木栓板上；将3种几何形状放到大模板或拼图上）。
- 把几种小的物品（积木块、晒衣夹、麦片）放进一个容器或瓶子中，再很高兴地将它们倒出来。
- 在看到其他人的操作后，试图让机械物体运转。
- 使用一些面部表情，但是并非总能准确地表现出来。

图 5-2
喜欢看图画书。

言语和语言发展

- 创造很多混杂语［将词语和声音混合在一起变成类似言语（语调曲折变化）的模式］。
- 使用一个词语传达完整的想法［**单字语**（holophrastic speech）］；具体含义则取决于语调（"我"可能用于要求更多的饼干或者想要自己吃饭）。随后，学步儿开始使用两个词的短语来表达完整的想法［**电报语**（telegraphic speech）］（"更多饼干""爸爸再见"）。
- 遵循简单的指令（"给爸爸茶杯"）。
- 在被要求时，能指出熟悉的人、动物和玩具。

- 如果有人说出身体部位的名称，学步儿能够理解并辨别三个身体部位［**接受性语言**（receptive language）］［"告诉我你的鼻子（脚趾、耳朵）在哪儿"］。
- 能够通过说出名称表明一些想要的物品和活动（"再见""饼干""故事""毛毯"）；言语要求常常伴随着迫切的手势。
- 对简单的问题能够回答"是"或者"不"，并伴随有相应的头部动作（图 5-3）。
- 在这一阶段，有 25%~50% 的语言表达是**可理解的**（intelligible）。
- 应要求能够找到熟悉的物品（如果儿童知道物品的位置）。
- 能够使用 5~50 个词语［**表达性语言**（expressive language）］；这些词语一般是熟悉物品的名称（动物、食物和玩具等）。
- 使用手势，例如用手指或拉，来引导成人的注意力。
- 喜欢押韵诗和歌曲；尝试参与进来；跟着节奏跳舞和唱歌。
- 似乎知道互相交谈需要有互惠式（你来我往）回应；进行一些发声的话轮转换，例如发出并模仿声音。

图 5-3

理解并回应一些简单的问题。

社会性–情绪发展

- 对他人保持友好；对陌生人常常不太提防。
- 应要求能帮助捡起并放好玩具。
- 能够独自玩耍较短的一段时间。

发展剖面图和生长模式：1岁（续）

- 喜欢被抱着听别人读书。
- 玩耍时，观察和模仿成人的动作。
- 渴望得到成人的注意；希望成人待在身边；拥抱和亲吻成人。
- 能够在镜子中认出自己。
- 喜欢其他小朋友的陪伴，但是很少参与合作游戏（Hunnius, Bekkering, & Cillessen, 2010）（图 5-4）。
- 开始维护自己的独立性；常常拒绝从事之前很喜欢的日常活动；在大人要求时拒绝穿衣服、穿鞋子、吃饭和洗澡；想要在没有帮助的情况下独立做事。
- 当事情出现问题或过度疲劳、饥饿或挫败时，偶尔会发脾气（Bernier, Carlson, & Whipple, 2010）。
- 对周围的人和环境表现出极大的好奇心（接近并搭讪陌生人，在无人陪伴时四处乱走，翻箱倒柜）。

图 5-4
学步儿喜欢玩单人游戏，但愿意待在有其他儿童的地方。

日常生活：1 岁

饮食

- 与婴儿相比，食欲明显降低；一般更喜欢吃午餐（Marotz, 2012）。
- 偶尔会出现**挑食**（food jags）（只想吃一些喜欢的食物）；有时可谓是对食物非常挑剔；既不需要，也不想吃大量的食物。
- 有时嘴里含着食物不下咽，这常常表明孩子并不需要或不想再吃东西了。
- 掌握了一定的勺子使用技巧（在感到饥饿并对进食感兴趣的情况下）。
- 能很好地控制杯子（举起、喝水、放下或单手拿着）。
- 自己吃饭；在这一年龄段，有些学步儿能够完全独立地吃饭，而有些还需要成人的帮助。

如厕、洗澡和穿衣

- 尝试自己洗澡；玩浴巾和香皂。
- 配合成人给自己穿衣（将手臂放到袖子里，举起脚来让大人穿袜子）。喜欢自己穿衣服和脱衣服（脱掉自己的鞋和袜子）；常常将衣服上下或前后穿反，或者两条腿伸到一只裤筒里。
- 当尿布或裤子尿湿的时候会告诉成人。
- 开始对大小便有了一定的控制（大小便的时间间隔变长，从而更少发生"事故"）。一般孩子要到 3 岁才能完全控制大小便（男孩则要晚些）。

睡眠

- 晚上睡 10~12 小时。如果没有午睡或者白天活动太剧烈，可能会在吃晚饭的时候睡着。
- 有时很难入睡；精力旺盛的表现有：在床上蹦蹦跳跳，呼喊父母，要求喝水或去卫生间，唱歌，不断地铺床——所有这些行为似乎都是逐渐"放松下来"的一种方式。在上床之前，让孩子进行惯常的睡前准备，给孩子轻声讲故事等都能够让他们更快地放

日常生活：1 岁（续）

松并入睡。
- 睡前会提很多要求，例如毛绒玩具、一两本书或专用的毯子。

游戏和社会活动

- 发展出强烈的财产权意识：经常会说"我的"。很难让孩子与别人分享；常常藏匿一些玩具和其他物品。
- 喜欢帮助别人，但是如果大人不管不问，又常常制造麻烦（乱挤牙膏、试涂唇膏、倒空梳妆台的抽屉或拉开卫生纸等）。
- 喜欢听别人阅读；尤其喜欢重复性的故事，例如《你的妈妈是驼羊吗？》《谁来救救小鸭子》《五只小猴子》《砰！砰！嘟！嘟！》和苏斯博士的书等；喜欢指着插图讨论。
- 喜欢散步；经常停下来观察事物（石头、纸片和昆虫等）；蹲下仔细观察并捡起物品；很容易分心；如果对到达目的地没有兴趣，则会四处闲逛。
- 虽然开始对其他孩子表现出兴趣，但大多数时间独自玩耍（单人游戏）；进行大量观察。参与一些临时的**平行游戏**（parallel play）（在其他孩子旁边玩，但是并不加入他们）。可能向其他孩子提供玩具，但是很少在（有目的的）游戏中相互合作（接受过很长时间团体照料的儿童可能除外）（Xu, 2010）。
- 如果卧室门稍微半开，有其他房间的灯光透进来，似乎能让孩子更有安全感，更容易睡着。
- 白天还是会小憩；但是如果睡的时间太长或者太晚，会影响晚上的正常睡眠。
- 从小憩中醒得很慢；不能很快地参与任何活动。

学习活动：1岁

供家长和教师参考的发展性应用建议

- 对幼儿含糊不清的话和有语调的声音做出回应，以相同的方式（开玩笑地）回应简单的词语或问题；维持对话的话轮转换；描述你或幼儿正在做的事（这能帮助幼儿将行为和物品与词语联系在一起）。
- 鼓励幼儿指出图画书、商品目录和杂志上看到的熟悉物品；说出物品的名称并鼓励（不要强求）幼儿模仿。
- 将一件玩具或熟悉的物品藏到显而易见的地方，并鼓励幼儿找到它（需要的话可以提示）。
- 给幼儿提供积木、叠叠高、形状认知盒和套套杯等玩具；这类玩具可以促进幼儿问题解决能力以及手眼协调性的发展。
- 允许幼儿经常玩水；当成人在厨房干活时，水池常常是幼儿最喜欢玩的。（注意：吸水毛巾或小地毯能吸收溅出去的水，减少滑倒或摔倒的可能。）用塑料碗或洗碗盆盛一英寸左右的水放到地板上，也同样能激起孩子们的兴趣。
- 将幼儿最喜欢的几种玩具放到房间的不同区域，这样幼儿必须爬或走才能够到它们（从而锻炼运动能力）。
- 为幼儿提供可以推拉的玩具；塑料或木制的牢固的骑乘玩具，可以驾驶和靠脚推进；安排安全、低矮的区域供幼儿爬上爬下（告诉幼儿活动的名称，以帮助他们建立起相应的联系）。确保有一些中性玩具（给女孩提供小船、卡车和家畜；给男孩提供书籍、艺术材料、装扮服装和人物画像）。
- 短距离散步，并和幼儿讨论看到的事物（小虫、云彩和颜色等）；给事物"贴标签"，能强化语言发展。
- 关掉电视。让幼儿更多地从实践中学习，而不是被动活动。

- 鼓励活跃的游戏，以促进健康发育，减少肥胖的风险，并帮助幼儿消耗过多的能量。让他们来回投掷或踢软球，吹和追逐气泡，或者将一些小物品（衣夹、积木等）捡起来，扔进房间另一边的碗或桶里。

发展警报：1岁

如果幼儿在 24 个月大之前没有达到下列指标，应与儿科医生或幼儿保教专家联系：

- 尝试说话或重复词语。
- 理解一些新词语。
- 对简单的问题能回答"是"或"不"。
- 独立行走（或需要成人略加帮助）。
- 表现出多种情绪：生气、高兴、害怕、惊奇。
- 对图画表现出兴趣。
- 认出镜子中的自己（对镜子微笑、指点或说出自己的名字）。
- 当回答问题或提出请求时，能进行眼神交流（除非有文化禁忌）。
- 尝试自己吃饭（把自己的茶杯端到嘴边喝水）。

安全隐患：1岁

继续贯彻前几个阶段执行的安全措施。随着儿童持续生长发育，时刻注意新安全问题的出现。

烫伤（热源和电源）

- 将所有电源插座用塑料帽盖上。
- 防止幼儿接触热的物体：烤炉门、取暖器、热水管、壁炉门、户外烧烤架和烤面包机。
- 把电器（咖啡壶、卷发器等）电线放在高处，确保幼儿够不到。
- 户外活动时涂抹防晒霜以免晒伤；

如果在户外长时间活动，应让幼儿穿长袖衣服、戴帽子。

噎住

- 将日常用品和玩具上的小部件［直径小于1.5英寸（3.75厘米）的部件］移除，例如硬币、手表或计算器电池、弹珠、笔帽、串珠、钮扣、口香糖和硬糖、纸夹、乳胶气球和塑料袋等。
- 将食物切成小块；坚持让孩子坐着吃饭；避免食用如下食物：爆米花、椒盐脆饼、热狗（除非斜切成小块）、生胡萝卜、整粒葡萄、坚果和硬糖等。

落水危险

- 避免接近水源：无人监管的游泳池或浅水池、墩布桶、鱼缸、户外水景；购买并使用马桶座锁定装置；在深度小于2英寸（5厘米）的水中儿童也可能溺亡。
- 设立栅栏、门禁、门锁和报警系统，以避免幼儿误闯入无人监管的庭院池塘或热水浴缸中。

跌落

- 为楼梯井设置安全门；把安全门正确地缚牢在门框里。可以用门限制幼儿待在有人监管的房间里。

- 将通往户外、车库、浴室和楼梯井的门锁上。
- 为桌椅的棱角装上保护套。
- 排除容易绊倒的障碍：电线、小地毯、湿滑的地面和打蜡的地板等；清理家具和玩具的过道。

中毒

- 将药品（维生素、咳嗽糖浆、药膏和处方药等）、汽车和花园化学制剂以及清洁用品等存放在上锁的橱柜中。（幼儿学会攀爬之后，这些东西放在高架子上并不一定安全。）
- 检查并移除室内外环境中的有毒植物。（详情可咨询当地的农业指导员。）

勒颈

- 避免穿着头部或颈部带有拉绳的衣服。
- 将手拉玩具的绳子长度限制在14英寸（35厘米）以内；严密监控绳子的使用。睡前从学步儿床上拿走带有绳子的玩具、可活动物品或衣服等。
- 系紧窗帘或百叶窗的拉绳，令其处于较高的位置，使孩子无法够到。

2岁

对孩子、家庭和教师来说，2岁这一年，既美妙又富有挑战性。恼怒的家长经常这样描述2岁孩子：难以忍受、费心费力、不可理喻或执拗叛逆。然而，2岁儿童表现出的强烈决心、发脾气和对约束的零容忍，都只是正常发育的一部分，几乎不受孩子的控制（Calkins & Williford, 2009）（图5-5）。2岁幼儿所面临的要求有时可能是难以承受的：需要学习和记忆的新技能和新行为、难以表达的需要和情感、需完善的已习得反应以及需要遵从的令人困惑的成人期望。然而，随着发展技能和意识的提高，学步儿仍然获得了新兴的自信感。因为需要解决渴望独立（自主权）与依赖之间的冲突，这可能导致他们时时刻刻都在做斗争（Erikson, 1959）。2岁儿童感到挫败、难以做出选择、对即使真正想要的东西也会说不，这又有什么可诧异的呢？

图 5-5

学步儿常常表现出强烈的决心。

大多数 2 岁儿童能够辨别出自己是男孩还是女孩。但是他们认为，只要他们想改变或者简单地换一套不同的衣服，性别就改变了。日常事件（如媒体、玩具、成人期望、同伴回应等）会继续塑造和影响儿童的性别概念。

虽然这一年的转变可能对所有人来说都有些难熬，但是也会发生很多积极的变化。2 岁儿童经常不由自主地爆发出欢笑和喜爱之情。由于自我发现、游戏和亲身实践活动，儿童迅速学会一些新的技能（Verhoeven et al., 2010）。视频、电脑游戏和电视节目并不能支持学步儿这种类型的学习，也不会给儿童带来任何教育优势（Linebarger & Vaala, 2010）。通过反复试错，2 岁儿童早期学习和新获取的技能得到了巩固，开始表现得更加精明能干、和蔼可亲。

发展剖面图和生长模式：2 岁

生长和生理特征

- 体重平均每年增长 2~2.5 磅（0.9~1.1 千克）；体重达到大约 26~32 磅（11.8~14.5 千克），或者是出生体重的 4 倍。
- 身高每年大约增加 3~5 英寸（7.6~12.7 厘米）；平均身高达到 34~38 英寸（86.3~96.5 厘米）。
- 身体姿态更加挺拔；腹部仍然较大并鼓出，由于尚未完全发育的腹部肌肉软弱无力，背部有些摇摆。
- 呼吸较慢、有规律（大约每分钟呼吸 20~35 次）。
- 体温仍然随着活动水平、情绪状态和周围环境的变化而波动。
- 大脑达到成人脑容量的 80%。
- 牙齿几乎长齐；第二磨牙出现，乳牙总数达到 20 颗。

发展剖面图和生长模式：2 岁（续）

运动发展

- 行走时身体姿态更笔直，脚后跟抵着脚趾小步走；能够灵活地绕过道路上的障碍物。
- 跑步时更加自信；跌倒的次数减少。
- 玩耍时，蹲坐的时间更长。
- 爬楼梯无需帮助（但不会双脚交替），抓住栏杆支撑身体。
- 能够单脚站立（一小会儿），能跳上和跳下，但可能摔倒。
- 这一年开始接受如厕训练（取决于儿童的生理和神经发育水平），但是依旧会发生"事故"；幼儿表现出已经准备好接受如厕训练（例如，理解干和湿的概念，能够脱下和提上裤子，表达需要，理解并遵循指示等）。
- 能够低手投出较大的球，并保持身体平衡。
- 单手拿住茶杯或玻璃杯（确保杯子不会打破）。
- 解开大扣子；拉开大拉链。
- 旋转门把手开门。
- 用拳头握住大的蜡笔；充满热情地在大纸张上涂鸦（图 5-6）。
- 爬上椅子，转身并坐下。
- 喜欢浇注和填充的活动——沙子、水和泡沫塑料粒。
- 能够将 4~6 个物品向上垒起来。
- 能够用脚推动带轮子的骑行玩具前进。

图 5-6
用拳头握住蜡笔涂鸦。

感知觉-认知发展

- 能遵循简单的要求或指导："找到你的毛衣""到这儿来。"

- 手眼协调能力进一步增强；能够将物品组放到一起或分开；能够将大的玩具木钉放进木钉板中（Weibe, Lukowski, & Bauer, 2010）。
- 开始有目的地，而不是刻意地使用物品（推着积木到处走，假装小船；将箱子当作鼓；将水桶翻过来做帽子）。
- 能够从某个维度完成简单的分类任务（将玩具恐龙与玩具汽车分开，将积木与彩笔分开）；这一发展对于进一步学习数学技巧非常重要。
- 长时间凝视；似乎完全被吸引，或全神贯注于弄明白某种情形（网球滚哪儿去了，小狗跑哪儿去了，声音是从哪儿发出来的）。
- 长时间参与自己选择的活动（安静地坐着，保持专注）(图 5-7)。
- 表现出对因果关系的认识（抓捏小猫会令它抓挠或跑开，转动门把手能将门打开）。
- 了解熟悉的人应该在的位置；注意到他们的不在场；寻找藏起的物品时会先到最后藏匿的地点。
- 能够说出图画书中物品的名称；可能会假装从书页中拿起物品品尝或用鼻子嗅。
- 能够识别并表达疼痛；能够指出疼痛的位置。

图 5-7
学步儿能够长时间专注于某一活动。

发展剖面图和生长模式：2 岁（续）

言语和语言发展

- 如果得到允许，可以以用手指书、发出相应的声音、翻页等方式参与进来，会非常喜欢听别人读书。
- 意识到语言能够有效地令他人对自己的需求和喜好做出回应。能够提出简单的请求（"还要饼干？"）；拒绝成人的要求（"不！"）。
- 能够使用 50~300 个词语；词汇量持续增加。
- 违反**语言编码**（linguistic code）；也就是说，2 岁儿童的大多数语言对自己来说有意义，但对成人来说往往并非如此（维果斯基的"自我对话"）。
- 对语言的理解远远超过口头表达能力；大多数 2 岁儿童的接受性语言远远超过他们的表达性语言（Berk, 2008）。
- 能够说出由 3~4 个词语组成的句子；使用常规的词序组成更加完整的句子。
- 将自己称为"我"，而不是叫自己的名字（"我走了再见"）；能够毫无困难地表达"我的"。
- 通过添加"不"等否定词来表达否定陈述（"不牛奶""不洗澡"）。
- 会重复地问"那是什么？"
- 能使用一些复数表达，但有时会出错［"看那些鹅（gooses[1]）"］；经常过度概括语法规则。讨论非当前出现的物品或事件，例如"我们刚才看见鸭子了。"（这是认知和语言方面的双重进步。）
- 偶尔会出现口吃或其他常见的**言语障碍**（dysfluency）。
- 所说的话中有 65%~70% 的内容是可理解的。

---

[1] 在英语中，通常在名词后面加"s"表示复数形式，如 car（小汽车）的复数形式为 cars，但有些名词的复数形式有特殊的变化，如 goose（鹅）的正确复数形式应为 geese。

社会性－情绪发展

- 表现出同理心和关怀的迹象（安慰受伤或受到惊吓的小朋友）；有时当拥抱和亲吻其他小朋友时可能表现得过度亲热（社会与文化差异和期望可能影响这种行为的性质）（Kärtner, Keller, & Chaudhary, 2010; Nichols, Svetlova, & Brownell, 2010）。
- 受挫或生气时，仍然会使用身体攻击；有些儿童的暴力倾向更加明显；随着语言能力的提高，身体攻击通常会减少（Gloeckler & Niemeyer, 2010; Trommsdorff, 2009）。
- 突然大发脾气，表达沮丧的情绪；这一年中发脾气的频率通常达到顶峰；正在发脾气时听不进规劝。
- 让幼儿等待或轮流做某事很困难；常常不耐烦（图 5-8）。
- 非常渴望"帮助"大人做家务；模仿大人的日常行为（可能试图给毛绒玩具梳妆打扮，或者给洋娃娃喂食或洗澡）。
- 命令周围的家庭成员或教师；喜欢发号施令；提出要求并希望成人立刻服从。
- 观察并模仿其他儿童玩耍，但是很少加入；喜欢独自玩耍。
- 向其他儿童提供玩具，但是常常对玩具有很强的占有欲；仍然喜欢藏匿玩具。
- 发现做出选择非常困难；希望鱼和熊掌能够兼得。
- 经常违抗大人的命令；几乎不假思索地大声说"不"。
- 希望每件事情都有条理；非常固守惯例；希望日常事务能够严格按照之前的模式进行，物品应当放在平常摆放的地方。

图 5-8
让学步儿等待或轮流做某事非常困难。

日常生活：2岁

饮食

- 食欲尚可；随着生长时期的不同，对食物的兴趣存在波动；一日三餐中常常最喜欢午餐。
- 有时给人感觉对食物很挑剔；通常有非常强烈的好恶（应当得到尊重）；可能会出现暂时的挑食（只吃某种特定的食物，例如花生酱和果酱三明治、通心粉和奶酪）（Mascola, Bryson, & Agras, 2010）。
- 偏爱简单、易于识别的食物；不喜欢混合在一起的食物；希望食物以熟悉的做法供应。
- 需要加餐，加餐应当有丰富的营养价值（新鲜水果或蔬菜、奶酪或全麦饼干、酸奶），限制垃圾食品的食用。
- 独立吃饭的能力进一步增强，但有时会感到"太累了"或失去兴趣。
- 能够更好地控制茶杯或玻璃杯，但可能常常将水洒出来。
- 通过言语指导以及对成人与年长儿童的模仿，学习餐桌礼仪。

如厕、洗澡和穿衣

- 如果有充足的玩耍时间就会喜欢洗澡（一定不能让孩子单独待在澡盆里）；试图自己洗澡；可能拒绝别人给自己洗澡，擦身的时候有些难为情。
- 不喜欢甚至抵制使用洗发水。
- 大人给自己穿衣服时会提供帮助；需要简单、容易穿着的衣服；通常能不费太多力气就自己脱掉衣服（图5-9）。
- 表现出准备好接受排便训练的征兆（有些儿童可能已经掌握排便控制）；使用合适的词语；裤子弄脏时会变得沮丧，可能跑到卫生间或者藏起来。
- 小便间隔时间更长（准备好接受如厕训练的标志之一）；其他标志包括喜欢观察他人

上厕所，将洋娃娃或填充动物玩具放到马桶上面，控制自己，愿意在便壶上坐一会儿，对身上沾上大小便表现出不安。

睡眠

- 晚上睡 9~12 个小时。
- 仍然需要午后小憩；需要一段时间才能够完全醒来。
- 抵制上床睡觉；然而，如果预先告知孩子，他们通常会顺从，可能依赖熟悉的睡前活动（讲故事、聊天或专属玩具等）（Mindella et al., 2010）。
- 需要一定时间才能入睡，尤其是过度疲劳的时候；可能会唱歌、自言自语、在床上蹦跳、呼喊父母和反复铺床（再次强调，这些是儿童放松下来的方式）。

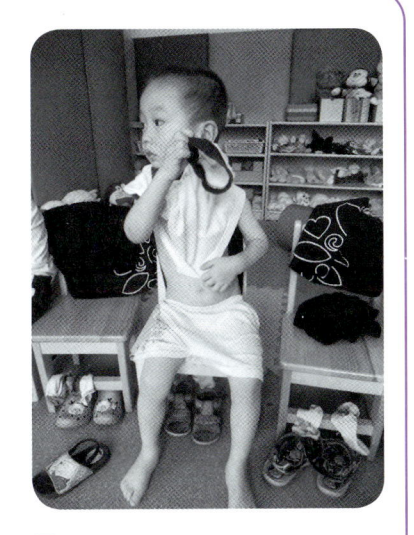

图 5-9

尝试自己穿衣服，但仍然需要成人的一些帮助。

游戏和社会活动

- 喜欢乔装打扮并模仿家人行为（戴上父亲的帽子乔装成"爸爸"；穿上高跟鞋乔装成"妈妈"）。
- 喜欢待在其他小朋友周围，但并不总是能很好地一起玩耍［专注地观察，模仿其他孩子的行为（平行游戏），但不愿意加入］。
- 有时对父母和照料者表现出极端的抗拒，这是建立自主性的早期步骤；要求孩子捡起玩具、准备上床睡觉或到餐桌旁吃饭时，他会大喊"不"或者跑开。
- 假装拥有一位想象的朋友作为忠实的玩伴。
- 探索周围环境中的一切事物，包括其他小朋友；可能会推搡其他小朋友，这似乎是在测试他们的反应。

学习活动：2 岁

供家长和教师参考的发展性应用建议

- 多陪孩子玩基于颜色、动物、面部表情和日常用品配对的游戏，例如，大型落托数卡牌戏和图画多米诺等。
- 提供操作类的玩具，以培养儿童的问题解决能力和手眼协调性：可以用线串起来的大珠子、颜色鲜明的立方块、拼图、大的塑料联锁块、嵌套玩具。
- 提供家畜和动物园动物、家庭、餐具和厨房用品、小汽车、卡车以及飞机等玩具模型，让孩子进行分类和想象游戏。
- 定期陪孩子阅读；提供彩色图画书，让孩子说出书中物品的名称、描述日常事件；使用简单的绘本故事书（每页一行文字），这样孩子能学习"讲"故事；要求孩子翻页。
- 和儿童一起唱童谣、玩简单的手指游戏和唱动作歌；对儿童无意识说出的节奏和韵律做出回应，模仿，也可以以此为基础设计简单的游戏。
- 提供（密切注意）可水洗的颜料、彩笔、粉笔、大蜡笔和大尺寸的纸张供儿童进行艺术表达。
- 鼓励儿童的假装活动：收集空的麦片盒和饼干盒、带有完整标签的塑料果汁盒、可循环使用的袋子等假装储存；提供装扮用的衣服和不易破损的镜子，或塑料园艺用品。
- 提供小手推车；能够装载、推拉或坐在上面的大卡车和汽车玩具；玩具马车或婴儿车；摇摇船；用于投掷的沙包和圆环等。
- 创造欣赏音乐的机会；鼓励儿童弹奏乐器，创作歌曲并演唱，跳舞，随着音乐节奏挥动丝巾或纸带，假装成动物。
- 设计包含简单物品分类的游戏：洗衣游戏（毛巾放一起，袜子放一起）；

彩色积木（红色的放一起，蓝色的放一起）。
- 让儿童帮助做家务：打扫家具，"清洗"汽车，打扫人行道，用刷子和水"上油漆"。

发展警报：2 岁

如果儿童在 3 岁生日之前没有达到下列指标，应与儿科医生或幼儿保教专家联系：

- 即使进食总量有限，但营养要全面。
- 走路更加自信，较少绊倒或摔跤；能在帮助下爬台阶。
- 能避免撞到物体。
- 执行简单的两步指令："拿着你的书到爸爸这儿来"；表达欲望；提问题。
- 遇到熟悉的物品会指出并说出名称；能够使用 2~3 个词语组织语句。
- 喜欢聆听阅读；帮助成人拿着书，指出书中的物品并说出名称。
- 表现出与其他儿童一起玩耍的兴趣（观察，或许也会模仿）。
- 表现出对如厕训练的最初兴趣（跑进卫生间、脱下裤子、使用合适的词语表达）。
- 根据单一特征对熟悉的物品进行分类，如类型、颜色、形状和大小等。
- 在提出请求或回应问题时，能够进行眼神交流（除非有文化禁忌）。

安全隐患：2 岁

继续贯彻前几个阶段执行的安全措施。随着儿童持续生长发育，时刻注意新安全问题的出现。

烫伤

- 热水器的温度应设置低于 120 华氏度（49 摄氏度）。
- 为浴缸和水龙头购买并安装防护

装置。

- 将盛有热的液体的容器（咖啡杯、水壶等）放到儿童够不到的地方。

噎住

- 仍然需要将食物切成小块；坚持让儿童坐下吃饭；避免食用爆米花、热狗（除非斜切成小块）、生胡萝卜、整粒葡萄、坚果和硬糖。

溺水

- 监管任何儿童可以接近的水源（戏水池、鱼缸、庭院池塘、喷泉和浴缸等）。在深度小于 2 英寸（5 厘米）的水中，儿童也可能溺亡。不要让儿童离开成人的视线。

游戏环境

- 将书架、档案柜、梳妆台和架子等安全地固定到墙上或地板上，以防止其翻倒。
- 将玩具放在较低的架子上，以便儿童容易够到。
- 保持通往户外和楼梯井的门处于上锁状态。
- 盖上电源插座，移走多余的电线。

中毒

- 将所有药品（包括维生素和非处方药）、汽车和花园化学制剂、清洁用品等放置在上锁的厨柜中。（儿童学会攀爬之后，放在较高的架子并不一定安全。）
- 检查并清理室内外环境中的有毒植物。（详情可咨询当地的农业指导员。）

勒颈

- 避免让儿童穿可能会缠住脖子的衣服或饰品（例如领结、拉带等）。

积极的行为指导

成人有责任保护学步儿免受伤害，并教他们有关社会和文化期望的知识。学步儿只理解从自我中心角度出发看到的世界，他们必须通过不断地试错，逐渐学习如何融入周围环境。这个过程需要成人持续的指导、耐心和培养。

1岁：

- 即使孩子不够完美，也要肯定和鼓励孩子的努力。
- 创设对儿童安全的环境，以尽可能减少制定规则的必要性。
- 维持有规律的日常活动和时间安排。
- 设定合理并具有发展适宜性的限制。
- 对儿童的行为进行简短的解释和指导："轻轻地摸"（拿起孩子的手轻轻拍小狗）；"不要打"（抱起孩子将其放到另一个地方；用其他玩具或其他活动分散或转移孩子的注意力）。
- 坚持执行限制，这样孩子才能理解你的期望。

2岁：

- 关注孩子，当孩子做出恰当的行为时，要及时给予认可。
- 认识到孩子会忘记规则，重复不良行为。
- 接受学步儿对自主性的强烈渴望。不要强迫他们按照家长的意愿行事，为他们提供选择："你想穿红色的衬衫还是蓝色的衬衫？""换上睡衣后，你是想听我读故事还是想玩拼图？"
- 选择性地教育。只要不会给儿童和他人带来伤害，孩子的某些负面行为可以忽略。切记，学步儿希望引起你的注意！
- 做出正面榜样。儿童会模仿自己看到的行为方式。

小 结

虽然学步儿的生长速度开始变缓，但身体仍然经历着重要的生理变化。不断提高的运动能力超过学步儿的认知发展——对因果关系的理解、对尺寸和距离的判断、对功能的掌握等，这大大增加了他们意外受伤的风险。他们所掌握的词汇（表达性语言）仍然十分有限，但是理解语言（接受性语言）的能力大大提高。儿童掌握和使用的词汇数量在 1~2 岁之间得到迅速增长。学步儿喜欢聆听成人阅读、唱歌、重复简单的词语和模仿成人的行为。当儿童尝试使用日常用品、探索每个角落和缝隙并试图拆开物品时，好奇心常常使他们陷入麻烦之中。渴望提高控制力和自主性的努力常常令儿童反抗、沮丧和发脾气。虽然有时学步儿会出现挑战性的行为，但他们无限的欢乐和潜力也令人着迷！

关键术语

自主	可理解的
自我中心	表达性语言
单人游戏	挑食
单字语	平行游戏
电报语	语言编码
接受性语言	言语障碍

知识运用

A. 运用学到的知识

再次阅读本章开篇关于胡安及其家庭的描述，并回答下列问题。

1. 你认为发育正常的 2 岁儿童应当具备什么样的语言能力？
2. 你认为胡安所表现出的易怒和攻击性，对于幼儿来说是否典型？给出答案并说明理由。
3. 从发展的角度解释，为什么在不断警告下，胡安仍然乱翻妈妈厨房里的橱柜和梳妆台抽屉？
4. 由于上午胡安玩耍的时候安娜在睡觉，她应当在房间里采取哪些安全措施以保证胡安的安全？

B. 回顾下列问题

1. 分别描述两种具有发展适宜性的活动，以促进 2 岁儿童以下能力的发展：自理能力；运动能力；语言发展。
2. 为什么学步儿更有可能发脾气？你认为 1 岁儿童会以什么样的方式开始维护自己的自主性？
3. 为什么学步儿意外受伤的风险很高？为了降低这种风险，成人必须采取哪些措施？
4. 什么是单字语？举出 3 个例子来说明。儿童在哪个年龄段最可能使用单字语？
5. 设计 3 种活动，帮助 2 岁大的儿童学习尺寸的概念。

推荐网站

美国疾病预防与控制中心 http://www.cdc.gov/parents

儿童发展研究所 http://www.childdevelopmentinfo.com

最初迹象 http://www.firstsigns.org

0 到 3 岁 http://www.zerotothree.org

参考文献

Berk, L. E. (2008). *Child Development.* (8th ed.). New York: Allyn & Bacon.

Bernier, A., Carlson, S., & Whipple, N. (2010). From external regulation to self-regulation: Early parenting precursors of young children's executive functioning, *Child Development, 81*(1), 326–339.

Calkins, S. D., & Williford, A. P. (2009). Taming the terrible twos: Self-regulation and school readiness. In O. A. Barbarin & B. H. Wasik (Eds.), *Handbook of Early Child Development and Early Education: Research to Practice* (pp. 172–198). New York: Guilford.

Charles, E., & Rivera, S. (2009). Object permanence and method of disappearance: Looking measures further contradict reaching measures, *Developmental Science, 12*(6), 991–1006.

Erickson, E. (1959). Identity and the life cycle, *Psychological Issues*, *1*, 1–171.

Gloeckler, L., & Niemeyer, J. (2010, Spring). Social-emotional environments: Teacher practices in two toddler classrooms, *Early Childhood Research & Practice*, *12*(1). Accessed online at http://ecrp.uiuc.edu/v12n1/gloeckler.html.

Hunnius, S., Bekkering, H., & Cillessen, A. (2010). The association between intention understanding and peer cooperation in toddlers, *European Journal of Developmental Science*, *3*(4), 368–388.

Kärtner, J., Keller, H., & Chaudhary, N. (2010). Cognitive and social influences on early prosocial behavior in two sociocultural contexts, *Developmental Psychology*, *46*(4), 905–914.

Linebarger, D., & Vaala, S. (2010). Screen media and language development in infants and toddlers: An ecological perspective, *Developmental Review*, *30*(2), 176–202.

Marotz, L. (2012). *Health, safety, and nutrition for the young child*. (8th ed.). Belmont, CA: Wadsworth Cengage Learning.

Mascola, A., Bryson, S., & Agras, S. (2010). Picky eating during childhood: A longitudinal study to age 11 years, *Eating Behaviors*, *11*(4), 253–257.

Mindella, J., Sadehb, A., Kohyamac, J., & Howd, T. (2010). Parental behaviors and sleep outcomes in infants and toddlers: A cross-cultural comparison, *Sleep Medicine*, *11*(4), 393–399.

Nichols, S., Svetlova, M., & Brownell, C. (2010). Toddler's understanding of peers' emotions, *Journal of Genetic Psychology*, *171*(1), 35–53.

Piaget, J., & Inhelder, B. (1967). *The child's conception of space*. New York: Norton.

Raeff, C. (2010). Independence and interdependence in children's developmental experiences, *Child Development Perspectives*, *4*(1), 31–36.

Trommsdorff, G. (2009). Culture and development of self-regulation, *Social and Personality Psychology Compass*, *3*(5), 687–701.

Verhoeven, M., Junger, M., van Aken, C., Deković, M., & van Aken, M. (2010). Parenting and children's externalizing behavior: Bidirectionality during toddlerhood, *Journal of Applied Developmental Psychology*, *32*(1), 93–105.

Weibe, S., Lukowski, A., & Bauer, P. (2010). Sequence imitation and reaching measures of executive control: A longitudinal examination in the second year of life, *Developmental Neuropsychology*, *35*(5), 522–538.

Xu, Y. (2010), Children's social play sequence: Parten's classic theory revisited, *Early Child Development & Care*, *180*(4), 489–498.

第6章

儿童早期：3岁、4岁和5岁

学习目标

通过本章学习，掌握下列知识点：

- 对比典型的3岁、4岁和5岁儿童与学步儿的主要发展特征。
- 描述典型的3岁、4岁和5岁儿童有哪些食物偏好、饮食习惯和热量需要。
- 讨论学龄前儿童对成人关注的需要，并探索随着儿童独立性的增长，这些需要发生了哪些改变。
- 描述至少5种成人支持学龄前儿童认知发展的方式。

NAEYC 标准章节链接：

1a, 1b 和 1c：促进儿童发展与学习
2a 和 2c：建立家庭和社区联系
3c 和 3d：观察、记录和评估，为幼儿及其家庭提供支持
4a, 4b, 4c 和 4d：运用有效的发展性方法为儿童和家庭建立联系
5c：运用内容知识构建有意义的课程体系

认识4岁的胡安与他的妈妈安娜

参加了当地社区大学发起的招生项目后，安娜重回校园读书的渴望被点燃了。当安娜发现校园里的儿童保育中心还能接收胡安，就更加坚定了决心。安娜知道胡安的语言和社会性发展有些迟缓，她相信胡安在拥有更多与同龄人交流的机会后，能够得到提高。

每天上午，安娜要去听课并在学校自助餐厅打工，她会把胡安留在儿童保育中心。然而，胡安适应新学校的过程有些缓慢。他更喜欢独自玩耍，投入某个活动的时间很少超过几分钟，无论走到哪儿，都坚持要带着自己的毛毯。

虽然安娜很忙，但她每天晚上都会

留出时间来陪胡安玩耍。他们一起谈论胡安当天在学校做的事情，有时一起做建筑模型或工艺品。在胡安睡觉前，他们常常安静地坐着，一起读几本故事书。自从参加了学校的亲职教育课程之后，安娜对自己帮助胡安发展的能力更有信心了。她现在意识到，每天与儿子做的事不论多简单都能促进他的学习。安娜认为自己很享受与幼儿在一起活动，并在认真考虑是否要做一名早教教师。

问　题

1. 你认为胡安的个性－社会性发展是否符合他的年龄？
2. 安娜以哪些方式促进胡安的语言和读写能力发展？
3. 胡安在努力适应新环境的时候，表现出了哪些压力迹象？

3岁、4岁和5岁

3岁、4岁和5岁儿童通常充满能量、渴望和好奇心（图6-1）。对于任何能引起兴趣的事物，他们总是全神贯注，而同时他们的注意力也在不停地转移。在学龄前这几年，儿童不断完善自己的运动技能。他们在每件事情上都表现出创造力和想象力，从制作工艺品、讲故事到戏剧表演。在这一时期，儿童的词汇量迅速增加，智力飞速提高，促使他们能够表达自己的观点，解决问题，并提前制订计划。有些儿童可能已经开始学习第二语言，这会影响他们其他方面的发展（Bialystok & Craik, 2010）。

学龄前儿童对例如死亡和性别概念的理解越来越深刻，但是不成熟的认知能力依然限制了他们理解的全面性。不到5岁的儿童也许能够意识到一些人或动物已经死去，但还是会表达出死后能复活的希望（Slaughter & Griffiths, 2007）。到7岁的时候，儿童理解了死亡是普遍的，每个人都会死，并且在此之后，儿童很快便能接受，死亡之后人的所有身体机能都会停止。同样的变化也发生在儿童对性别的认知理解上。大多数5岁儿童能够确定

图 6–1
这一年龄段的儿童充满强烈的好奇心和求知欲。

自己是男孩还是女孩，但是他们依然认为，通过穿着不同的衣服或者扮演不同的角色，性别能够暂时转换（Martin & Ruble, 2010）。

学龄前儿童坚定地相信自己的观点，但同时开始理解他人也有需要和感情。他们控制自身行为的能力也得到了一定的发展（Schaefer et al., 2009）。他们努力寻求独立，但是需要有成人在身边，在儿童有需要的时候提供帮助、安慰、调停或援救。

3 岁

3 岁儿童往往更加平静、放松和合作。2 岁儿童经常与成人在争取独立权上发生冲突，这种情况在 3 岁时有所减少，也不再那么强烈。3 岁儿童很少出现情绪爆发，大多数时间都会遵从成人的要求，而且延迟满足的时间也更长。然而，儿童早期发展这些品质的重要性有明显的文化差异（Trommsdorff, 2009）。3 岁儿童也更能了解和接受他人，因此他们能够参与团体游戏。通常来说，他们非常享受自己和生活，对探索周围世界的所有事物表现出抑制不住的渴望。

发展剖面图和生长模式：3 岁

生长和生理特征

- 生长较为平稳，但是比前两年稍慢一些。
- 身高每年增长 2~3 英寸（5~7.6 厘米）；平均身高为 38~40 英寸（96.5~101.6 厘米），接近出生时的两倍。
- 通过测量 3 岁时的身高，能预测儿童成年后的身高；男童 3 岁时的身高一般达到成年身高的 53%；女童一般达到 57%。
- 体重平均每年增长 3~5 磅（1.4~2.3 千克）；平均体重为 30~38 磅（13.6~17.2 千克）。
- 心率（脉搏）平均每分钟 90~110 次。
- 根据活动强度的不同，呼吸速率平均每分钟 20~30 次。
- 平均体温为 96~99.4 华氏度（35.5~37.4 摄氏度）；随着活动强度、疾病和压力有所波动。
- 腿比手臂长得快，这使得 3 岁儿童长得更高更瘦，更加接近成人的体形。
- 头围和胸围几乎相等。
- 随着"婴儿肥"的消失，脖子似乎变长了。
- 身体姿态更挺直；腹部不再凸出。
- 长出整齐的乳牙（20 颗牙齿）。
- 每天大约消耗 1 500 卡路里。
- 使用斯内伦视力表检查视力，视敏度大约为 20/40。

运动发展

- 在不需要协助的情况下，双脚交替上下楼；可以直接跳下最后一级台阶，双脚着地。
- 单脚保持暂时的平衡。
- 踢大球。

- 自己吃饭，很少需要帮助。
- 原地跳。
- 骑小三轮车或骑玩具。
- 双臂张开抓住反弹起的大球。
- 喜欢荡秋千（不要太高或太快）；开心地大笑，并要求成人推动摇摆。
- 更好地控制蜡笔或记号笔；画出垂直线、水平线和圆形。
- 用拇指、食指和中指抓住蜡笔或记号笔［**三脚架式抓握**（tripod grasp）］，不像之前那样需要用拳头才能握住（图 6-2）。
- 看书时能一次翻一页。
- 喜欢搭积木。
- 搭建 8 层及以上的积木塔。
- 玩橡皮泥；狂热地捶打、滚动、揉挤橡皮泥。
- 开始展现出**优势手**（hand dominance）。
- 手持装有液体的容器而不会洒太多，例如一杯牛奶或一碗水；从水壶往其他容器倒水。
- 系上衣服的大纽扣，拉上拉链。
- 洗手并擦干；自己刷牙但刷得并不彻底。
- 在这一时期，大多数儿童能够完全掌握膀胱控制。

图 6-2

以三脚架式抓握来握笔。

感知觉 – 认知发展

- 聚精会神地聆听适合自己年龄的故事。
- 在聆听故事的时候作出评论，尤其是关于家、家庭和熟悉事件的故事。
- 花相当长的时间看书；可能会通过解释图片假装给他人阅读。

发展剖面图和生长模式：3岁（续）

- 喜欢听有谜题、猜想和悬念的故事。
- 当听到发音相似的词语（如猫和毛、兔和土、盘子和胖子等）时，精确地指出正确的图片。
- 玩贴近现实的游戏：
  - 给玩具娃娃喂食，让玩具娃娃躺下睡觉，为它盖上小被子（图6-3）。
  - 将卡车挂到拖车上，给卡车装上货物，拖着卡车走，并发出马达的声音。

图 6-3

玩贴近现实的装扮游戏。

- 对事物做实验，以观察其如何运转；将物品拆开并重新组装成新的"发明"（Johansson & Sandberg, 2010）。
- 将8~10个钉子放到小钉板上，或将6个圆形和6个方形积木放进积木模板里。
- 尝试画画；学着临摹圆形、方形和一些字母，但画得不够完美。
- 识别三角形、圆形、正方形；按要求指出正确的形状。
- 在单一维度上对物品进行分类，例如颜色、形状或大小；通常选择颜色或大小作为分类依据（红色珠子一堆，绿色珠子一堆）（Williamson, Jaswal, & Meltzoff, 2010）。
- 大部分时间表现出对基本大小–形状的理解；看到网球和高尔夫球时，能指出哪个更大；也能理解"两个之中较小的那个"。
- 命名和匹配，至少能说出和匹配三原色（红、黄、蓝）。
- 将立方体排成一条直线；也能将立方体搭成桥形。
- 大声数出物品的数量。
- 用手指向有"更多东西"的图片（汽车、飞机或小猫等）（Huang, Spelke, & Snedeker, 2010）。

- 表现出对时间持续性的理解，例如会使用"一直"、"一整天"、"两天了"等；有时仍会出现混乱："我明天没有睡觉。"
- 在游戏中使用象征性物品，例如用积木代表卡车、斜坡或者球拍。

言语和语言发展

- 谈论不在场的物品、事件或人物："杰里家的院子里有一个游泳池。"
- 谈论别人的行为："爸爸正在割草。"
- 为刚刚说过的话补充信息："是的，接着他又把它抢回来了。"
- 恰当地回答简单的问题。
- 问很多问题，尤其是关于物品和人物的位置和身份的问题（图6-4）。
- 使用越来越多的言语形式使对话继续进行："为什么我不能做？""我们现在要去哪儿？"（Göksun, Hirsh-Pasek, & Golinkoff, 2010）。
- 要求他人关注自己或环境中的物品、事件："看我的直升机飞起来了。"
- 驱使他人行动："咱们从水上跳过去吧。你先来。"
- 使用常用的社交用语："你好""再见""请""走吧"。
- 评论物品和正在进行的事件："那儿有个房子""拖拉机拉着一条船"。
- 词汇量越来越丰富；现在大约能掌握300~1000个单词。
- 背诵童谣，唱歌。

图6-4

问很多问题！

发展剖面图和生长模式：3 岁（续）

- 大多数时间使用的语言都是可理解的。
- 说出组合的名词短语："大棕狗"。
- 能在动词后缀上"ing"[1]；使用"s"表示数量多于一个；通常在已经是复数形式的单词后加上"s"（geeses, mices, deers）[2]。
- 简单地将"不"放到名词或动词短语之前表达否定，例如"不宝宝"。
- 涉及到熟悉的物品和事件时，能回答"你在做什么？""这是什么？"和"在哪儿？"等问题。

社会性－情绪发展

- 似乎理解轮流的含义，但并不总是愿意这么做（图 6-5）。
- 经常大笑；待人和睦，渴望让人高兴。
- 偶尔做噩梦，害怕黑暗、怪物或火。
- 加入简单的游戏或团体活动，有时犹豫不决。
- 常常自言自语。
- 能够识别自己是"男孩"还是"女孩"（Chemey & Dempsey, 2010）。
- 观察其他儿童游戏；可能会短时间加入游戏；常常玩其他儿童正在玩的游戏。
- 保护自己的玩具和财产；有时表现出攻击性，抢夺玩具，打其他小朋友，把玩具藏起来等。
- 独自或和其他儿童一起玩装扮游戏（Nicolopoulou et al., 2010）。
- 对更小的孩子或受伤的孩子表现出爱心。

---

1 英文中通常在动词后缀"ing"表示动作正在进行。
2 英文中通常在单词后缀"s"表示复数，但有些单词有特殊的复数形式。如 geese（鹅）是 goose 的复数形式；Mice（老鼠）是 mouse 的复数形式；deer（鹿）是集体名词，本身就表示复数。

图 6–5

学会与别人一起玩游戏需要时间和练习。

- 坐下听故事的时间一次长达 10 分钟；不会打扰其他正在听故事的儿童；如果被打扰或打断会生气。
- 可能仍然会向小毛毯、毛绒动物或玩具等寻求安慰。

日常生活：3 岁

饮食

- 喜欢小份的食物；食欲尚可。不喜欢吃蔬菜；会吃几乎所有其他食物；不应该强迫孩子吃饭（Worobey et al.,2010）。
- 饿的时候会自己吃饭。使用勺子的方式已经有点像成人了；可以用叉子叉起食物（图6-6）。
- 有时吃得很慢；如果不饿的话，会玩弄食物。
- 倒牛奶和果汁时只有少量溅出来；在成人的鼓励下，能从餐盘中取单人份的食物；"装到这条刻度线"；"只要两勺就够了"。
- 喝大量牛奶。（确保儿童不要喝太多牛奶，避免导致吃不下其他必需的食物。）

图 6-6

有能力操控餐具。

如厕、洗澡和穿衣

- 自己在澡盆里洗澡，但不一定能洗干净；常常不愿从澡盆里出来。
- 自己刷牙，但是刷牙方法还需要成人的指导。
- 白天能控制大多数如厕需要。（男孩仍然有可能在白天尿裤子。）
- 有些孩子能整晚不尿床；但是有些孩子处于过渡期，他们可能几天或几周不尿床，但是有段时间又会尿床。
- 虽然能穿上某些衣服，但是更擅长脱衣服。

- 操作拉链、大纽扣和按扣的能力越来越强。

睡眠

- 大多数晚上睡 10~12 个小时；早上常常早醒。
- 开始不愿意午睡；然而，中午仍然会安静一段时间。
- 大多数时间能独立上床睡觉；不再做很多早期的睡前活动，但是仍然需要听睡前故事、催眠曲或者裹紧被子。
- 有可能会从梦中惊醒。
- 有时会在夜里徘徊；此时应该十分坚决地将孩子送回自己的床上去。

游戏和社会活动

- 希望自己能参与任何活动；处于"我也要"的年龄。
- 短时间加入自发的小组游戏；非常爱交际；开始更经常玩合作性游戏。
- 偶尔与其他儿童发生争吵或口角；只要不诉诸武力，成人应该允许儿童自己解决分歧。
- 装扮自己，参加反映日常活动的戏剧表演。有些儿童对**性别**（gender）和角色仍然表现出强烈的刻板印象："男孩不能当护士""只有女孩才能跳舞"。
- 成人提出选项而不是要求时，儿童往往会做出更好的回应："你想在听故事前换睡衣，还是听完故事再换？"
- 仍然不愿意与他人分享，但是似乎开始理解分享的概念。

学习活动：3 岁

供家长和教师参考的发展性应用建议

- 孩子每天观看电视和视频的时间限制在两小时以内。观看的内容必须具有发展适宜性；幼儿认为媒体中的事物是真实的，不是虚构或娱乐。积极的游戏能够促进儿童的学习，降低肥胖的风险。
- 鼓励儿童为安全的家居用品和废品创造新用途：铺桌子的小毯子可以制作成洞穴或帐篷；勺子可以假装成锅铲；废弃的邮件可以用来玩邮局游戏；滴水的软管可以用来清洗三轮车或玩具小车；塑料牛奶盒可以制作成漂浮的船；油漆刷和水可以用来"粉刷"户外的建筑。
- 提供更复杂的操作材料：镶嵌积木；带有多色钉子的小钉板；算数、分类和配对用的各种物件；带有中号、连锁配件的建筑玩具。
- 提供无毒的工艺品材料，鼓励儿童大胆尝试：蜡笔、水洗记号笔、粉笔、橡皮泥、圆头剪刀、纸、胶水、颜料和大刷子（需要监督）。
- 在手边准备充足的书，这些书涉及动物、家庭、日常生活、字母表、计数和诗歌；继续每天给孩子读书。要求孩子使用布偶复述故事，或者让孩子创造自己的故事结局。
- 定期带孩子去图书馆；提供足够的时间让儿童自己选择书。为孩子选择一些非虚构类、孩子感兴趣的书，例如有关动物、海洋和行星的书。
- 应当多陪孩子到户外活动：鼓励孩子多做运动，例如踢球、拍球或扔球等；捉虫子；跳绳；放风筝或者捉迷藏。儿童每天应当进行至少 60 分钟有成人引导的活动以及 60 分钟自由体育活动。
- 为孩子提供骑行玩具、独轮手推车、园艺工具、娃娃手推车或购物车，锻炼他们眼 – 手 – 脚的协调能力（如转向，驾驶）。
- 领着孩子按照他的节奏散步；给孩子留出足够的时间探索、检查和搜集石头、虫子、树叶和种荚；说出沿途事物的名称并和孩子谈论。

发展警报：3 岁

如果儿童在 4 岁生日之前没有达到下列指标，应与儿科医生或幼儿保教专家联系：

- 大多数时候孩子说的话能够让人听懂；如果有所担忧，可以检查孩子的听力是否正常。
- 理解并遵循简单的要求和指令。
- 说出自己的名字和年龄。
- 在其他儿童旁边玩耍，或与其他儿童一起玩耍。
- 能说出由 3~4 个单词组成的句子。
- 询问问题并保持眼神接触。
- 进行某项活动的时间持续 3~4 分钟；每次独自玩耍时能持续数分钟。
- 原地跳，不会跌倒。
- 能够单脚保持平衡，至少保持短暂的平衡。
- 能够协助大人给自己穿衣服。
- 进行假装游戏，将日常物品用于想象的目的。

安全隐患：3 岁

继续贯彻前几个阶段执行的安全措施。随着儿童持续生长发育，时刻注意新安全问题的出现。

烧伤

- 不要让孩子接触热的物品。
- 将点燃的蜡烛、火柴和打火机放在孩子够不到的地方。
- 当烤架、壁炉、蜡烛或烟花点燃时，要小心地看护孩子。

噎住

- 不要让孩子吃有可能噎住的食物：

爆米花、坚果、生胡萝卜、硬糖、葡萄、热狗等。

- 将食物切成小块，坚持让孩子吃饭时安静地坐着。
- 当孩子吃棒棒糖或棒冰等带有小棍的食物时，要密切监督。

溺水

- 附近有水源时，要密切监督孩子的行踪；未使用时一定要将容器内的水倒掉。
- 为水池安装防护栏；安装水池报警器；关闭院门，不要让孩子在水池旁边玩骑行玩具。
- 学习心肺复苏术！

跌落

- 坚持让孩子穿结实的平底鞋以免受伤。鞋底太硬或太滑、凉鞋和拖鞋都会增加孩子绊倒或跌倒的风险。

中毒

- 不要在孩子玩耍的草坪里使用杀虫剂或化学药品；残留物可能会沾到手上或渗进孩子玩耍的沙池里。
- 将清洁剂、除草剂和药品等危险物品锁进橱柜中。

交通

- 在停车场行走或过马路时，一定要抓住孩子的手。
- 乘车时一定要让孩子坐在固定的安全座椅上。

4岁

不知疲倦、精力充沛、充满各种新奇的想法、喋喋不休、上蹿下跳，这就是大多数4岁儿童的典型特征。这一时期的孩子总是试图摆脱控制，获得更多的自主性，因而频繁地与成人发生争执。很多孩子喜欢大声说话，吵吵闹闹，甚至喜欢挑衅；他们会用无意义的交谈、无聊的玩笑、喋喋不休的唠叨和无休止的问题，试探成人的耐心。同时，他们也有许多可爱的特质，比如非常热心、乐于助人、富有想象力，而且能在一定程度上提前计划:"妈妈,回到家后,我要给你画一幅画。"

虽然现在的孩子成长在一个充满电子媒体的环境中,到处都是掌上游戏机、电脑、软件、手机、视频,但是有证据表明,这些物品对于促进孩子的学习并没有太大作用(Plowman, McPake, & Stephen, 2010)。可以确定的是,儿童能够通过实验、体验以及与其他儿童互动进行学习,而电子媒体却让儿童久坐不动,从而限制这些行为的发生。因此,在儿童达到一定年龄之前,应当谨慎使用电子媒体。

发展剖面图和生长模式:4岁

生长和生理特征

- 体重平均每年增长 4~5 磅(1.8~2.3 千克);平均体重为 32~40 磅(14.5~18.2 千克)。
- 身高平均每年增长 2~2.5 英寸(5~6.4 厘米);平均身高为 40~45 英寸(101.6~114 厘米)。
- 心率(脉搏)平均每分钟 90~110 次。
- 呼吸速率大约每分钟 20~30 次,随着情绪状态和活动强度的变化有所波动。
- 体温大约为 98~99.4 华氏度(36.6~37.4 摄氏度)。
- 每天大约需要 1 700 卡路里。
- 听敏度可以通过儿童正确发出声音和使用语言的程度以及儿童对提问和指令的反应来评估。
- 通过斯内伦视力表测量的视敏度大约为 20/30。

运动能力发展

- 沿直线行走(地板上的胶带线或粉笔线)。
- 单脚跳。

发展剖面图和生长模式：4 岁（续）

- 自信地骑有踏板的玩具车或驾驶玩具车；会拐弯，避免撞到障碍物或迎面而来的"车辆"。
- 爬梯子、爬树，玩儿童场地的器械。
- 跳过 5~6 英寸（12.5~15 厘米）高的物体；落地时双脚着地。
- 轻松地跑步、起跑和停止，绕着障碍物跑。
- 手举过肩扔球；距离和瞄准度都有提升。
- 用 10 个或更多的积木垒成高塔。
- 用黏土捏出形状和物品：饼干、蛇以及其他简单的动物。
- 临摹一些形状和字母（图 6-7）。
- 使用三脚架式抓握来握蜡笔或记号笔。
- 有目的地画画和上色；头脑中有想法但是通常无法展现出来，因此画出充满创造性的其他东西。
- 用锤头敲击钉子和木栓的准确性更高。
- 将小木珠穿到一根细线上。

图 6-7

临摹一些形状和字母。

感知觉 – 认知发展

- 将至少 5 个大小不一的立方体按照从大到小的顺序堆放；堆起一个由 6 块积木组成的金字塔。
- 分辨成对词的发音是否相同（例如，树叶 – 书页、抱抱 – 宝宝）。
- 快到 5 岁时，能认识 18~20 个大写字母；有些儿童甚至能写出一些字母和自己的名字；能认识一些简单的词（尤其是对孩子来说有特殊意义的词）。
- 一些儿童开始阅读书上简单的词句，例如每页只有几个词，但是有很多图画的识字书

（Goodman, Libenson, & Wade-Woolley, 2010）。
- 会选择且喜欢关于事物如何发展和运转的故事。
- 喜欢玩文字游戏，爱说俏皮话。
- 理解"最高""最大""相同"和"更多"的含义；挑出有"最多房屋"或"最大的狗"的图画。
- 死记硬背地数到 20 或更多；对数字代表的含义理解有限。
- 理解日常生活事件的顺序："早上起床后，要先穿衣服、吃早饭、刷牙，再去上学。"
- 根据物品的不同属性，对其进行整理、分类和仿制（例如从小到大；颜色和形状；在水中是否下沉）（图 6-8）。
- 看图画时能察觉并指出缺失的部分（人、汽车或动物等）。

图 6-8
理解和识别不同形状、颜色和大小等属性的差异。

言语和语言发展

- 大多数情况下能正确使用在……上面（*on*），在……里面（*in*），在……下面（*under*）等介词。
- 正确使用所有格（她的、他们的、宝宝的）。
- 回答"谁的？""谁？""为什么？"和"多少"等问题。
- 组织复杂的语句结构："在我能看清小猫是什么颜色之前，它就跑到房子后面去了"（Rice et al., 2010）。
- 使用几乎完全可理解的话语。

发展剖面图和生长模式：4 岁（续）

- 正确使用动词的一般过去时："妈妈关上了（closed）门，""爸爸去（went）上班了"[1]（Grant & Suddendorf, 2010）。
- 说话时提及不在场的活动、事件、物品和人物。
- 根据谈话对象理解能力的不同，调整说话的语气和语句结构：对还是婴儿的弟弟说，"牛奶喝完了？"对妈妈说，"宝宝把所有的牛奶都喝光了吗？"
- 能说出自己的姓名、性别以及兄弟姐妹的名字，有时还能说出家里的电话号码。
- 在被问到累了、冷了或饿了怎么办时，能给出相应的回答。
- 背诵简单的歌谣，唱简单的歌曲。

社会性 – 情绪发展

- 活泼开朗，对人友好（由于文化差异，此类行为可能会受到强化或抑制）；有时可能过度热情。
- 情绪变化急剧，不可预测；前一分钟可能还在大笑，后一分钟却又开始大哭；面对很小的挫折，也会大发脾气，例如搭的积木倒了；被忽视或要求被拒绝时会生气（Cipriano & Stifter, 2010）。
- 与想象中的玩伴或伙伴交谈，分享强烈的

图 6-9

开始拥有"最好的"朋友。

---

[1] 一般过去时是英语语法的一种，表示过去某个时间里发生的动作或状态，一般过去时的动词通常用动词的过去时态来表示。

情绪；有"看不见"的朋友是非常普遍的现象（维果斯基提出的自我对话）。
- 通过编造故事或大胆断言来自吹、夸张和歪曲事实；用"脏话"来试探大人的底线。
- 现在会更频繁地与他人合作；参加团体活动、角色扮演和假装游戏。
- 对成就表现出自豪；频繁寻求成人的赞扬。
- 有时会打其他儿童的小报告，表现出自私；在某些场合下，仍然不能很好地理解"轮流"的概念（Ingram & Bering, 2010）。
- 试图坚持独立做事，但是出现问题时，可能因为挫败而发怒（例如，颜料滴到纸上，折纸飞机时出现错误等）。
- （大多数情况下）言语攻击多于身体攻击；表达观点时生气地喊叫而不是击打；威胁别人："如果你不让我玩的话，我就不邀请你参加我的生日聚会了。"
- 通过骂人和嘲弄排斥其他小朋友："你真是个孩子。"
- 与玩伴建立起亲密关系；开始拥有"最好的"朋友（图6-9）。

日常生活：4岁

饮食

- 食欲不稳定；有时很饿且渴望吃饭，而下一餐又毫无食欲。
- 可能对某类食物产生厌恶。如果成人强迫，儿童会强烈地拒绝，甚至因此掉眼泪（这种压力可能会导致严重的亲子冲突）。
- 能使用所有的餐具；能非常熟练地用塑料刀或餐具刀抹果酱或黄油、切面包等软食物。
- 吃饭时常常说话；说话通常比吃饭更重要。
- 表现出帮助成人准备饭菜的兴趣（例如，倒入准备好的调料，洗菜，摆餐具等）。

日常生活：4岁（续）

如厕、洗澡和穿衣

- 能自己上厕所；在卫生间时通常要求私密性。
- 更加熟练和专心地洗澡、刷牙；但仍然需要大人的协助和常规（细微的）检查。
- 自己穿衣服；能自己系鞋带，扣纽扣，系腰带等。穿衣服时，如果遇到困难会变得很沮丧，然而即便需要成人的帮助，也固执地拒绝。
- 能帮助成人分类、叠好自己干净的衣服并收好，挂毛巾，整理和打扫房间；但是很容易分心。

睡眠

- 平均每晚睡 10~12 个小时；可能仍然需要午睡。
- 看到该睡觉的线索，而不是听到成人要求睡觉的命令时，就寝通常并不是难事（例如，故事讲完了，时钟的指针指向特定位置）。
- 晚上一般会怕黑；走廊里留灯常常能缓解这一问题。
- 晚上起夜之后，可能需要成人的协助才能继续睡觉。

游戏和社会活动

- 玩伴非常重要；大多数时间都能合作地玩耍；可能喜欢发号施令。
- 懂得轮流；（大多数情况下）愿意分享；醒着的时间都希望与小朋友待在一起。
- 需要（并寻求）成人的赞赏和关注；可能会要求他人的评论，比如"看看我刚做的""看我的船"。
- 理解约束，需要约束（但是不要限制太多）；大多数时间都遵守规定。
- 自我吹嘘所有物；爱炫耀；吹嘘自己的家庭成员。

学习活动：4 岁

供家长和教师参考的发展性应用建议

- 参加简单的、依靠运气而不是策略取胜的棋盘或纸牌游戏（图片乐透、糖果乐园等）；强调游戏的过程，而不是输赢。（很久以后，儿童才要学习成为一个输得起的人。）
- 给孩子提供 5~20 片拼图（数量多少取决于孩子），算数和认字游戏以及配对游戏，例如更加复杂的乐透游戏。
- 提供各种各样基本的科学和数学材料：尺子、圆规、放大镜、小天平、塑料滴眼管；鼓励孩子收集树叶、养虫子和培育种子等行为。
- 当孩子自发作诗、吟诵、开玩笑和猜谜语等时，成人要赞扬（有时也可以加入）。
- 每天继续留出大声朗读的时间；鼓励孩子说词语或短语，猜测接下来会发生什么，通过讲述"先发生什么，后发生什么"的方式，复述故事（或部分故事）；教孩子在简单的图画词典或百科全书中查找事物的方法。定期去图书馆，给孩子充足的时间挑选书。
- 每天陪孩子进行 30~60 分钟的高强度体育活动，例如散步，到公园玩，骑自行车，踢球、扔球或拍球，参加游泳、摔跤或舞蹈班，在洒水器旁边玩耍或在充气泳池中"游泳"（需有成人监护）。

发展警报：4 岁

如果儿童在 5 岁生日之前没有达到下列指标，应与儿科医生或幼儿保教专家联系：

- 说出自己的全名。
- 识别简单的形状：圆形、正方形和三角形等。
- 接住弹起的大球（若视力没有问题）。
- 同陌生人讲话，并且别人能够听懂（若听力没有问题）。
- 很好地控制身体姿态和动作。
- 单脚跳。
- 对周围的事物表现出兴趣，并做出回应；提出问题，驻足观察，捡起小物品。
- 对成人的话做出回应，不需要成人过多地重复。
- 仅仅需要成人很少的协助便能自己穿上衣服；能扣纽扣和拉拉链。
- 上厕所时能完全自理；很少出现大小便失控的情况。

安全隐患：4岁

继续贯彻前几个阶段执行的安全措施。随着儿童持续生长发育，时刻注意新安全问题的出现。

烧伤

- 告知孩子火的危险性。
- 确保烟雾和一氧化碳检测器正常运转。利用做饭的机会，教孩子学习正确安全的操作方法。

危险品

- 将所有化学制品、清洁用品、个人护理用品、药品、枪支和危险工具锁进橱柜中；这个时期儿童的好奇心达到顶峰。

跌落

- 确保儿童骑自行车或溜冰时，穿戴好头盔和护具。
- 慎重考虑是否让儿童玩蹦床；很多儿童在玩蹦床时严重受伤，包括头部和脊椎的伤害（Esposito, 2009）。

个人安全

- 教孩子记住自己的全名、电话号码，如果走丢了该怎么做以及如何拨打报警电话。随着孩子的自主性不断增强，他们可能走到离父母和老师较远的地方。

玩具

- 购买玩具时，一定要检查玩具的安全性（例如，边缘没有棱角、不容易打碎、无毒、不易燃、没有露出的电线、没有导电连接等）。
- 如果家中或学校里有年龄更小的儿童，确保玩具上没有可拆卸的小零件。

窒息

- 暂时存放待处理的旧冰柜和冰箱时，可将门拆卸下来。
- 选购带有活动盖子的玩具储物箱，或使用敞口容器，防止孩子被掉落的盖子困在箱子里。将大塑料储物箱的盖子拿走。

5 岁

大多数 5 岁儿童能够在身体和情绪上更好地控制自己，所以这是一个相对平静的时期。5 岁儿童变得越来越自信、越来越可靠。他们的世界逐渐超出了家庭、学校或儿童保育中心的范围。友谊和团体活动开始变得愈发重要（Schaefer et al., 2009）。

5 岁儿童将大部分时间和精力用于练习和掌握各个发展领域的技巧（图 6-10）。然而，由于精力充沛和过度自信，他们在提高技能水平时，可能会频繁发生意外。对实践和探索的渴望常常扰乱儿童对危险和有害后果的预见能力。因此，采取措施保护孩子以避免意外伤害，必须成为家长和照料者首要考虑的问题(Marotz, 2012)。同时，成人还要注意，不能过度保护孩子，以免伤害他们的好奇心、胜任力和自尊。

图 6–10

熟能生巧。

发展剖面图和生长模式：5 岁

生长和生理特征

- 体重平均每年增长 4~5 磅（1.8~2.3 千克）；平均体重为 38~45 磅（17.3~20.5 千克）。
- 身高平均每年增长 2~2.5 英寸（5.1~6.4 厘米）；平均身高为 42~46 英寸（106.7~116.8 厘米）。
- 心率（脉搏）大约每分钟 90~110 次。
- 呼吸速率大约每分钟 20~30 次，随着情绪状态和活动强度的变化有所波动。
- 体温稳定在 98~99.4 华氏度（36.7~37.4 摄氏度）。
- 头围几乎达到成人标准。
- 乳牙开始脱落（图 6-11）。

图 6–11

乳牙开始脱落。

- 身体比例更加接近成人。
- 每天大约需要 1 800 卡路里。
- 使用斯内伦视力表检查的视敏度大约为 20/20。
- 视觉追踪和**双眼视觉**（binocular vision）已经发育完全。

运动能力发展

- 脚尖对脚跟地小步后退。
- 双脚交替地独立上下楼梯。
- 学会翻跟头（应当指导孩子正确的翻跟头方式，以免受伤）。
- 在膝盖不弯曲的情况下，摸到脚趾头。
- 在平衡木上行走。
- 学会双脚交替跳跃。
- 接住 1 米外扔过来的球。
- 快速熟练地骑三轮车或驾驶玩具车；一些孩子学会骑带有辅助轮的自行车。
- 连续向前跳 10 步而不跌倒。
- 平衡能力提高，能单脚站立 10 秒钟。
- 参考图片或模型，用小方块垒出三维模型。
- 画出多种形状和字母（正方形、三角形、A、I、O、U、C、H、L、T 等）。
- 较熟练地握住铅笔或记号笔；开始能在线内涂色。
- 用剪刀剪出直线（虽然并不怎

图 6–12

学习剪直线。

发展剖面图和生长模式：5 岁（续）

么完美）（图 6-12）。
- 形成优势手。

感知觉 – 认知发展
- 用两个三角形组成长方形。
- 用小积木摆出台阶。
- 理解并演示同样形状、同样大小的概念。
- 从两个维度对物品进行分类，比如颜色和形状。
- 对各种各样的物品进行分类，同组中的所有物品都具有单一共同特征（分类技能：都是食物、船或动物）（Bennett & Muller, 2010）。
- 理解最小和最短的概念；按照从短到长、从小到大的顺序排列物品。
- 按照特定的系列位置识别物品：第一个、第二个、最后一个。
- 死记硬背地数到 20 及以上；很多孩子能数到 100（Barrouillet, Thevenot, & Fayol, 2010）。
- 认识数字 1~10。
- 理解更多和更少的概念："哪只碗里的水更少？"
- 理解黑暗、光亮和早等词语："我起得很早，比其他人都早。天还黑着呢。"
- 将时钟时间与日程表联系起来："时针指向 8 的时候，就该睡觉了。"
- 一些儿童能识别时针指示的时间：5 点或 2 点。
- 知道日历的用处。
- 认识并分辨出一分、一角和一元；开始数钱，并对存钱感兴趣。
- 认识字母表；很多儿童能说出字母是大写还是小写，并能正确读出一些字母。
- 理解"一半"这一概念；把物品切成两半后，能说出切成了多少块。

- 询问无数问题：为什么？是什么？在哪儿？什么时候？
- 渴望学习新事物。

言语和语言发展

- 掌握 1 500 个词汇，甚至更多。
- 看着书中的图画，讲述熟悉的故事。
- 使用功能性定义（例如，球是用来打的，床是用来睡的，书是用来读的）。
- 认识并能说出 4~8 种颜色。
- 识别简单笑话中的笑点；会自己编笑话和谜语。
- 说出由 5~7 个词语组成的句子；一般不能使用很长的句子。
- 说出自己的生日、家乡的名称和家庭成员的名字。
- 正确地接听电话；将成人叫到电话前或传递简短的迅息。
- 说出的话几乎全都能让人听懂。
- 恰当地使用将（would）、能（could）和应该（should）等词语。
- 能够熟练地使用不规则动词的过去时态（如 went, caught, swam）。
- 恰当地使用规则动词的过去时态（-ed）（如 jumped, rained, washed）[1]。

社会性 – 情绪发展

- 享受友谊；通常有一两个特别要好的朋友（图 6-13）。
- 与他人分享玩具，轮流玩耍，合作游戏（偶尔也会出现小问题）；通常都很大方（Rochat et al., 2009）。
- 与其他儿童一起参加团体游戏和集体活动；提出富有想象力和复杂的游戏想法。

---

1 英语中动词的过去式是在动词原形的基础上变化的，分为规则动词和不规则动词。规则动词的过去式是在原形的词尾缀上"ed"，如"jump"的过去式为"jumped"；不规则动词的变化不遵循上述规律，如"go"的过去式为"went"。

发展剖面图和生长模式：5 岁（续）

图 6–13
爱好社交，喜欢与朋友一起玩耍。

- 常常表现出关爱和关心，尤其是对那些年龄较小、受伤的儿童或小动物。
- 大多数时间都能遵从指示，并执行安排；一般会按照父母和老师的要求去做。
- 仍然需要成人的安抚和安慰，但在寻求和接受安慰时可能更隐秘。
- 自控能力更强；情绪较少出现大的波动。
- 喜欢讲笑话，逗趣，逗人开心。
- 对成就感到自豪；偶尔自我吹嘘，希望得到成人的赞赏和表扬。

日常生活：5 岁

饮食

- 胃口很好，但并非每顿饭都吃得很香。
- 喜欢熟悉的食物；大多数蔬菜都喜欢吃生的，而不是煮熟的。
- 常常受到家人、老师和同伴的影响而不喜欢某种食物。
- 自己"做"早餐（例如，倒麦片、倒牛奶和果汁等）和午餐（例如，将花生酱和果酱涂在面包上）。

如厕、洗澡和穿衣

- 完全能自己上厕所；有可能直到大小便失控或快要憋不住的时候才去上厕所。
- 独立洗澡，但是在开始时可能需要一些帮助。
- 完全自己穿衣；学会系鞋带，有时能意识到衣服里外或前后穿反了。
- 有时穿衣服会粗心大意；脱衣服时到处乱放，忘了衣服放在哪儿；需要多次提醒，才会将衣服捡起来。
- 使用纸巾擤鼻涕，但通常擦不干净；忘记扔掉纸巾；需要提醒才去洗手。

睡眠

- 独立完成所有与准备睡觉有关的例行活动；能帮助年幼的弟弟或妹妹完成睡前例行活动。
- 每晚平均睡 10~11 个小时。有些 5 岁孩子仍然会午睡。
- 常常做梦，包括噩梦。
- 如果白天过于兴奋，或第二天有期待已久的事，则睡觉时间会推迟。

日常生活：5 岁（续）

游戏和社会活动

- 做家务活；常常乐于助人且合作。
- 知道做某些事的"正确"方式，通常能"正确"地回答问题；有时稍微有些固执己见和信念僵化。
- 仍然依附于家庭和家人；乐意进行冒险活动，但是希望起点和终点都在家中；害怕父母离开或不回来。
- 大多数时间都能和其他小朋友玩得很好，但是 3 个儿童在一起可能会发生争吵；两个 5 岁儿童通常会排斥第三个儿童。
- 表现出爱心，会保护年幼的弟弟妹妹；如果弟弟妹妹要求的关注太多，有时会感到负担过重。

学习活动：5 岁

供家长和教师参考的发展性应用建议

- 提供价格便宜的材料（如报纸、旧杂志、壁纸册、颜料样品和小碎布等），供孩子裁剪、粘贴、绘画、上色和折叠；将纸箱做成织布机，供孩子编织；教孩子简单的针线活，或者让他们穿小珠子；收集木片、胶水和工具，制作简单的木工作品。
- 搜集小道具和装扮服装，让孩子更逼真地扮演角色（例如，家庭角色和不同职业等）；参观和谈论社区活动，例如房屋建筑、邮局和邮递以及农贸市场；鼓励孩子玩布偶玩具；帮助孩子创造舞台（一个大纸箱就足够。）

- 每天继续按照惯例，多为孩子大声朗读；让孩子接触不同种类的书。
- 鼓励孩子提高对纸笔记录、认字、认数和认词等游戏的兴趣，孩子常常发明这些游戏，但需要成人的协助才能进行。
- 为孩子设计专门的烹饪体验过程：洗菜和切菜，切饼干，测量、混合和搅拌等。
- 设计能锻炼手眼协调能力的简易瞄准游戏（如投沙包、保龄球、套圈圈、掷马蹄铁、套桩和打篮球等）；保证孩子能进行高强度的游戏（例如，骑行玩具；立体方格铁架和双杠；挖、耙和搬运）。

发展警报：5 岁

如果儿童在 6 岁生日之前没有达到下列指标，应与儿科医生或幼儿保教专家联系。

- 双脚交替上下楼。
- 用平和的声音说话，声音不太大也不太轻，不太高也不太低。
- 依次执行简单的三步指令："请到碗柜旁边，拿一个茶杯，然后给我。"
- 按照正确的句子结构使用 4~5 个单词。
- 用剪刀剪直线。
- 安静地坐着听完一则完整的短故事（5~7 分钟）。
- 与别人说话时保持眼神接触（除非文化禁止这样做）。
- 与其他小朋友玩得很好；能够聆听其他小朋友说话，接受轮流制，提供帮助。
- 独立完成大多数自我梳洗任务（如刷牙、洗手和洗脸等）。

安全隐患：5岁

继续贯彻前几个阶段执行的安全措施。随着儿童持续生长发育，时刻注意新安全问题的出现。

跌落

- 检查公园和游戏区域的潜在危险，例如碎玻璃、尖锐物体、老旧的建筑、坑、游戏器械下缓冲材料不充足等。

玩具

- 尽量不要购买包含发射器或需要外接电源的玩具；用电池的玩具更安全。

交通

- 教孩子交通安全常识，尤其是步行上学的孩子；时常提醒孩子遵守道路安全规则。
- 使用的安全座椅和安全带，要与儿童不断增长的身高和体重相适应。

个人安全

- 无论时间长短，绝对不要把孩子独自留在车里；封闭车厢里的温度（太热或太冷）能很快致人于死地。无人看护的孩子也会成为绑匪的潜在目标。
- 教育孩子当有陌生人靠近时要跑开或寻求成人的帮助。告诉他们大声喊，"你不是我的妈妈（爸爸）。"设置一个暗语，帮助孩子识别可信任的成人。
- 教孩子游泳以及水下安全规则。

中毒

- 只用无毒的美术用品；仔细检查产品标签（可登陆 www.cpsc.gov 查询产品信息）。
- 提醒孩子在将非食物物品（例如药片或浆果）放到嘴里之前，一定要询问成人。

积极的行为指导

在帮助学龄前儿童发展自我控制方面，成人起着关键作用。必须设置有利于儿童发展的现实可行的行为期望，以积极的措辞进行阐述，并坚决执行。此外，成人为儿童提供无条件的爱，并做出积极的亲身示范也是非常重要的。

3岁儿童

- 提出约束条件，并用简短的话语解释约束的必要性。
- 当孩子做出适当的行为时，要及时表扬。
- 保持平静和耐心；让自己的怒气和沮丧保持在可控范围之内。
- 转移孩子的活动；如果孩子正在扔沙子，要求他帮助你将沙子扫回沙箱。

4岁儿童

- 提供选择："你想穿凉鞋还是运动鞋？"
- 利用自然结果："如果你洒光了颜料，我们就没办法继续画画了。""如果你的自行车撞倒了其他小朋友，你就得离开这儿。"
- 提出简单的指令和警告，这样孩子就知道接下来应该做什么："午饭一会儿就好了，所以我们需要开始收拾玩具了。"

5岁儿童

- 解决问题时，让孩子参与其中："你认为弟弟最喜欢哪个玩具？""我们应该到哪儿去找你的夹克衫？"
- 如果孩子继续做出不恰当的行为，就带他离开，并给他时间考虑自己的行为。
- 让孩子参与制订规则，这有利于他们遵守规则："如果有人推其他小朋友，我们应该怎么做？"

小　结

　　学龄前儿童——3岁、4岁和5岁儿童——醒着的每一刻都在四处活动，并渴望了解所有事物。他们想得到成人持续、大量的支持和赞赏，尽管这些在他们进入小学阶段后就变得不那么重要。家人和老师在提供安全的环境、指导和学习机会方面发挥着主要作用，可以让儿童练习、完善和扩充健康成长所需的技能。同时，成人必须给儿童设置一定的限制条件，以保护儿童在独立做事时不会因为过于活跃和坚持而导致无法预见的后果。在介绍各年龄段的部分中，我们分别给出了一些具体建议，用于支持儿童在各领域的发展以及识别潜在的发育迟缓问题。

关键术语

三脚架式抓握　　　　　　　　　性别

优势手　　　　　　　　　　　　双眼视觉

知识运用

A. 运用学到的知识

再次阅读本章开篇对安娜和胡安的简要描述，并回答下列问题。

1. 假设胡安的运动能力发展正常，你认为他能表现出哪些技巧？
2. 哪些社交行为符合4岁儿童的典型特征？
3. 如果安娜问"我能期望胡安在这个年纪承担多少照顾自己的任务？"，你该如何回答？
4. 除了阅读睡前故事之外，安娜还可以陪胡安做哪些活动，以促进胡安的语言发展？

B. 回顾下列问题

1. 描述 3 种在 3~5 岁之间出现的运动能力。
2. 描述 3 种在 3~5 岁之间出现的主要言语和语言能力（按年龄顺序）。
3. 你认为一个发展正常的 4 岁儿童能表现出哪些自理能力？
4. 如果一个 4 岁儿童情绪经常波动，整日喋喋不休，你认为老师是否应该担心？为什么？
5. 描述老师如何利用烹饪活动促进 5 岁儿童的感知觉 – 认知发展。

推荐网站

儿童福利中心 http://www.childwellbeing.org/

儿童发展研究协会 http://www.srcd.org/

美国消费品安全委员会（CPSC）（安全池运动 poolsafety campaign）http://www.poolsafety.gov

参考文献

Barrouillet, P., Thevenot, C., & Fayol, M. (2010). Evidence for knowledge of the syntax of large numbers in preschoolers, *Journal of Experimental Child Psychology, 105*(3), 264–271.

Bennett, J., & Müller, U. (2010). The development of flexibility and abstraction in preschool children, *Merrill-Palmer Quarterly, 56*(4), 455–473.

Bialystok, E., & Craik, F. (2010). Cognitive and linguistic processing in the bilingual mind, *Current Directions in Psychological Science, 19*(1), 19–23.

Chemey, I., & Dempsey, J. (2010). Young children's classification, stereotyping and play behaviour for gender neutral and ambiguous toys, *Educational Psychology, 30*(6), 651–669.

Cipriano, E., & Stifter, C. (2010). Predicting preschool effortful control from toddler temperament and parenting behavior, *Journal of Applied Developmental Psychology, 31*(3), 221–230.

Esposito, P. (2009). The reemergence of the trampoline as a recreational activity, *Current Sports Medicine Reports, 8*(5), 273–277.

Göksun, T., Hirsh-Pasek, K., & Golinkoff, R. (2010). How do preschoolers express cause in gesture and speech?, *Cognitive Development, 25*(1), 56–68.

Goodman, I., Libenson, A., & Wade-Woolley, L. (2010). Sensitivity to linguistic stress, phonological awareness and early reading ability in preschoolers, *Journal of Research in Reading, 33*(2), 113–127.

Grant, J., & Suddendorf, T. (2010). Young children's ability to distinguish past and future changes in physical and mental states, *British Journal of Developmental Psychology, 28*(4), 853–870.

Huang, Y., Spelke, E., & Snedeker, J. (2010). When is four far more than three? Children's generalization of newly acquired number words, *Psychological Science, 21*(4), 600–606.

Ingram, G., & Bering, J. (2010). Children's tattling: The reporting of everyday norm violations in preschool settings, *Child Development, 81*(3), 945–957.

Johansson, I., & Sandberg, A. (2010). Learning and participation: Two interrelated key-concepts in the preschool, *European Early Childhood Education Research Journal, 18*(2), 229–242.

Marotz, L. (2012). *Health, safety, and nutrition for the young child.* (8th Ed.). Belmont, CA: Wadsworth Cengage Learning.

Martin, C., & Ruble, D. (2010). Patterns of gender development, *Annual Review of Psychology, 61,* 353–381.

Nicolopoulou, A., Barbosa, A., Ilgaz, H., & Brockmeyer, C. (2010). Using the transformative power of play to educate hearts and minds: From Vygotsky to Vivian Paley and beyond, *Mind, Culture & Activity, 17*(1), 42–58.

Plowman, L., McPake, J., & Stephen, C. (2010). The technologisation of childhood? Young children and technology in the home, *Children & Society, 24*(1), 63–74.

Rice, M., Smolik, R., Perpich, D., Thompson, T., Rytting, N., & Blossom, M. (2010). Children 3 to 9 years with and without language impairments, *Journal of Speech, Language & Hearing Research, 53*(2), 333–349.

Rochat, P., Dias, M., Broesch, T., Passos-Ferreira, C., Winning, A., & Berg, B. (2009). Fairness in distributive justice by 3- and 5-year olds across seven cultures, *Journal of Cross-Cultural Psychology, 40*(3), 416–442.

Schaefer, D., Light, J., Fabes, R., Hanish, L., & Martin, C. (2009). Fundamental principles of network formation among preschool children, *Social Networks, 32*(1), 61–71.

Slaughter, V., & Griffiths, M. (2007). Death understanding and fear of death in young children, *Clinical Child Psychology & Psychiatry, 12*(4), 525–535.

Trommsdorff, G. (2009). Culture and development of self-regulation, *Social & Personality Psychology Compass, 3*(5), 687–701.

Williamson, R., Jaswal, V., & Meltzoff, A. (2010). Learning the rules: Observation and imitation of a sorting strategy by 36-month-old children, *Developmental Psychology, 46*(1), 57–65.

Worobey, H., Ostapkovich, K., Yudin, K., & Worobey, J. (2010). Trying versus liking fruits and vegetables: Correspondence between mothers and preschoolers, *Ecology of Food & Nutrition, 49*(2), 87–97.

第 7 章

儿童早期：6 岁、7 岁和 8 岁

学习目标

通过本章学习，掌握下列知识点：

- 描述适合 6 岁、7 岁、8 岁儿童发展水平的几种感官学习经验。
- 解释为什么行为问题和情绪爆发会在这一阶段再次出现。
- 对比 6 岁和 8 岁儿童在言语和语言能力方面的异同。
- 解释并演示皮亚杰提出的守恒概念。
- 讨论友谊在儿童发展中的作用。

NAEYC 标准章节链接：

1a、1b 和 1c：促进儿童发展与学习

2a 和 2c：建立家庭和社区联系

3c 和 3d：观察、记录和评估，为幼儿及其家庭提供支持

4a、4b、4c 和 4d：运用有效的发展性方法

5c：运用内容知识构建有意义的课程体系

认识胡安和他的朋友塞尔吉奥

几周以来，胡安一直不停地问妈妈，什么时候才开学。胡安眼看就要 7 岁了，他热切地渴望上学，每天可以坐校车上下学，在学校餐厅吃午饭。上周是学校的开放日，胡安见到了他的新老师罗萨莱斯先生，胡安对自己有个"男老师"感到十分兴奋。安娜是胡安的妈妈，她认为有个男性老师有助于为男孩子树立榜样，因为胡安的爸爸现在停止了周末探视。

另外，令胡安感到高兴的是，他最好的朋友塞尔吉奥和他分在同一个班。与独生子胡安不同，塞尔吉奥有 8 个哥哥和 3 个姐姐，他是最小的。塞尔吉奥

的父母每天都要长时间工作,很少关心他的学校活动或家庭作业。他们认为自己的主要职责是照顾孩子的生活起居,教师才对帮助儿子学习负有主要责任。塞尔吉奥连自己的名字都不太会写,很难对物品进行分类,而且无法连续识数或对数字排序。塞尔吉奥的幼儿园教师不愿意让他升到小学一年级。但是罗萨莱斯先生表示,他会投入更多的时间和精力来关心塞尔吉奥。罗萨莱斯先生发现,塞尔吉奥家里几乎从来不说英语,而且经济状况较差。

胡安认为,他可以像妈妈那样上学是"非常棒的"。胡安的妈妈计划在今年春天完成学前教育专业副学士学位的课程。她为儿子在学校取得的进步感到自豪,在家里也尽量陪伴他,这样儿子就会继续保持出色的表现。胡安和妈妈会参观当地图书馆,胡安在电脑上编故事时展现出了突出的阅读和写作能力。胡安编完故事后,经常去找图书管理员,读给她听。胡安还对时间很感兴趣,学着说时间,不停地让妈妈问自己"现在几点了"。

问 题

1. 请解释,哪些环境因素导致胡安和塞尔吉奥在学校的表现有如此大的差异?
2. 胡安的妈妈采取了哪些方法来促进他读写能力的发展?

6岁、7岁和8岁

学龄之后的这段时期尤其值得关注。儿童正处于发展一体化的阶段——组织、整合不同的发展技能,以完成日益复杂的任务。在这个年龄段,无论男孩还是女孩,他们的自理能力都越来越强,包括洗漱、穿衣、如厕、吃饭、起床、准备上学用品等。他们会观察吃饭时间、看电视、家务活、个人隐私需要等家庭规则。成人可以交代他们去做一些跑腿的差事,无论在家还是在学校,他们都能完成一些简单的任务而无需频繁提醒。换句话说，该阶段的儿童已经能够控制自己以及眼前的世界。最重要的是，6岁、7岁和8岁的儿童已经做好了入学的准备，而且热切地渴望上学。尽管那一刻真正来临时，他们可能还是会有点紧张。儿童可能会为上学的一些事情感到焦虑，比如按时到校、记得带回老师布置的作业、面临新教师、应付考试或独自回家等（Rood et al., 2010）。

在学龄之后的这段时期，学会阅读是儿童面临的最复杂的感知任务（Charlesworth, 2011; Piaget, 1926）。识别一些文字符号，并将其与发音联系起来，这是**早期读写能力**（emerging literacy）的重要组成部分。这也意味着，儿童必须学会把字母组成单词，再把单词组合在一起，形成有意义的、能阅读和表达的思想。由于这项任务很复杂，大多数儿童在6~8岁期间才逐渐掌握；对一些儿童来说，不久之后，阅读便会成为一项习以为常的技能。

感官（sensory）活动依然对儿童的学习至关重要（图7-1）。发展性的幼儿园和小学把感官活动看作基本实践（Ray & Smith, 2010）。他们提供感官训练，鼓励儿童操作许多不同的材料——积木；拼图；颜料、胶水和捡

图 7-1
感官经验仍然是儿童最好的学习方式。

来的材料；沙子、水和泥巴；乐器；以及计量装置。另外还包括各种项目化的学习机会，包括烹饪、园艺、木工、科学和戏剧表演等，以加强儿童在各个发展领域的学习。美国幼儿教育协会非常支持 6 岁、7 岁和 8 岁儿童以及更小的儿童运用**动手学习**（hands-on learning）的方法。美国幼儿教育协会设立的《为 0~8 岁儿童服务的儿童早期发展适宜性实践项目》对这一理念进行了明确阐述（NAEYC, 2009）。尤其值得注意的是"指导实践的儿童发展与学习规律"和"发展适宜性实践指南"这两个章节，对儿童因材施教的原理作了概述。最重要的是，这份声明承认每个儿童都是独一无二的个体，他们的发展能力、家族和文化传承、个人需要和学习方式都是独特的。其他的专业早教机构，包括家庭式日托中心和学龄儿童项目，也都已经采纳了相似的建议。

游戏依然是培养低年级儿童认知和社会技能发展最重要的活动之一（Rushton, Juola-Rushton, & Larkine, 2010）。大多数情况下，6 岁、7 岁和 8 岁儿童能与其他儿童友好相处，尤其是在团体不大的时候。这个阶段的儿童非常渴望交朋友、成为别人的朋友或者拥有自己的朋友。同时，在交往中也会出现争吵、颐指气使、排斥等现象。比如，"如果你和丽奈特在一起玩，那你就不再是我的朋友。"有些儿童还会表现出明显的攻击性，但通常是言语攻击，目的在于伤害他人感情，而不是伤害身体。

该年龄段儿童所交的朋友，一般是在同一个社区生活或同一所学校就读的玩伴。儿童对朋友的界定通常是"有趣""漂亮""强壮""友好"或者"棒极了"。此时的友谊很容易建立，但同时也会轻易放弃；只有极少数是稳定、长久的（Diamond & Hong, 2010）。

在整个小学阶段，许多儿童似乎总是要将每件事都做好，但他们也喜欢挑战并完成任务。他们喜欢建造模型、制作手工艺品、玩电脑和棋盘游戏、参加有组织的活动。大多数儿童喜欢上学的这头几年。他们的内在更平和，与家人和老师也相处融洽。

6岁

随着6岁儿童协调能力的提升、体形增大以及力量的增加，他们开始尝试各种令人兴奋的冒险活动。新的挑战总是夹杂着热情和沮丧。一般情况下，6岁儿童难以做选择，有时会对陌生情境不知所措。同时，认知能力的变化使得他们能够运用规则理解日常事件和他人的行为。儿童应该每天都有机会参与充满活力的游戏，从而促进身体发育，降低肥胖的风险，消耗过剩的精力。

对于许多儿童而言，这一阶段也标志着正式的、学科导向学校教育的开始。值得注意的是，许多早教工作者认为，从发展的角度看，儿童在这一年龄开始正式的学术活动是不具发展适宜性的（Ray & Smith, 2010; Russell, 2010）。当遇到一些新情况时，儿童往往会突然出现行为问题，并表现出压力或紧张的迹象，比如抽搐、咬指甲、卷头发、尿床、睡眠困难等。通常，当儿童逐渐熟悉与上学相关的期望和责任之后，这些症状会慢慢消失。尽管这是一段混乱且难捱的日子（对于成人也是如此），但大多数6岁儿童会经历一段丰富的愉快时光，他们充满好奇心，渴望学习，具有可爱的幽默感、生机勃勃、热情、善良等特点（图7-2）。

图7-2

6岁儿童充满好奇心，渴望学习。

发展剖面图和生长模式：6 岁

生长和生理特征

- 生长缓慢但稳定。
- 身高每年增加 2~3 英寸（5~7.5 厘米）；女童平均身高 42~46 英寸（105~115 厘米）；男童平均身高 44~47 英寸（110~117.5 厘米）。
- 体重每年增加 5~7 磅（2.3~3.2 千克）；女童体重大约 38~47 磅（19.1~22.3 千克）；男童体重大约 42~49 磅（17.3~21.4 千克）。
- 体重增加反映了肌肉质量的显著增强。
- 心率（每分钟 80 次）和呼吸速率（每分钟 18~28 次）与成人相似；心率和呼吸速率都随着活动水平的变化而变化。
- 身材瘦长，胳膊长、腿长，因为骨骼开始进入快速生长阶段。
- 乳牙（deciduous teeth）开始脱落；恒牙开始萌出，最开始长出的是两颗上门牙；女童乳牙开始脱落的时间早于男童。
- 视敏度应为大约 20/20；如果测试结果为 20/40 或者更低，则应该接受全面的专业评估（Ethan et al., 2010）。
- 远视并不少见，可能会随着儿童成熟而消失。
- 面部特征及整体外貌越来越像成人。
- 每天大约需要 1 600~1 700 卡路里的能量。

运动发展

- 肌肉力量增加；通常来说，同样体格下，男童比女童更强壮。
- 对大动作和精细动作的控制力更强；动作越来越精准、目的性更强，尽管有时会显得笨拙。
- 喜欢强度大的体育活动（跑、跳、攀爬和投掷）（图 7-3）。

- 即便想努力地坐着不动，还是会不停地动来动去。
- 随着运动机能不断增强，灵敏度和手眼协调性也越来越高，这有助于学习骑自行车（没有辅助轮）、游泳、挥球棒、踢球等活动。
- 喜欢艺术活动（喜欢画画、用泥土塑形、"制造东西"、绘画并涂色、把东西组装在一起、玩木头等）。
- 会写数字和字母，但精确度存在差异，兴趣程度也不同；会弄反或者混淆某些字母（b/p, p/g, g/q, t/f）。
- 描绘自己的手或其他物体的轮廓。
- 把纸折叠或裁剪成简单的图形。
- 自己系鞋带（对于某些儿童来说，这仍然是个困难的任务）。

图 7-3

每天参加体育锻炼是预防肥胖的必要环节。

感知觉-认知发展

- 注意广度增加；尽管还不能连续地集中注意力完成某项任务，但集中精力的时间变长。
- 理解一些简单的标志时间的概念（今天、明天、昨天），或者简单的运动概念（汽车比自行车跑得快）。
- 识别季节和主要节日以及与其相关的活动。
- 喜欢拼图、数数和分类、纸笔迷宫等挑战性活动，以及匹配字母、单词和图片等游戏。
- 凭外形识别一些单词；试图大声朗读单词（有些儿童此时可能已经能很好地阅读了）。
- 认识熟悉的硬币（1角、5角、1元）。
- 能够准确地说出左右手，并举手示意。

> **发展剖面图和生长模式：6 岁（续）**
>
> - 坚信某些魔法或梦幻的信念（牙仙会用硬币交换牙齿；复活节兔会带来蛋）。
> - 对死亡的理解十分有限，认为死后可以复活，或者是自己导致了死亡的发生；一提起父母可能死亡的问题，尤其是妈妈，通常会表现出恐惧（Favazza, 2010）。
>
> **言语和语言发展**
>
> - 喋喋不休（在所有文化背景下，这种行为可能都不会受到鼓励）；有时被说成是"话匣子"。
> - 学会能反映自己所在文化背景的语言模式。
> - 像成人一样谈话；询问许多问题。
> - 每天学会 5~10 个新单词；词汇量大约为 10 000~14 000 个单词。
> - 恰当地使用动词时态、词语顺序和句子结构。
> - 当感到不满时，不再发脾气或采用身体攻击的方式，而是使用语言来表达："那是我的！还给我！否则我就去告你！"
> - 在简单的问题解决情境下，会自言自语所需的步骤（虽然对成人来说，儿童的逻辑无规律也不清楚）。
> - 模仿粗语、脏话；发现孩子式"脏话"非常有趣。
> - 喜欢讲笑话、猜谜；通常幽默感十足（图

图 7-4

几乎在所有事情中都可以找到幽默。

7-4）。
- 喜欢听别人读书或者自己编故事。
- 能够学习多种语言；在双语或多语言家庭中，儿童会自然地学习多种语言（Marchman, Fernald, & Hurtado, 2010）。

社会性 – 情绪发展

- 喜怒无常，情绪波动很大：前一分钟可能还是"最好的朋友"，后一分钟就可能变成"最坏的敌人"；头一天是充满爱心的，第二天就变得不合作又烦躁；在妈妈或主要照料者面前尤其难以捉摸。
- 随着朋友圈的扩大，对家庭的依赖越来越少；一方面仍然需要父母的亲近和养育，另一方面急切地盼望摆脱家长的束缚，想尽快"长大"（Piaget, 1929）。
- 需要并寻求成人的认可、安慰和赞扬；急于讨人喜欢；为了赢得别人的关注，当受点小伤或生病时，往往过度地抱怨。
- 仍然以自我为中心；依然完全站在自我的立场看待问题（认为所有的人和事都是为了自己的利益而存在）。
- 很容易因为自己感知到的失败而失望和沮丧。
- 很难安抚自己，让自己平静下来；不喜欢被纠正或在游戏中失败；为了达成自己的目的，可能会生闷气、大哭、拒绝游戏或者改变规则等。
- 对于周围世界和日常事件表现得非常热心、好奇。
- 对道德行为或道德标准缺乏理解；经常说些无关紧要的谎话、欺骗别人，或者拿走别人的东西。
- 知道自己什么时候的表现是"坏的"；根据学校和家人的期望和规则作出"好"与"坏"的价值判断。
- 可能对雷雨、黑暗、不明噪音、狗和其他动物表现出日益强烈的恐惧感（Berger, 2010）。

日常生活：6岁

饮食

- 大多数情况下食欲很好；经常眼大肚子小，拿过多的食物。可能偶尔有一顿饭不吃；通常会过后再补上。
- 有强烈的食物偏好，有明确的不爱吃的食物；很难预测是否愿意尝试新食物。
- 餐桌礼仪常常不符合成人的标准；可能会退化为用手吃饭；一次把过多的食物塞进嘴里；仍然会把牛奶洒出来或把食物掉在腿上。
- 用餐刀切食物或用餐叉叉起食物有困难，但会用餐叉刺食物。
- 很难安静地坐着吃完一整顿饭，身体不断地扭动，从椅子上下来（或"掉"下来），或者掉落餐具。

个人护理和穿衣

- 不愿意洗澡；寻找各种理由拖延或逃避洗澡。
- 无需大人过多帮忙，自己可以上厕所；但有时在紧急情况下或等待时间太长时，会发生"意外"。
- 偶尔会出现退行，不能控制大小便，弄脏裤子，尤其是在新情境下，比如上学第一周或者在面临压力时。
- 大多数晚上能一觉到天亮，不用起夜上厕所。注意：有些儿童，尤其是男孩，即便一年之后还是可能会尿床。
- 能进行一些日常自理活动，比如洗手、洗澡、匆匆忙忙地刷牙；并不能一直保持细心、严谨；仍然需要频繁的监督才能保证恰当地依照日常行为规范行事。
- 对挑选自己的衣服表现出兴趣；但在决定适合场合和季节的衣服时，仍然需要一些成人的指导。

- 把衣服扔在地板或床上，把鞋子丢得满屋都是，把夹克随手乱扔；经常忘记衣服在哪儿（图 7-5）。

睡眠

- 每天需要 9~11 个小时的连续睡眠。
- 一觉睡到天亮；有些儿童仍然会做噩梦或有睡眠障碍（Hoban, 2010）。
- 有时需要夜明灯、专门的小毯子或者最喜爱的毛绒玩具陪伴（可能三者都需要）。
- 想尽办法不睡觉；总算躺上床后，很快就能睡着。
- 如果自己比其他家人醒得早，会想办法自娱自乐，比如看书、玩玩具、看电视或者涂色。

图 7-5

在收拾衣服时，总是健忘，丢三落四。

游戏和社会活动

- 有强烈的自我意识，自己的喜好非常明显；对于自己想要或需要的，绝不妥协。（他们的需要经常与成人的计划或要求不一致。）
- 对玩具、书籍、父母和朋友都有强烈的占有欲，但有时也能够与别人分享。
- 与其他 1~2 个儿童（通常是稍微年长些的）建立亲密、友好的关系；一起玩为了达成某些特定目标而共同合作的游戏。
- 当被别人告知该做什么时，变得不耐烦；可能偶尔会发脾气。
- 寻求教师的注意、表扬和安慰；此时，儿童将教师（而不是父母）看作终极"真理"的来源。

学习活动：6 岁

供家长和教师参考的发展性应用建议

- 为儿童提供涂色、裁剪、粘贴和绘画的材料。
- 提供纸笔游戏（连线、连数字、搜索单词、隐藏物体；抄写和描摹活动）。
- 提供简单的卡片游戏（如红心大战、优诺牌、弗林奇牌戏）和棋盘游戏（初级拼字游戏、糖果乐园、国际跳棋），尤其是一些竞争性很小的游戏，并且成人要经常参与。
- 身边要始终准备充足的书籍和杂志，方便儿童阅读，同时成人也可以和儿童一起读；鼓励儿童自己编故事、讲故事。每周都去图书馆逛逛。
- 与儿童一起收集物品（贝壳、彩色的石头、小虫）；帮助儿童将这些物品分类、贴标签并展示。
- 教儿童迷路或者有陌生人接近时该怎么做。
- 为男孩和女孩准备各种各样的装扮服装；在角色扮演游戏中，孩子可以根据自己的兴趣进行选择，并由熟悉的社区工作者指导。
- 鼓励儿童学习简单的烹饪、木工，用积木、汽车、卡车、飞机、动物园或家畜等道具进行建筑类活动。（少玩电池驱动的玩具或机械玩具，因为在玩这类玩具时，儿童参与性较少，因此一旦新鲜劲儿消退，儿童从中学到的东西非常有限。）
- 每天至少进行 60 分钟激烈的体育活动（骑自行车；直排轮滑；游泳；园艺；投球、抓球、打球、踢球；散步）。限制儿童花在电脑和电子游戏上的时间，因为这些活动只会让儿童久坐不动，减少积极活动的机会（这是导致肥胖的主要原因）。
- 做饭时，让孩子积极参与；利用这些机会帮助儿童发展语言、数学、科学和问题解决能力。

发展警报：6岁

如果儿童在 7 岁生日之前没有达到下列指标，应与儿科医生或幼儿保教专家联系：

- 表现出持续生长的迹象（身高、体重不断增加）；运动能力继续发展，比如跑步、跳跃和平衡能力。
- 对阅读表现出某些兴趣，试图模仿写一些字母，尤其是自己的名字。
- 遵从简单的多步骤指令："看完书，放在书架上，然后穿上外套。"
- 按照指令完成简单的任务（把餐具放进洗碗池、拾起衣服或完成拼图）。注意：所有儿童都会遗忘。某次完不成任务并不是问题，除非某个儿童屡次无法完成任务。
- 为了达到自己的目的，开始发展出过多使用不恰当行为的备选方案。
- 由开始上学或参与组织活动而引发的紧张型行为稳步减少（包括反复扮鬼脸、面肌抽搐、眼皮跳、磨牙、咬指甲、不能控制大小便、频繁胃疼、拒绝上学等）。

安全隐患：6岁

继续贯彻前几个阶段执行的安全措施。随着儿童持续成长发育，时刻注意新安全问题的出现。

烧伤

- 火柴和打火机上锁保管。

跌落

- 确保衣服大小合适；在玩游戏时，如果裙子或裤子太长，可能导致儿童绊倒或者被游戏设备缠住。记住，保证儿童的鞋带或者尼龙带系紧。
- 当儿童骑自行车、玩滑板或踏板车时，应该戴上头盔或其他合适的防护设备。

设备

- 把机器和锋利的器械放在安全的、孩子够不着的地方。
- 教儿童正确使用剪刀、小刀、锤子和厨房设备。
- 父母要严格控制儿童看电视（在电视机里安装防止儿童观看暴力或色情镜头的电脑芯片）和使用电脑，避免儿童接触不良内容。

交通

- 在过马路或骑自行车时，回顾乘坐机动车或在机动车周围应该遵守的交通规则。教儿童在过马路时要下车推着自行车走。
- 如果你的孩子坐公交车上学，告诉他乘坐公共汽车时的适当行为。
- 当孩子乘坐机动车时，务必系上安全带。

水

- 让孩子上游泳课，教他们在游泳池应该遵守的安全规则。准备好合适的救援设备。
- 绝对不能把孩子单独留在水边无人看护。

7 岁

7 岁儿童越来越意识到自己的个体独立性。他们勤奋努力，想变得负责任，成为"好人"，做"对"的事（图 7-6）。他们往往把自己看得很重——有时过于重视。当不能达到自己的预期时，他们可能会生气，变得沮丧或退缩。7 岁儿童正试图充分考虑问题，将自己所知道的知识与即将遇到的丰富的亲身体验整合在一起（Cowan et al., 2010）。他们还会担心可能发生的事；比如，他们对二年级既充满期待，又心存恐惧，这会导致焦虑。或许功课变得太难；或许教师不友善；又或许其他小伙伴不友好。

同时，这个年龄段的儿童也有许多积极特质。他们更通情达理，愿意分享和合作。他们越来越善于倾听、理解别人的话，并坚持完成别人告诉他们的事。他们能花更长时间完成任务，而且力求把所有事都做到完美（这

图 7-6
7 岁儿童为自己做好每一件事而感到骄傲。

只会加重他们的心理负担）。由于这些复杂的情绪，父母和教师需要有足够的耐心和容忍度。变幻莫测的情绪波动反映了 7 岁儿童在处理内心冲突时的力不从心。

> ### 发展剖面图和生长模式：7 岁
>
> **生长和生理特征**
>
> - 体重增加幅度相对较小；一般情况下，每年增重 6 磅（2.7 千克）。7 岁儿童体重约为 50~55 磅（22.7~25 千克）。
> - 身高平均每年增加 2.5 英寸（6.25 厘米）。女童身高大约 44~44.5 英寸（110~116.3 厘米）；男童身高大约 46~49.5 英寸（115~124 厘米）。
> - 男童与女童的肌肉质量基本相当。
> - 身体继续缓慢而稳定地发育；有些女孩的身高可能会超过男孩。
> - 身姿更加挺拔；胳膊和腿继续生长，让儿童呈现出更瘦长的体貌特征。

发展剖面图和生长模式：7岁（续）

- 精力起伏较大，在精力迸发与暂时疲劳之间波动。
- 仍然会经常感冒或得其他小病；但是 7 岁儿童得这些小病的频率比 6 岁时小。
- 眼球的形状和大小继续发生变化；为了确保视力良好，应该定期检查儿童的眼睛。
- 头发的颜色越来越深。
- 继续换牙。

运动发展

- 大动作与精细动作控制表现出更强的协调性：任意一只脚都能平衡站立；两只脚交替上下跑楼梯；能够扔出或接住较小的球；练习击球；能更加精确地操作鼠标、编织针或画笔（图 7-7）。
- 小心谨慎地参加更有挑战性的体育活动，比如向上攀爬或从高处跳下来。
- 反复练习新的运动技能直到掌握，然后丢到一边去做别的事情。

图 7-7
操纵工具的技能和精确性提高。

- 当读书、玩游戏或看电视时，觉得坐在地板上比坐在家具上更舒服；腿不停地在动。
- 能够恰当地使用刀叉，但是无法一贯如此。
- 握铅笔时，紧紧抓住靠近笔尖的位置；在完成纸笔任务时，把头靠在前臂上，几乎快要把头低到桌面上。
- 从容、自信地写出字母和数字（字母的大小和形状越来越规范；但是可能会写到线外或页面外）。

感知觉 – 认知发展

- 以既符合逻辑又切合实际的方式理解空间和时间的概念（一年是"一段很长的时间"；一百英里是"很远的距离"）（Jordan, Glutting, & Ramineni, 2010）。
- 开始掌握皮亚杰所谓**守恒**（conservation）的概念；比如，容器的形状并不一定能完全反映它的容量（图 7-8）。（儿童开始进入皮亚杰提出的具体运算阶段。）
- 更好地理解因果关系："如果我上学再迟到，那我会有大麻烦"；"如果太热，冰块就会融化"。
- 能够认识钟表时间，理解日历时间——日、月、年和四季。
- 提前做计划："我要留着这些曲奇饼干今晚晚些时候吃。"
- 对魔术表现出强烈的兴趣；喜欢在家人和朋友面前表演节目。
- 觉得阅读更容易；许多 7 岁儿童觉得阅读是一种享受，喜欢重述故事的细节。
- 阅读技能好于拼写技能。
- 喜欢数钱、存钱。
- 依旧会偶尔颠倒某些字母和混淆发音；这是一般发展规律，并不代表阅读或学习障碍。

图 7-8

儿童开始理解两个不同形状的容器可以容纳同量的液体。

言语和语言发展

- 开始讲故事；喜欢写小故事、讲虚构故事。
- 在交谈中使用类似成人的语句结构和语言；语言模式反映了文化和地域差异。
- 语言使用越来越精确复杂；越来越多地运用描述性的形容词和副词。
- 在交谈中使用手势来说明。
- 评论自己的表现："我画得不对"，"她比我画得好"。

发展剖面图和生长模式：7 岁（续）

- 说大话司空见惯："野餐时我吃了 10 个热狗。"
- 根据自己的偏好或需要对事件做出解释："昨天不下雨，是因为我在野餐。"
- 详尽地描述自己的亲身经历："首先我们停下车，然后我们沿着长长的山路往上爬，接着在湖边一颗断树上坐下，开始吃东西……"
- 能够理解并执行多步骤指令（多至 5 步）；由于第一次没有听清全部要求，可能需要别人重复指令。
- 喜欢给朋友写邮件和简单的留言。

社会性 – 情绪发展

- 能与大人合作而充满感情，不再那么频繁地被成人惹怒；随时随地都能找到笑料，变得更加外向。
- 喜欢成为"老师的帮手"；渴望得到老师的注意和认可，但是表现得更不明显。
- 想获得友谊；朋友虽然很重要，但是即便一个朋友也没有，自己也能找到很多事情做。
- 尽管在一对一或团体游戏中仍然存在拌嘴和打小报告的情况，但是吵架发生的频率有所减少。
- 有时抱怨家庭的决定不公平；某个兄弟姐妹付出更少或得到更多。
- 明明是自己的错误，却归咎于别人；为自己的错误找借口："我本来可以做得更好，但是老师没有

图 7-9

大多数时间与同性朋友一起玩。

给我足够的时间。"
- 更喜欢同性玩伴；更有可能喜欢成群结队地玩（图 7-9）。
- 担心别人不喜欢自己；感情很容易受到伤害；当受到指责时，可能会哭、尴尬或者坚定地表态："我再也不跟你玩儿了"。
- 认真负责；值得信赖，会执行命令和履行承诺；担心上学迟到或没有完成功课。

日常生活：7 岁

饮食

- 吃大多数食物；愿意尝试不熟悉的食物或尝一点不喜欢的食物，但是对于强烈"反感"的食物，依然会拒绝。
- 对食物表现出兴趣；喜欢帮助成人去商店或超市购物以及准备饭菜。
- 餐桌礼仪虽然离父母的完美要求仍有较大差距，但有所进步；由于糊涂、冲动或匆忙而打翻牛奶或出现其他状况的时候减少。
- 使用餐具相对容易；很少用手吃东西；有些儿童用刀切肉时依然感到困难。
- 吃饭时，有时会被屋里或门外的谈话声或其他事情所干扰，导致注意力分散；其他时间可以专心吃饭，把饭吃完。

个人护理和穿衣

- 开始时不愿意洗澡；然而一旦进入澡盆，看起来放松且享受这种体验；能够自己进行盆浴或淋浴，不用别人帮忙。
- 自己穿衣服，但是有时会很慢或不专心；当时间变得紧迫或者有自己想做的事时，能加快穿衣的进程。
- 自己扣纽扣、拉拉链；自己系鞋带；但不能总是做到细心和准确（扣子扣歪、拉链没

日常生活：7岁（续）

拉好、鞋带很快松开）。
- 对着装几乎没有兴趣；成人准备什么，或抓到什么就穿什么。
- 对梳头发表现出更强烈的兴趣。
- 能够完全控制大小便；个人节律已经完全建立；可能在学校会忍住排便。
- 晚上起夜上厕所的可能性很小。

睡眠

- 平均每天晚上睡10~11个小时；上床睡觉晚的儿童通常早上起床有困难（Giannotti & Cortesi, 2010）。
- 如果做噩梦的话，很难睡好；相反，儿童经常梦见自己的英勇事迹和冒险活动（Burnham & Conte, 2009）。
- 大多数晚上能独立准备上床睡觉，但是仍然喜欢睡前吃东西或听成人读故事。
- 大多数早上很早就醒来；躺在床上玩玩具、数存钱罐里的零钱、看收集的棒球卡、读书等等。

游戏和社会活动

- 参加有组织的团队活动（男孩和女孩俱乐部，童子军和女童军，四健会，游泳队和足球队）。
- 不喜欢错过学校或社会活动；希望跟上朋友和同学的节奏。
- 对涂色和裁剪感兴趣，与朋友一起或者独立完成。
- 从事最喜欢的游戏活动，比如骑自行车、爬山、打篮球、滑冰或玩电子游戏。
- 喜欢玩充满竞争性的棋盘和纸牌游戏，但在失败时可能会改变游戏规则。
- 把一般活动转变为竞争性游戏，"我们看看，谁能把石头扔得最远"；"我能比你更快地跑到拐角处"。

学习活动：7 岁

供家长和教师参考的发展性应用建议

- 带儿童去图书馆，为儿童提供读故事和戏剧活动的时间，也包括借书。
- 为儿童报名参加社区提供的免费或价格便宜的兴趣班（艺术、科学、游泳、儿童棒球、摔跤、瑜伽或动物园和博物馆项目）。
- 利用户外学习；一家人一起在公园、海滩或社区附近散步；支持儿童对收集和组织寻宝活动的兴趣（图 7-10）。
- 收集一些小的工作工具和设备（简单的木匠工具和园艺工具；种植马铃薯藤或维护蚂蚁农场所需要的科学材料；一个小鱼缸）。
- 为创造艺术项目、模型或科学实验收集各种材料（比如：木块、泡沫塑料、

图 7-10
户外可以给儿童提供丰富的学习机会。

各种重量和纹理的硬纸板和纸片、珠子、纺织物、丝带、纱线等等）。
- 为编排和舞台演出提供表演服装和道具；参加儿童的"演出"。
- 收集一箱废弃小家电［比如钟表、吹风机、电动开罐器、搅拌器等（将电线移除）］以及拆卸这些物品的工具。
- 提供玩偶之家，农场或动物园、空间站、机场等模型，包含小型的人、动物和设备模型。

发展警报：7 岁

如果儿童在 8 岁生日之前没有达到下列指标，应与儿科医生或儿童保教专家联系：

- 专心完成手头的工作；安静坐着的时间比以前更长，倾听并做出恰当回应。
- 遵从简单的指令。
- 大多数情况下乐意去上学（值得注意的是，在准备上学时过度抱怨肚子疼或头疼）。
- 交朋友（仔细观察儿童是否大多数时间自己一个人玩，或者与其他儿童接触时总是表现出退缩）。
- 大多数晚上睡得很香。（这个年龄的儿童很少频繁或反复做噩梦。）
- 有时看不清或听不清楚（斜视、过多地擦眼睛；频繁要求别人重复所说的话）。
- 比较冷静地处理应激状况（过度哭泣，睡眠障碍或进食障碍，退缩，频繁焦虑等）。
- 大多数情况下可以自己照顾自己（穿衣、洗澡、吃饭）。
- 运动能力有所提高。

安全隐患：7岁

继续贯彻前几个阶段执行的安全措施。随着儿童持续生长发育，时刻注意新安全问题的出现。

枪支[1]

- 把没上膛的枪放在上锁的橱柜里，子弹另外存放。告诉儿童绝对不能拿枪或摸枪，如果发现枪支要立即向成人报告。与孩子朋友的家长们核实，他们家里是否有枪、枪是否放在合适的地方。

游戏环境

- 在户外玩耍时，要强调安全游戏的规则和使用游乐设施的方法。注意孩子的朋友以及他们经常玩的游戏。提醒儿童在游戏结束之后要洗手，尤其在触摸动物后。

工具或设施

- 不要让儿童使用机动割草机或其他机动庭院设备（比如除草器、绿篱修剪机）；成人在使用这些设备时，要让儿童远离。

溺水

- 当儿童在水池、湖泊或任何水域附近时，都要全程看护。
- 教儿童游泳，并遵守水中安全规则。当儿童在大片水域或附近活动时（钓鱼、划船或滑雪），坚持让儿童穿质量合格的浮力背心。

8岁

8岁儿童对生活表现出极大的热忱。他们把精力集中在提高已经掌握的技能和知识上。8岁儿童会再一次体验到强烈的独立感，渴望自己做主，决定自己的计划以及与谁交朋友。儿童把兴趣和注意力越来越多地放在同

---

[1] 美国允许私人合法持有枪械。

伴或团队活动中，而不是家长、教师或兄弟姐妹身上。有时在接近 8 岁半时，男孩和女孩开始表现出各自的特征，在同性别的群体中形成新的兴趣（Halim & Ruble, 2010）。

一小部分儿童也许会开始参与攻击、威胁或**欺凌**（bullying）行为。他们的目标往往是那些被认为不合群的同伴，这些被欺负的儿童可能会反抗或报复、缺乏自信、有特殊需要或不能保护自己（Nipedal, Nesdale, & Killen, 2010）。偶尔骂人、威胁或打人，在这个年龄段的儿童中比较常见。但是，如果儿童一贯地有意伤害别人，并且随着青少年期的临近而不断升级，这种欺凌行为便不属于正常的发展范畴。

关于有些儿童与其他人相比更难控制攻击性行为的原因，研究者们仍在继续研究。他们的研究表明，欺凌行为一般分为两种类型（Reavis, Keane, & Calkins, 2010）。第一类儿童自信、冲动、易怒且缺乏同理心，他们好使用武力来威胁别人。第二类儿童则是被动的，通常不会发起欺凌行为，但是当欺凌开始时，他们会愿意加入。这类儿童通常社交能力较差，自尊心低，很可能是被虐待或忽视的受害者。他们也不知道自己该如何恰当地发起社会互动，如何控制自己的冲动行为。

有关研究已经表明，无论短期还是长期的欺凌对儿童发展都有不同程度的伤害，州立法对此也有规定，为响应州立法和相关研究结果，许多学校和社区正在实施反欺凌计划（Swearer et al., 2010）。这些举措旨在提高儿童积极的社交、沟通和愤怒管理能力；提高儿童的自尊水平；减少骚扰行为。预防工作的对象也包括受害者，帮助他们学习一些可以采取的行为，比如走开、回避欺凌、解决问题、告诉成人以及和平解决冲突的技能（Sherer & Nickerson, 2010）。

发展剖面图和生长模式：8 岁

生长和生理特征

- 体重平均每年增加 5~7 磅（2.3~3.2 千克）；8 岁儿童的体重大约为 55~61 磅（25~27.7 千克）。女孩一般比男孩轻。
- 身高缓慢而稳定地增长，平均每年增长 2.5 英寸（6.25 厘米）；女孩 46~49 英寸（115~122.5 厘米），男孩 48~52 英寸（120~130 厘米）。
- 体型更加成熟；胳膊和腿更长，呈现出瘦长的外形。
- 正常的视敏度为 20/20；定期的视力检查能够确保儿童视力正常。
- 有些女孩的胸部、阴毛可能开始发育，月经初次来潮（Copeland et al., 2010）。
- 随着激素活动的变化，情绪变动可能更加明显。
- 整体健康状况有所改善；生病几率减少。

运动发展

- 喜欢充满活力的运动；喜欢跳舞、直排轮滑、游泳、摔跤、骑自行车、打篮球、跳绳和放风筝（图 7-11）。
- 寻找机会参加团队活动和游戏，比如足球、棒球和篮球。
- 敏捷性、平衡性、速度和力量表现出明显提升。
- 从黑板上抄写单词和数字的速度和准确性都明显提高；眼－手协调能力良好。
- 看起来似乎精力无限。

图 7-11

享受健康和充满活力的运动。

发展剖面图和生长模式：8 岁（续）

感知觉 – 认知发展

- 收集物品；根据更复杂的体系来组织和展示问题；与朋友讨价还价和交易，以获取额外的折扣。
- 存钱买些小商品；渴望有机会打零工挣钱；研究商品目录和杂志，思考买何种商品。
- 开始对别人的想法和行为感兴趣；能够理解世界上存在遥远的国家，知道不同国家的观点和文化有很大差异。
- 充满激情地接受挑战和责任；不管在家还是在学校，都乐于完成他人要求的任务；对自己付出努力而得到奖励非常感兴趣。
- 喜欢独立阅读和工作；花大量时间制定计划、列清单。
- 理解透视（阴影、距离、轮廓）；画的图画更多是对物体的现实描绘。
- 理解守恒的基本原理。（一个高细的瓶子看起来与矮粗的瓶子不一样，但是它们可以容纳等量的液体。）
- 运用更复杂的逻辑理解日常生活中的事件；比如，在寻找放错位置的夹克、背包或玩具时更有条理。
- 对多位数进行加减运算；学习乘法和除法。
- 期待上学；如果因为生病或其他原因不能上学时，会感到失望。

言语和语言发展

- 喜欢讲笑话、猜谜语。
- 能够执行多步骤指令（多达 5 步）；由于一次无法听清所有要求，可能需要重复指令。
- 熟练地阅读，并且能够理解阅读的内容。
- 创作既富有想象力又详尽的信息，通过电子邮件、短信或网络摄像头发送给朋友或家人（图 7-12）。

- 运用语言评论、称赞别人；重复粗话、脏话。
- 能够理解和遵守口头和书面的语法规则。
- 对学习秘密字符代码和使用代码语言十分感兴趣。
- 流畅地与成人交谈；能够思考和讨论过去和未来："我下周的游泳比赛在什么时间？"；"我们去年夏天去了哪里度假？"

社会性 – 情绪发展

- 对道德观和态度开始形成自己的观点；认为事情非对即错（Xu et al., 2010）。
- 与两三个"最好的"朋友一起玩耍，大多数是同龄、同性别的朋友；有时也喜欢独自一人（Poulin & Chan, 2010）。
- 似乎较少批判自己的表现，但是，如果自己不能完成任务或结果没有达到期望时，很容易沮丧和心烦。
- 参与团队游戏和活动；团队成员和同伴接纳很重要。
- 继续为自己的错误或过失寻找借口，或者把责任推到别人身上。
- 喜欢与朋友和家人打电话。
- 有些儿童在某些领域更有天赋，比如绘画、体育、阅读、艺术或音乐等，能理解和尊重这一事实。
- 渴望得到成人的注意和认可；喜欢为成人表演，并在游戏中挑战他们。

图 7-12

创作既富有想象力又详尽的信息和故事。

日常生活：8 岁

饮食

- 期待吃饭；男孩比女孩饿得快，饭量更大。多备些营养丰富的食物（水果、蔬菜、全谷类食物、低脂乳制品、瘦肉等），限制高热量食物（糖果、饼干、炸薯片、饮料、炸薯条等），满足儿童关键的生长需求，降低**肥胖**（obesity）的风险（Marotz, 2012）。为了防止体重过度增加，儿童需要进行体育运动，平衡吸收的卡路里。
- 愿意尝试新食物，甚至愿意尝试之前排斥的食物。
- 进餐时表现出良好的餐桌礼仪，并为此感到自豪，尤其是在外就餐或有外人在场时；而在家里则较少注意这些礼仪。
- 为了继续先前的活动，会快速吃完饭；为了快点把饭吃完，有时往嘴里塞太多食物或狼吞虎咽。

个人护理和穿衣

- 养成固定的大小便规律；通常情况下大小便控制力很好，但在压力之下会频繁小便。
- 洗手很匆忙；经常用毛巾擦手上的污渍，而不是在水龙头下冲洗干净。
- 喜欢洗澡，在水中玩耍；在应该洗澡时很容易放下手头的工作，把注意力集中在洗澡上；有些儿童能够自己做好洗澡或淋浴的准备。
- 开始对外貌表现出较强的兴趣，挑选搭配自己的衣服，梳头发，保持良好的外在形象。
- 帮忙收拾自己的衣服；大多数情况下会把衣服挂起来；帮忙别人叠衣服。
- 自己可以熟练地系鞋带，但是通常忙于做其他事，而嫌系鞋带太麻烦。

睡眠

- 整晚都睡得很香甜（平均 10 个小时）；孩子延迟上床睡觉的时间，可能表明他并不需要那么多睡眠。

- 开始质疑固定的就寝时间；想晚点儿睡觉；当准备好上床睡觉时，很容易被其他事情分散注意力。
- 有时会醒很早，当家人还在睡梦中时，自己起床穿好衣服。

游戏和社会活动

- 喜欢竞争性活动和运动（足球、棒球、游泳、体操）；渴望加入团队；但如果团队的强制性竞争过强，他们也会想退出。
- 在8岁末，开始持"无所不知"的态度；变得喜欢与同伴（和成人）争论。
- 喜欢棋盘游戏、电子游戏和纸牌游戏；为了提高自己获胜的机会，经常改变游戏规则。
- 寻求同伴的接纳；开始模仿自己羡慕的同伴，包括服装、发型以及言谈举止。

学习活动：8岁

供家长和教师参考的发展性应用建议

- 为孩子提供（并加入）需要一定策略的游戏（国际象棋、跳棋、多米诺骨牌、纸牌游戏、魔术游戏、教育性电子游戏等）。
- 鼓励孩子的创造性；提供绘画、手工、烹饪、园艺或建造工程的材料。
- 经常去图书馆；让孩子阅读书籍，还可以听电子音频上的故事。
- 买一个便宜的照相机，鼓励孩子操作；让孩子为自己拍的照片配上故事或日记。
- 给孩子安排机会，发展其非竞争性活动的能力——游泳、跳舞、摔跤、滑冰、篮球、空手道、保龄球或弹奏乐器；8岁是培养多种兴趣的时期；很少长期投入。

- 分配例行任务，比如喂狗、叠衣服、擦家具、取信、浇花或摆放餐具，以此培养孩子的责任感和自尊。

发展警报：8 岁

如果儿童在 9 岁生日之前没有达到下列指标，应与儿科医生或儿童保教专家联系：

- 表现出很好的食欲，体重持续增长。（有些儿童，尤其是女孩，可能已经开始表现出进食障碍的早期征兆。）如果儿童的体重过重或过轻，应该寻求医学评估。
- 生病次数减少。
- 运动能力在敏捷性、速度和平衡性方面都有所提高。
- 能够理解抽象概念，使用复杂的思维过程来解决问题。
- 大多数时候期待上学，愿意迎接学习的挑战。
- 遵从多步骤指令。
- 清晰而流畅地表达自己的想法。
- 与其他儿童建立友谊，参与团体活动。

安全隐患：8 岁

继续贯彻前几个阶段执行的安全措施。随着儿童持续成长发育，时刻注意新安全问题的出现。

动物

- 提醒儿童尊重动物（不要靠近不熟悉的动物，不要大喊大叫或做出突然举动。）
- 教儿童识别毒蛇，并远离它们。
- 为了避免传染疾病，触摸任何动物

之后一定要彻底洗手。

背包

- 为避免受伤，给儿童准备双肩包；不要让儿童背重物；背包的重量应该少于儿童体重的20%。带轮子的拉杆书包更好。

媒体

- 监督儿童对电脑、手机等电子产品的使用；设置家长控制（安全）功能，防止儿童浏览不良网站。
- 告诉儿童不要在网上公布个人信息，保护他们的网络安全。
- 了解儿童正在观看什么电视节目（在家或朋友家）以及听什么音乐。

玩具

- 监督儿童对高级玩具的使用，比如化学类玩具或木工工具以及那些有发动机、有电或带有推进剂的玩具。
- 在骑自行车、滑冰、溜旱冰或滑板运动时，要求儿童戴上头盔并穿上合身的防护装备。

溺水

- 无论何时，划船、滑雪或参加任何水上运动，都要让儿童穿上救生衣。

积极的行为指导

尽管6岁、7岁和8岁儿童开始质疑并去试探成人设定的条条框框，但是他们仍然需要且想要容易理解、提供组织架构并始终如一地被执行的规则。成人必须允许他们发展日益增强的独立性，但是必须置于成人持续的监督之下。

6岁、7岁和8岁儿童

- 成人要表现出积极的行为反应和自我控制，给儿童树立榜样。举个例子：深呼吸，保持眼神接触，以平静、非威胁的方式做出回应。
- 使用正向语言来设立规则，这样可以教会儿童哪些是合适行为："我们在滑滑梯时必须臀部坐在滑梯上向下滑，脚先着地"；"吃饭前必须洗手。"
- 接纳孩子的感情和沮丧。倾听孩子的解释，即使你可能并不赞同他所说的话。
- 帮助儿童学习有效的问题解决、沟通和冲突解决技巧。
- 当孩子打破规则时,让他承担后果或撤销他的特权。比如,"我不能让你去劳拉家,因为你没有按要求打扫自己的房间。"
- 对儿童恰当的行为表示认可,"你把生活用品都放得很好,这确实帮了我很大的忙。"
- 暂停活动,帮助孩子恢复平静。向孩子简要解释为什么这么做,把他送到自己的房间或安静的区域;这让孩子有时间反思自己的不当行为,重新控制情绪。
- 忽视不太可能对孩子或他人造成伤害的不当行为。当孩子结束不当行为时,一定要给予某种形式的注意或确认。

小 结

对于许多儿童来说,正式入学标志着一个独特的转变。全新的经历和机会往往伴随着热情和不断提升的能力,同时也有周期性的不情愿和沮丧。儿童经常给自己设置很高的期望,当没有达到这些目标时就开始动摇。然而,他们渴望学习,在这一阶段能够获得许多复杂的技能,包括阅读、书写、报时、数钱以及遵从复杂的指令。他们充满想象力地讲故事、说笑话甚至"变魔术"。随着儿童的兴趣不断增加,独立性逐渐增强,朋友和友谊变得日益重要。他们也开始理解日常生活事件的意义和复杂性,形成自己的道德观和见解,认识到文化和个体差异。这一阶段末,儿童已经完全能够照顾自己的个人起居和仪容仪表,但偶尔仍需要成人的提醒。

关键术语

早期读写能力　　　　　　守恒
感官　　　　　　　　　　欺凌
动手学习　　　　　　　　肥胖
乳牙

知识运用

A. 运用学到的知识

再次阅读本章开篇关于胡安和塞尔吉奥的发展梗概，并回答下列问题。

1. 为确保塞尔吉奥的学习落后不是由健康等相关问题造成的，你会安排哪些初步筛查？
2. 如果胡安的发展状况符合7岁儿童的一般水平，你认为他会表现出什么样的运动能力？
3. 胡安的妈妈鼓励胡安参与当地的青年足球联赛，这合适吗？请你从发展的角度来解释。

B. 回顾下列问题

1. 对比典型的6岁和8岁儿童的认知能力有哪些异同。
2. 如果某个7岁儿童的体重达到75磅（34千克），你是否应该为此担心？请解释原因。
3. 为了提高8岁儿童对阅读和写作的兴趣，教师可以准备哪些班级活动？
4. 哪3种感知能力象征着儿童已经做好了开始阅读的准备？
5. 描述6岁儿童在家庭日常生活中应达到的3种合理期望。

推荐网站

学术标准 http://www.academicbenchmarks.com/search/（州交互式地图）

美国儿童健康保育 http://www.healthychildcare.org/

健康青年 http://www.cdc.gov/HealthyYouth/physicalactivity（可获取健康饮食和活动的信息）

参考文献

Berger, M. (2010). "It's the sight not the bite": A model and reinterpretation of visually-based developmental fears, *Clinical Psychology Review, 30*(6), 779–793.

Burnham, M., & Conte, C. (2009). Developmental perspective: Dreaming across the lifespan and what this tells us, *International Review of Neurobiology, 92*, 47–68.

Charlesworth, R. (2011). *Understanding child development.* Belmont, CA: Wadsworth Cengage Learning.

Copeland, W., Shanahan, L., Miller, S., Costello, J., Angold, A., & Maughan, B. (2010). Outcomes of early pubertal timing in young women: A prospective population-based study, *American Journal of Psychiatry, 167*, 1218–1225.

Cowan, N., Morey, C., AuBuchon, A., Zwilling, C., & Gilchrist, A. (2010). Seven-year-olds allocate attention like adults unless working memory is overloaded, *Developmental Science, 13*(1), 120–133.

Diamond, K., & Hong, S. (2010). Young children's decisions to include peers with physical disabilities in play, *Journal of Early Intervention, 32*(3), 163–177.

Ethan, D., Basch, C., Platt, R., Bogen, E., & Zybert, P. (2010). Implementing and evaluating a school-based program to improve childhood vision, *Journal of School Health, 80*(7), 340–345.

Favazza, P. (2010). Loss and grief in young children, *Young Exceptional Children, 13*(2), 86–99.

Giannotti, F., & Cortesi, F. (2010). Family and cultural influences on sleep development, *Child & Adolescent Psychiatric Clinics of North America, 18*(4), 849–861.

Halim, M., & Ruble, D. (2010). Gender identity and stereotyping in early and middle childhood, *Handbook of Gender Research in Psychology, 7*, 495–525.

Hoban, T. (2010). Sleep disorders in children, *Annals of the New York Academy of Sciences, 1184*(2), 1–14.

Jordan, N., Glutting, J., & Ramineni, C. (2010). The importance of number sense to mathematics achievement in first and third grades, *Learning & Individual Differences*, 20(2), 82–88.

Marchman, V., Fernald, A., & Hurtado, N. (2010). How vocabulary size in two languages relates to efficiency in spoken word recognition by young Spanish-English bilinguals, *Journal of Child Language*, 37, 817–840.

Marotz, L. (2012). *Health, safety & nutrition for the young child.* Belmont, CA: Wadsworth Cengage Learning.

National Association for the Education of Young Children (NAEYC). (2009). Developmentally appropriate practice in early childhood programs serving children from birth through age 8. Accessed on November 7, 2010 from http://www.naeyc.org/files/naeyc/file/positions/position%20statement%20Web.pdf

Nipedal, C., Nesdale, D., & Killen, M. (2010). Social group norms, school norms, and children's aggressive intentions, *Aggressive Behavior*, 36(3), 195–204.

Piaget, J. (1926). *The language and thought of the child.* New York: Harcourt, Brace & World.

Piaget, J. (1929). *The child's conception of the world.* New York: Harcourt Brace.

Poulin, F., & Chan, A. (2010). Friendship stability and change in childhood and adolescence, *Developmental Review*, 30(3), 257–272.

Ray, K., & Smith, M. (2010). The kindergarten child: What teachers and administrators need to know to promote academic success in all children, *Early Childhood Education Journal*, 38(1), 5–18.

Reavis, R., Keane, S., & Calkins, S. (2010). Trajectories of peer victimization: The role of multiple relationships, *Journal of Developmental Psychology*, 56(3), 303–332.

Rood, L., Roelofs, J., Bögels, S., & Alloy, L. (2010). Dimensions of negative thinking and the relations with symptoms of depression and anxiety in children and adolescents, *Cognitive Therapy & Research*, 34(4), 333–342.

Rushton, S., Juola-Rushton, A., & Larkin, E. (2010). Neuroscience, play, and early childhood education: Connections, implications, and assessment. *Early Childhood Education Journal*, 37(5), 351–361.

Russell, J. (2010). From child's garden to academic press: The role of shifting institutional logics in redefining kindergarten education, *American Educational Research Journal*, 47(3), 1–32.

Sherer, Y., & Nickerson, A. (2010). Anti-bullying practices in American schools: Perspectives of school psychologists, *Psychology in the School*, 47(3), 217–229.

Swearer, S., Espelage, D., Vaillancourt, T., & Hymel, S. (2010). What can be done about school bullying?, *Educational Researcher*, 39(1), 38–47.

Xu, F., Bao, X., Fu, G., Talwar, V., & Lee, K. (2010). Lying and truth-telling in children: From concept to action, *Child Development*, 81(2), 581–596.

第 8 章

儿童中期：9 岁、10 岁、11 岁和 12 岁

学习目标

通过本章学习，掌握下列知识点：

- 描述青春期早期出现的几种发展变化。
- 从 9 岁和 10 岁儿童的角度，描述友谊的概念。
- 分别针对 9 岁、10 岁、11 岁和 12 岁儿童，设计发展适宜性活动。
- 比较 9 岁、10 岁儿童的语言发展与 11 岁、12 岁儿童有何异同。

NAEYC 标准章节链接：

1a, 1b 和 1c：促进儿童发展与学习

2a 和 2c：建立家庭和社区联系

3c 和 3d：观察、记录和评估，为幼儿及其家庭提供支持

4a, 4b, 4c 和 4d：运用有效的发展性方法

5c：运用内容知识构建有意义的课程体系

认识胡安和他的继妹卡林

11 岁的胡安从一开始就与继父相处得很好。他们花大量时间一起参加体育活动、去山里露营、制造飞机模型等。胡安喜欢上学，尤其喜欢数学课和计算机课，他有许多"最好的朋友"。老师认为胡安是一个好学生，而且非常欣赏他乐于助人的品质。胡安的父母对他无穷无尽的食欲和精力感到很惊奇。

胡安有一个继妹，名叫卡林。胡安已经慢慢适应了有个继妹。9 岁的卡林心地善良，健谈，但对上学的热情不如胡安。在上次家长会上，卡林的老师说她做作业不够专心，在座位上不能安静地待 5 或 10 分钟。卡林的妈妈在家也观察到同

样的问题，常常因为卡林不能遵从多步骤的指令以及做事无条理而感到很生气。卡林常常"忘记"喂狗、摆餐具或做作业。她自己的朋友很少，但她比较喜欢跟胡安以及胡安的朋友一起玩。可是，胡安不喜欢她总是跟着自己，并一直祈求继父让她别再总跟着他。

问 题

1. 根据上述情景，你如何描述一个11岁儿童典型的发展？
2. 卡林表现出的哪些行为会让你把她推荐给早教专家进行进一步评估？

9岁、10岁、11岁和12岁

对所有相关人员而言，从8岁一直到青少年早期通常都是一段快乐、相对平稳的时期。当儿童开始由依赖状态变得更加独立时，自发的行为会逐渐转变成更具目标导向性的努力。虽然他们不再是幼儿，但是还是做不到像成人那样能干。这种矛盾会导致他们不断地与自我概念、自尊以及渴望完全自主作斗争。

对处于这段时期的儿童而言，渴望知识和理解是他们的显著特征。大部分孩子已经适应每天在学校待6个小时或更长时间。以前由于学习阅读、写作、做基础算术以及遵守纪律而带来的压力和沮丧早已被忘却。对语言的运用更加复杂和成人化。在这期间，儿童开始形成越来越复杂的能力，包括抽象思维、理解因果关系、运用**逻辑**（logic）解决问题，以及理解事情的来龙去脉。他们能够理解，虽然同一样事物可以有不同的用途，从不同角度看可能有所差异，但本质是一样的。比如，一把铁锹不仅能用来挖坑，还可以用来撬开油漆罐的盖子；可以用碗画出一个完美的圆。

在这一时期，儿童的生理生长和发育表现出明显的个体差异，而且在

图 8-1 儿童生长发育的速度存在明显的个体差异。

某种程度上,还存在种族和文化差异(图 8-1)。通常而言,女孩一般会经历一个生长突增阶段(身高和体重),比男孩增长明显更快。研究结果表明,有些 8、9 岁的女孩开始经历与青春期有关的激素变化(Walvoord, 2010)。

童年中期也是某些孩子开始尝试新行为的时期,比如选择其他款式的衣服及发型,放弃一项长期运动或最喜爱的乐器,与一个"不同人群"建立联系,或节食减肥。家人可能觉得这些变化令人苦恼,但这些是孩子发展过程中的重要部分,能够帮助孩子塑造自我同一性,确定对他们来说什么是合适的。个别儿童也可能开始尝试一些物质,比如合法或不合法的药物、烟草、酒或给他们的身体健康造成严重威胁的吸入剂,这些行为都需要专业的干预和治疗(Costello & Angold, 2010)。

在童年中期,虽然儿童对性别认同和性别行为的观点已经相对固定,但是在某些方面的性别差异变得很明显。男孩对男性化的认识往往倾向于通过更刻板印象化的途径来形成(如足球、篮球、竞赛性电子游戏)。而女孩对女性化的认识过程则显得较为轻松自在,并开始拓展和探索一系列活动,比如打猎、捕鱼、木工、越野赛跑和团体运动。但是,女孩也无法忍耐跨越性别界限,尤其当有些男孩与女孩厮混、表现出"无男子气概"的行为,或者穿女性化的衣服时(Ewing & Troop-Gordon, 2011)。我们还必须记住,在塑造性别行为和角色期望的过程中,儿童的种族和文化传承依然是非常重要的决定因素。

尽管频繁抗议和拒绝,儿童依然需要家庭持续的信任和支持。家人和老师保持与孩子的交流是很重要的,比如谈论一些个人健康、物质滥用(药物、酒、烟)以及性教育(典型发育、怀孕、预防性传播疾病)的话题,因为这当中的许多问题会造成严重、长期的后果(Graber & Nichols, 2010; Lemstra et al., 2010)。成人要以一种开放、温和的方式对待这些问题,可以把理解和同情传递给孩子。这不仅有利于培养儿童的自尊,也能提高儿童未来继续向成人寻求帮助的可能性。

9岁、10岁

大多数9岁、10岁儿童进入了一个相对满足的时期——有时人们称之为青少年期风暴来临前的平静。虽然9岁儿童可能仍然会表现出一些情绪波动,但到10岁时,这些波动逐渐变得和缓。对大多数儿童来说,家庭和亲人仍然是获取安全感和舒适感的来源。他们会继续用拥抱和亲吻的方式向家人表达情感。

大多数9岁、10岁儿童喜欢上学。他们迫切地期望上学和见到朋友们,如果不得不错过学校活动,他们会感到失望。学校的老师受到孩子们的尊敬,学生们都希望得到老师的关注。孩子送给老师自制的小礼物,或者主动向老师提供帮助,期望讨得老师的欢心。虽然儿童注意力的持续时间变得更长,但是他们仍然需要频繁在教室里走动,并参加激烈的户外活动(Trudeau & Shephard, 2010)(图8-2)。

图 8-2
儿童仍然需要充足的活动机会，以释放过剩的精力。

发展剖面图和生长模式：9 岁、10 岁

生长和生理特征

- 发育速度放慢，且没有规律；女孩开始经历生长突增，生长速度明显超过男孩；男孩的体形差别不大，并且比大多数女孩矮小。
- 随着脂肪积聚开始转移，呈现出更加苗条的身材。
- 不同身体部位的发育速度出现差异；身体的下半部发育较快；手臂和腿较长，看起来不成比例。
- 大脑体积显著增加；在 10 岁时几乎达到成人水平。
- 身高平均每年增长约 2 英寸（5 厘米）；在生长突增期生长速度明显加快。
- 体重平均每年增加大约 6.5 磅（14.3 千克）。
- 剩余的乳牙全部脱落；更大的恒齿在尚未长大的颌中长出后，可能会显得过度拥挤。
- 女孩可能开始经历青春期前的变化（例如，乳房开始发育；开始长出阴毛；臀部变圆，

发展剖面图和生长模式：9岁、10岁（续）

显出腰部；头发的颜色变深）；男孩一般要再过一两年后才会出现性征变化。

运动发展

- 能够准确地投球；更加协调地书写、绘画和展示其他小肌肉运动技能。这一阶段的标志是小肌肉运动技能的不断完善，在女孩身上表现得尤为明显（Barnett et al., 2010）。
- 能够更轻松、更准确地控制胳膊、腿、手和脚；男孩在需要力量和速度的大运动中往往表现更出色。
- 在跑步、攀爬、跳绳、游泳、骑自行车和滑冰等各项运动中表现得更加自信，更富有技巧。
- 喜欢团队运动，但是仍然需要发展一些必需的复杂技能。
- 喜欢亲手制作手工艺品、烹饪、木工、针线活、绘画、建造模型或拆卸钟表和电话等物品。
- 绘画注重细节；在完善书写能力时乐在其中。

感知觉－认知发展

- 基于经验和逻辑进行推理的能力更强，不再只是依赖**直觉**（intuition）[皮亚杰提出的**具体运算思维**（concrete operational thought）阶段]："如果我赶快去遛狗，我就能和我的朋友一起玩。"依然将一些情境视为"非此即彼"，作出肯定或否定回答，但是已经开始以更具创造性、更不具体的方式进行思考（Piaget, 1928）。如果能够看到真实（具体的）物体，并且能够操作，那么可以理解抽象概念："如果现在我吃掉一块饼干，就只剩下两块。"
- 喜欢挑战算术，但并不能完全理解复杂运算中的数学关系，例如乘法或除法。
- 动手学习是最好的学习方式；更喜欢研究书本或网络上的信息，进行科学实验、建造模型或演戏，胜于由老师讲授相同内容的课堂（图 8-3）。
- 喜欢上学，但是很难在座位上安静地坐半小时以上；一旦放学，便会迅速忘掉关于学校的一切。

- 运用阅读和书写技能完成非学习活动（编写购物清单，创作木偶剧剧本，绘制附近街区地图，发短信或电子邮件）。
- 表现出对因果关系进一步的理解。
- 继续掌握时间、重量、体积和距离的概念（Kamii & Russell, 2010）。
- 根据回忆追溯已发生的事件；能进行逆向思维，追溯一系列事件的开端。
- 喜欢阅读更长更具描述性且剧情复杂的书。

言语和语言发展

- 经常在没有任何理由的情况下喋喋不休；有时以此吸引他人的注意；可能平时喧闹健谈，而在课堂上却沉默不语。
- 运用语言有效地表达自己的情感和情绪。
- 理解并运用语言作为与他人交流的工具。
- 在与同伴谈话时，经常使用俚语〔"sweet（你真好）""cool（酷）""awesome（棒呆了）""hey dude（喂，老兄）"〕。
- 认识到某些单词具有双重含义〔"far out（激进的、最新的）""cool（酷酷的、凉爽

图 8-3

动手学习是最好的学习方式。

图 8-4

喜欢讲笑话、猜谜语。

发展剖面图和生长模式：9岁、10岁（续）

的）""wicked（邪恶的、了不起的）"]。
- 发现在笑话和谜语中运用不合逻辑的隐喻（诙谐双关语）很有趣（图8-4）。
- 对语法序列表现出更深的理解；如果某个句子的语法不正确，能够识别出来。

社会性 – 情绪发展

- 喜欢和朋友在一起；基于共同爱好和距离邻近（邻居小孩或同学）交朋友；言语上对异性表达不满（"男孩太粗鲁""女孩太幼稚"）（Jones & Estell, 2010）。
- 有几个"好"朋友和一两个"仇敌"；朋友和友谊常常天天都在变化。
- 开始对规则和以现实为背景的游戏更感兴趣；游戏规则应该简单，这样每个人都能乐在其中（图8-5）。
- 被激怒时，采用谩骂和取笑的方式回应；与以前相比，采用身体攻击的可能性减小；也理解这样的行为会影响别人的感情。偶尔仍然需要成人帮助解决一些纠纷。
- 道德推理能力开始发展；接受社会习俗和道德观（能够理解诚实、是非、公平、好坏以及尊重）（Malti & Latzko, 2010）。
- 培养出对老师、教练和俱乐部领导者的依恋；可能会把他们看作英雄；经常费尽心思取悦他们，获取他们的关注。
- 做事信心十足；认为自己无所不知，不会犯错。
- 把批评当作人身攻击；感情容易受伤；有时，在处理失败与挫折时有困难。

图8-5
开始理解规则，并遵照规则游戏。

日常生活：9岁、10岁

饮食

- 食欲有所波动，与活动量和活动强度有关；活动量越大，消耗则越多；更喜欢在感觉饿的时候吃东西，而非在规定时间吃饭。
- 一天到晚都在吃东西，但通常在吃饭时仍然感到很饿；更愿意尝试新食物。许多孩子也喜欢烹饪，帮助做一些饭前准备工作。更喜欢吃某些最爱的食物，通常包括比萨饼、炸薯条、炸玉米饼、冰激凌、曲奇饼干等；除了不太喜欢吃熟蔬菜之外，很少有不喜欢的食物。
- 常常为姿势和餐桌礼仪而斗争（把胳膊肘放在桌子上；懒散地坐在椅子上；用拳头攥着叉子和勺子），但在朋友家里通常很有礼貌。

个人护理和穿衣

- 不太注意个人卫生；洗澡、洗头、刷牙、换干净衣服常常需要成人提醒。
- 需要成人哄骗去洗澡，但一旦开始洗澡，便可能不想离开。
- 对外貌表现出一定的兴趣；想打扮得和朋友们一样；校服对自我认同具有重要作用。
- 上厕所不再需要别人提醒；晚上很少起夜上厕所，除非睡前喝了太多水。

睡眠

- 似乎意识不到疲劳，也不想睡觉。
- 正常情况下，每天需要睡 9~10 个小时。如果睡眠充足，不用怎么哄，便能按时起床去上学。睡眠不足会妨碍学习，也与体重增加有关（Buckhalt, 2011; Gutierrez & Willoughby, 2010）。
- 女孩可能需要更多的睡前准备活动，入睡时间也比男孩长。
- 噩梦和对黑暗的恐惧可能依然存在；有些孩子会梦游，半夜醒来，或尿床。如果孩子

日常生活：9 岁、10 岁（续）

出现这些问题，父母不应该批评他们。若这些问题一直存在，应该寻求专家的帮助。

游戏和社会活动

- 活动强度在极端高强度与几乎不活动之间波动；在一段激烈的游戏时间后，可能会筋疲力尽。
- 通过看杂志、玩电子游戏、看视频、听音乐、发短信、与朋友聊天等方式度过空暇时间。
- 组织和参加有关密码、语言和符号的俱乐部。
- 愿意帮助成人做简单的家务，比如擦扫、用吸尘器清洁、扔垃圾或洗车。
- 在特殊兴趣的基础上，培养新的爱好或收集活动。

学习活动：9 岁、10 岁

供家长和教师参考的发展性应用建议

- 充分利用社区提供的教育机会。比如，计划去海滩、农贸市场、图书馆、博物馆、动物园、公园、水族馆、花卉商店、家具木工厂、宠物商店或杂货店等远足活动。
- 鼓励儿童通过了解其他文化的社会风俗和庆祝活动来学习欣赏多元文化。从图书馆借书，浏览网站，邀请客人，将各种乐器与文化对号入座，让孩子们品尝民族食品。通过自己的一言一行教孩子们接受多元文化，避免偏见。
- 收集运动器材，比如球、球棒、网球拍；鼓励儿童组织并参与团队活动。
- 为种植和管理花园提供空间、种子和工具。

- 为进行科学实验收集材料，提供基本指导；在公共图书馆的很多好书里或儿童网站上，可以找到科学活动建议。
- 帮孩子找一个来自其它州或国家的笔友，培养他们对阅读、写作和交朋友的兴趣；鼓励孩子积极地与笔友交流（通过信件、电子邮件、网络视频等方式），阅读笔友所在地的书籍，在地图上找到这个州或国家。
- 为了健康发育，鼓励儿童每天至少花 60 分钟参加高强度体育活动；安排一些全家人能一起参加的活动。
- 与儿童保持开放式交流。花时间一起谈论他们的爱好和朋友，支持他们。

发展警报：9 岁、10 岁

如果儿童在 11 岁生日之前没有达到下列指标，应与儿科医生或儿童保教专家联系：

- 继续以与儿童性别相符的速度生长发育。
- 精细运动能力继续提高。
- 交朋友，维持友谊。
- 大部分时间喜欢上学，并对学习感兴趣。（测试儿童的听力和视力；视力和听力问题会影响儿童的学习能力以及对学习的兴趣。）
- 面对新情境具备恰当的自信心；表现出愿意尝试的意愿。
- 以建设性的方式处理失败和挫折；从错误中吸取教训。
- 一觉睡到天亮，但尿床、噩梦或梦游的问题可能仍存在。

安全隐患：9 岁、10 岁

继续贯彻前几个阶段执行的安全措施。随着儿童持续成长发育，时刻注意新安全问题的出现。

媒体曝光

- 注意儿童浏览的在线网站（及其内容）。告诉儿童互联网安全规则以及个人信息安全的重要性，千万不要在线发布个人信息（名字、地址、电话号码）。屏蔽你不想让儿童访问的网站。
- 了解儿童在听什么音乐，玩什么电子游戏，看什么电影，确定他们是否接触暴力、色情或毒品文化。

枪支

- 教育孩子有关枪支和其它武器的危险性。强调不要接触枪支的重要性，如果发现枪支一定要提醒成人。
- 把枪支和弹药分开存放，并上锁；绝对不能把装有弹药的武器放在无人监管的地方。

交通

- 每次乘坐机动车，一定让孩子系好安全带。
- 反复强调交通安全规则，包括过马路、上下车、骑自行车、玩滑板以及与交通有关的其它行为。
- 当儿童参与体育活动时，一定要戴头盔和穿着适当的防护装备。

溺水

- 在捕鱼、滑雪或划船时，提供并要求孩子穿着质量合格的漂浮装备。
- 教儿童基本的水上安全常识，当儿童参与水上相关活动时，持续在旁边监督。

11岁、12岁

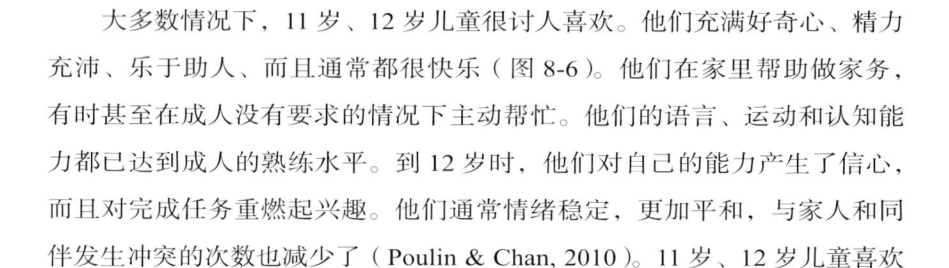

大多数情况下，11岁、12岁儿童很讨人喜欢。他们充满好奇心、精力充沛、乐于助人、而且通常都很快乐（图8-6）。他们在家里帮助做家务，有时甚至在成人没有要求的情况下主动帮忙。他们的语言、运动和认知能力都已达到成人的熟练水平。到12岁时，他们对自己的能力产生了信心，而且对完成任务重燃起兴趣。他们通常情绪稳定，更加平和，与家人和同伴发生冲突的次数也减少了（Poulin & Chan, 2010）。11岁、12岁儿童喜欢参加有组织的运动和体育活动。一般而言，他们身体健康，并开始懂得，健康的生活方式不仅重要，而且需要关注和努力。然而，11岁、12岁儿童也把自己看作是不可战胜的。很少儿童认为自己会患严重的身体疾病，比如性传播疾病（sexually transmitted diseases, STDs）、肺癌、糖尿病、心脏病等，从而毫无顾忌地做出危险行为（比如吸烟、久坐不动、吃高脂肪食物）（Woodgate & Leach, 2010）。

图 8-6

11岁、12岁儿童充满好奇心，精力充沛，自信。

发展剖面图和生长模式：11岁、12岁

生长和生理特征

- 身高和体重存在显著的个体差异；身体形态和身材比例受遗传和环境的双重影响；到这一时期末，身高约是出生时的3倍。
- 女孩会先经历一段青春期前的生长突增，身高和体重都高于同龄男孩；在这一年，女孩的身高可能增长多达3.5英寸（8.75厘米），体重增加多达20磅（44千克）；对于女孩来说，这段快速生长期在12岁左右结束；男孩的生长速度则慢得多（Biro et al., 2010）。
- 身体变化标志着青春期的临近（对于女孩而言，臀部增大，乳房开始发育；男孩的睾丸和阴茎不断增大；不管男孩还是女孩，都开始长出阴毛）。

发展剖面图和生长模式：11 岁、12 岁（续）

- 如果月经尚未来潮，那么现在可能就要开始了；有些女孩更早出现阴道分泌物；如果没有像其他女孩那样发育的话，有些女孩可能会感到沮丧。
- 11 岁、12 岁男孩自发勃起是很常见的；图片、体育活动、谈话和白日梦都能引起这种反应；有些男孩开始夜间遗精（不自觉地排出精液）。
- 肌肉质量和力量增加，尤其是男孩；女孩常常在 12 岁时达到肌肉力量的最大值。
- 姿势更加直立；骨骼大小和长度的增加，使得肩膀、锁骨、胸腔和肩胛骨更加突出。
- 如果儿童有视力问题，就会经常抱怨头疼和视力模糊；不断加重的作业负担（比较小的印刷字体、使用电脑、较长时间的阅读和写作）使一些儿童需要做眼部检查。

运动发展

- 表现出更加平稳、协调的运动能力；但是，快速的生长突增会导致暂时性的笨拙。
- 喜欢参加跳舞、空手道、足球、体操、游泳以及有组织的比赛等各类活动，在这些活动中，儿童可以运用并测验不断提高的运动能力。
- 通过各种各样的活动（比如建造模型、制造火箭、绘画、木工、烹饪、缝纫、工艺美术、写信或演奏乐器等）不断完善精细动作技能；这时，所有基本大动作技能已经完善（图 8-7）。

图 8-7

不断提升的精细运动技能使得儿童能够尝试新活动，并获得成功。

- 需要释放上学期间积累下的过剩精力；喜欢团队运动、骑自行车、在公园玩、上舞蹈课、和朋友一起散步、投篮、踢足球。
- 精力充沛，但很容易疲劳。
- 力量提高，跑得更快，把球扔得更远，跳得更高，更加准确地踢球或击球，和朋友摔跤。

感知觉 – 认知发展

- 开始用更**抽象**（abstract）的方式思考；记忆能力的加强使得长时记忆得以提高；这时，儿童已经能够记住存储的信息，因此不再需要完全亲身经历某一事件才能将其理解（Casasanto, Fotakopoulou, & Boroditsky, 2010）。
- 由于长时记忆容量不断增大，因而能够成功地排序和分类（这是解决复杂数学问题必需的技能）。
- 认识到问题可以有多种解决方案；常常通过大声的自言自语来解决问题。基于逻辑形成解决方案或作出反应。
- 喜欢挑战、解决问题、研究以及测试可能的解决方案；通过查阅百科全书、互联网及词典来获取信息（图8-8）。
- 注意力持续时间更长；能专注地完成学校作业及其它任务。
- 为了实现预期目标，列出详细计划和清单。
- 无需思考，就能完成许多日常事务；不断提高的记忆力使得自动反应成为可能。

图 8–8

喜欢研究和解决问题。

发展剖面图和生长模式：11 岁、12 岁（续）

- 能够理解较为复杂的因果关系；从错误中吸取教训；识别出可能导致某种后果的因素（小苏打与醋结合能释放出气体；刮大风时在风筝上拴一个长尾巴，能使风筝飞得更高）。

言语和语言发展

- 在该阶段末，大部分语言发展基本完成；随后几年，只需要持续的细微改进。
- 常常不停地与愿意倾听自己的人讨论、争论。
- 运用更长、更复杂的句子结构。
- 掌握的复杂词汇越来越多；每年增加 4 000~5 000 个生词；熟练运用词汇编造复杂故事，并能准确地描述。
- 成为一名善于思考的听众。
- 理解一句话可能有隐含的意义。（当妈妈问："你的作业做完了吗？"她真正的意思是，你最好别玩了，把书拿出来，开始做作业。）
- 掌握讽刺和挖苦的概念；有很强的幽默感，喜欢讲笑话、猜谜语或用押韵来娱乐他人（Glenwright & Pexman, 2010）。
- 掌握多种语言风格，根据情境适时改变（与老师交谈时，用比较正式的语言；与父母说话时，用比较随意的语言；而与朋友聊天时，则常常用有俚语和暗语的语言）。

社会性 – 情绪发展

- 组织团体游戏和活动，但是在游戏过程中可能更改规则。
- 把自我形象看得非常重要；通常根据外貌、所有物或活动定义自己；也经常与自己非常敬佩的成人作比较。
- 变得越来越有自我意识，越来越自我关注；开始理解要为自己的行为承担责任，知道事情的后果与个人行动有关（Howie et al., 2010）。

- 开始思考谈论自己的职业兴趣和生涯规划；对未来产生白日梦与幻想。
- 形成批判和理想主义的世界观；认识到整个世界比自己所住的街区大；对其他国家的文化、食物、语言及习俗表现出兴趣（图 8-9）。
- 追随当红运动员和明星的穿着、发型和言谈举止。
- 认识到忠诚、诚实、诚信和体贴的倾听是成为好朋友的先决条件；现在，与同伴在一起的时间超过与家人在一起（Dwyer et al., 2010）。
- 在处理挫折时很少出现情绪爆发；能够讨论什么事情困扰着自己的情绪；说话时带有面部表情，并使用手势来表示强调。

图 8-9
对学习其他文化传统表现出兴趣。

日常生活：11岁、12岁

饮食

- 虽然不停地吃东西，但总是感觉饿；尤其是男孩，食量惊人（图 8-10）。男孩每天大约需要 2 500 卡路里热量，女孩则需要 2 200 卡路里热量。
- 几乎没有不喜欢吃的食物；有时会吃不太喜欢的食物；对品尝其它文化的食物表现出兴趣。
- 放学回家的路上需要吃很多零食；在橱柜和冰箱里寻找任何可以吃的东西。多吃有营养的食品，有利于养成健康的饮食习惯。
- 在吃（卡路里）与体重增减之间建立联系，尤其是女孩；比如，有些女孩可能谈论节食减肥（密切监控可能形成进食障碍的迹象）（Van den Berg et al., 2010; Woelders et al., 2010）。

图 8-10

似乎很饿，几乎时时刻刻都能吃得下东西。

个人护理和穿衣

- 无需成人帮助，能照顾自己的大部分个人生活。
- 经常洗澡，乐意洗澡；保持个人清洁；通常更喜欢淋浴。
- 洗手仍然需要偶尔提醒。
- 定期刷牙或用牙线洁牙；灿烂的笑容对外表很重要。为了监测快速萌出的恒牙以及治疗蛀牙，建议每半年做一次牙齿检查；许多孩子已经有几颗龋齿，需要补牙。
- 因外貌感到自豪；喜欢穿时髦衣服或朋友们都穿的衣服。

睡眠
- 需要充足的睡眠；由于生长突增和活动量大，孩子常常感到很累。
- 入睡很快，但是现在，周一到周五晚上想晚点儿睡觉，周末和不上学的时候甚至想熬夜到更晚。
- 睡得没有以前那么香；可能醒得比较早，在起床前读书或完成作业。
- 有些 11 岁、12 岁孩子仍然会做噩梦。

游戏和社会活动
- 对无聊的游戏不感兴趣；更喜欢有目标的活动（赚钱计划，参加游泳比赛，写时事通讯，参加夏令营等）。
- 参加有组织的青年团体，比如体育队、四健会或童子军等，或者只和一两个朋友在一起消磨时间；总有事情做。
- 喜欢动物；照顾并训练宠物。
- 对阅读充满热情；喜欢听音乐、看电影、看新闻、网上冲浪、玩电子游戏等。
- 喜欢参加户外活动，比如滑板、轮滑、篮球、网球、骑自行车或跟朋友一起散步。
- 有时更喜欢与朋友（而不是父母）一起看电影、看戏或运动。

学习活动：11 岁、12 岁

供家长和教师参考的发展性应用建议

- 继续保持与孩子进行开放式沟通。花时间和孩子在一起，了解他们生活中发生的事情，并给予支持（不要做评判）。给孩子提供有关个人健康方面的信息（性行为、毒品和酒精、怀孕、性传播疾病），并告诉他们作出正确决策的重要性。鼓励他们无论何时何地遇到难题，都可以来找你。

- 鼓励孩子对阅读的兴趣；经常带他们到图书馆或书店去。
- 一起阅读并讨论报纸和杂志上的文章；建议孩子练习写新闻通讯。
- 通过给孩子安排一些定期完成的任务，帮助他们培养责任感（比如照顾宠物、给弟弟妹妹读故事、叠衣服、装洗碗机、洗盘子、打扫车库等）。
- 收集各种各样的大纸箱、绘画以及其它材料；向孩子提出挑战，让他设计一个建筑物（商店、图书馆、火车、城堡、农场、空间站等）。
- 帮助孩子排演一出戏；邀请他们写剧本、设计舞台布景、制作简单的道具并预演。
- 帮助孩子计划并组织一场宠物表演、自行车巡游活动、寻宝游戏或社区筹款活动。
- 寻找免费或低成本参加有组织的团体和体育活动的机会；比如由当地公园和娱乐部门、基督教青年会或基督教女青年会、教会青年社团以及课后机构经常组织的一些活动。
- 给孩子提供各种各样的艺术材料（绘画颜料、蜡笔、马克笔、纸、旧杂志和商品目录、碎布）；鼓励孩子收集自然材料，比如树叶、鹅卵石、有趣的树枝、种子荚、羽毛和草，用于做拼贴画。

发展警报：11 岁、12 岁

如果儿童在 13 岁生日之前没有达到下列指标，应与儿科医生或儿童保教专家联系：

- 运动流畅、协调。

- 精力充沛，游戏、骑自行车或参与其他喜欢的活动。
- 集中注意力完成当前的任务。
- 理解基本的因果关系。
- 对于批评和挫折，能做出合理的反应（身体攻击、过度哭泣可能暗含着潜在问题）。
- 表现出健康的食欲。（对于这个年龄段的孩子而言，一般不会经常不吃饭；饮食过量也应该受到关注）。
- 结交新朋友，维系老朋友。

安全隐患：11岁、12岁

继续贯彻前几个阶段执行的安全措施。随着儿童持续成长发育，时刻注意新安全问题的出现。

机械
- 教儿童如何安全地操作小家电和设备。
- 给儿童提供基本的急救指导，教他们应对伤害的方法。

媒体曝光
- 监控孩子的在线活动（网站、社交网络、聊天室），及时处理不恰当的内容和通信。
- 强调网络安全的重要性：不要泄露个人信息，不要回应营销商，设置浏览器删除信息记录程序。
- 与儿童谈论**网络欺凌**（cyber-bullying）和**色情短信**（sexting）；让他们知道参与这种活动是不对的（甚至在一些州是违法的），一旦自己成为受害者，一定要及时告知成人。
- 限制儿童上网（除非做作业需要）或玩电子游戏的时间。儿童需要活动；久坐不动会增加肥胖的风险，也会妨碍其他的学习机会。

运动
- 运动时，确保儿童穿上合身的防护装备；定期检查装备。
- 当儿童参加竞赛时，要给予指导，并确保有成人监督；检查场地、设

物质滥用

- 教儿童识别可能释放有害气体（吸入气体）的日用品的警告标志，比如发胶、卸甲水、罐装喷漆、氨气和汽油。注意儿童呼吸或衣服上任何不同寻常的气味，口齿不清，神经过敏，食欲不振，眼睛充血，或者鼻子或嘴巴周围发红。
- 讨论处方和非处方药物滥用和未成年人喝酒的危害。

积极的行为指导

9~12岁标志着童年的结束和青少年期的开始。在这段时期，成人需要改变管理方式，以便孩子开始逐渐为自己的行为承担责任。

9岁、10岁、11岁和12岁儿童

- 关注孩子的积极行为，让他们经常感受到你很欣赏他们为负责任的行为而做出的努力。
- 让孩子参与制定适当的界限和预期。如果让他们帮助制定规则，那么他们遵守的可能性更大。
- 做出判断前，认真倾听孩子的说法。让孩子知道你理解他们的感受；但是，这样并不意味着你接受他们的行为。
- 给孩子无条件的爱。每个人时不时都会犯错误，孩子仍然处于学习做出正确决策的过程中。
- 与孩子保持开放性的对话，鼓励他们谈论自己的关注点和感受。
- 帮助孩子培养并运用解决问题和冲突的技巧，以做出负责任的选择。
- 运用结果来强化孩子符合预期的行为：孩子的数学考试没考好，是因为他考试前一天晚上忘记把书带回家[**自然结果**（natural consequence）]；不再允许孩子和朋友一起去看电影，因为她上一次回家晚了[**逻辑结果**（logical consequence）]。

小 结

这段时间的生长模式不规律,也不一致。女孩往往比男孩发育得更快,儿童之间的个体差异也非常显著。大部分儿童无忧无虑、快乐、精力充沛、勤奋好学。9~12 岁这段时间,儿童基本都在调整基本技能,他们已经具备许多能力。高级认知能力继续发展,使儿童能进行抽象思考,理解重量、距离和时间的概念,遵从详细的指令,理解因果关系。与自我概念相关的情感,逐渐从过于严苛的自我批评转变为对自身能力的自信。虽然朋友和友谊很重要,但是家庭关系仍然十分珍贵。参与集体活动和团队运动能提供额外的支持系统,是消耗过剩精力、竞争、发展高级运动和社会技能以及维持友谊的好方法。

关键术语

逻辑
直觉
具体运算思维
抽象

网络欺凌
色情短信
自然结果
逻辑结果

知识运用

A. 运用学到的知识

再次阅读本章开篇关于胡安和卡林的发展梗概,并回答下列问题。

1. 对 11 岁儿童而言,你认为有哪些典型的生理特征?
2. 大多数 11 岁儿童喜欢上学,这与发展相适应吗?为什么?
3. 从发展心理学的视角来看,你认为胡安对妹妹总跟在自己后面的反应是否是典型的?请解释原因。
4. 你认为卡林的发展符合典型的 9 岁儿童吗?请解释原因。

B. 回顾下列问题

1. 9 岁儿童在社会性 – 情绪发展方面可能表现出哪些性别差异？
2. 9 岁和 11 岁儿童在抽象思维能力方面有何不同？
3. 10 岁儿童可能经历什么样的生理变化？
4. 描述大多数 11 岁、12 岁儿童认知能力的典型特征。
5. 说出交朋友以及维持友谊所需的 3 种品质。

推荐网站

要了解更多信息，请浏览与书籍配套的网站。
安全链接（社交网络安全）http://www.connectsafely.org/
美国国立心理卫生研究所（青少年大脑发育） http://www.nimh.nih.gov/index.shtml
密歇根大学（残疾与性）http://www.med.umich.edu/yourchild/topics/disabsex.htm

参考文献

Barnett, L., van Beurden, E., Morgan, P., Brooks, L., & Beard, J. (2010). Gender differences in motor skill proficiency from childhood to adolescence: A longitudinal study, *Research Quarterly for Exercise & Sport, 81*(2), 162–170.

Biro, F., Huang, B., Morrison, J., Horn, P., & Daniels, S. (2010). Body mass index and waist-to-height changes during teen years in girls are influenced by childhood body mass index, *Journal of Adolescent Health, 46*(3), 245–250.

Buckhalt, J. (2011). Insufficient sleep and the socioeconomic status achievement gap, *Child Development Perspectives, 5*(1), 59–65.

Casasanto, D., Fotakopoulou, O., & Boroditsky, L. (2010). Space and time in the child's mind: Evidence for a cross-dimensional asymmetry, *Cognitive Science, 34*(3), 387–405.

Costello, E., & Angold, A. (2010). Developmental transitions to psychopathology: Are there prodromes of substance use disorders?, *Journal of Child Psychology and Psychiatry, 51*(4), 526–532.

Dwyer, K., Fredstrom, B., Rubin, K., Booth-LaForce, C., Rose-Krasnor, L., & Burgess, K. (2010). Attachment, social information processing, and friendship quality of early adolescent girls and boys, *Journal of Social & Personal Relationships, 27*(1), 91−116.

Ewing, E. & Troop-Gordon, W. (2011). Peer processes and gender role development: Changes in gender atypicality related to negative peer treatment and children's friendships, *Sex Roles, 64*(1-2), 90–102.

Glenwright, M., & Pexman, P. (2010). Development of children's ability to distinguish sarcasm and verbal irony, *Journal of Child Language, 37*(2), 429−451.

Graber, J., & Nichols, T. (2010). Putting pubertal timing in developmental context: Implications for prevention, *Developmental Psychobiology, 52*(3), 254−262.

Gutierrez, J., & Willoughby, D. (2010). Slimming slumber? How sleep deprivation manipulates appetite and weight, *Nutrition Today, 45*(2), 77−81.

Howie, L., Lukacs, S., Pastor, P., Reuben, C., & Mendola, P. (2010). Participation in activities outside of school hours in relation to problem behavior and social skills in middle childhood, *Journal of School Health, 80*(3), 119−125.

Jones, M., & Estell, D. (2010). When elementary students change peer groups: Intragroup centrality, intergroup centrality, and self-perceptions of popularity, *Merrill-Palmer Quarterly, 56*(2), 164−188.

Kamii, C., & Russell, K. (2010). The older of two trees: Young children's development of operational time, *Journal for Research in Mathematics Education, 41*(1), 6−13.

Lemstra, M., Bennett, N., Nannapaneni, U., Neudorf, C., Warren, L., Kershaw, T., & Scott, C. (2010). A systematic review of school-based marijuana and alcohol prevention programs targeting adolescents aged 10–15, *Addiction Research & Theory, 18*(1), 84−96.

Malti, T., & Latzko, B. (2010). Children's moral emotions and moral cognition: Towards an integrative perspective, *New Directions for Child & Adolescent Development, 129*, 1−10.

Piaget, J. (1928). *Judgment and reasoning in the child.* New York: Harcourt, Brace & World.

Poulin, F., & Chan, A. (2010). Friendship stability and change in childhood and adolescence, *Developmental Review, 30*(3), 257−272.

Trudeau, F., & Shephard, R. (2010). Relationship of physical activity to brain health and the academic performance of schoolchildren, *American Journal of Lifestyle Medicine, 4*(2), 138−150.

Van den Berg, P., Keery, H., Eisenberg, M., & Neumark-Sztainer, D. (2010). Maternal and adolescent report of mothers' weight-related concerns and behaviors: Longitudinal associations with adolescent body dissatisfaction and weight control practices, *Journal of Pediatric Psychology, 35*(10), 1093−1102.

Walvoord, E. (2010). The timing of puberty: Is it changing? Does it matter?, *Journal of Adolescent Health, 47*(5), 433−439.

Woelders, L., Larsen, J., Scholte, R., Cillessen, A., & Engels, R. (2010). Friendship group influences on body dissatisfaction and dieting among adolescent girls: A prospective study, *Journal of Adolescent Health, 47*(5), 456−462.

Woodgate, R., & Leach, J. (2010). Youth's perspectives on the determinants of health, *Qualitative Health Research, 20*(9), 1173−1182.

第 9 章

青少年期：13~19 岁

学习目标

通过本章学习，掌握下列知识点：

- 讨论青少年的大脑发育变化及其对行为造成的影响。
- 解释 13 岁、14 岁青少年常常缺乏自信的原因。
- 描述朋友和友谊在青少年期中期所发挥的作用。
- 讨论在青少年期后期社会性 – 情绪发展的本质。

NAEYC 标准章节链接：

1a, 1b 和 1c：促进儿童发展与学习

2a 和 2c：建立家庭和社区联系

3c 和 3d：观察、记录和评估，为幼儿及其家庭提供支持

4a, 4b, 4c 和 4d：运用有效的发展性方法

5c：运用内容知识构建有意义的课程体系

认识埃斯科瓦尔姐妹

在本学年开始前的几个月，莫里纳和埃米莉亚·埃斯科瓦尔随家人一起搬到美国。两个女孩在阿根廷读的是私立学校，能说一口相对不错的英语，因此，对她们来说，转学到当地中学比较轻松。即将 16 岁的莫里纳善于交际、活泼开朗，是一名出色的足球运动员，很容易和周围的人交上朋友。她喜欢学习美国的新文化，也喜欢参与美国同龄青少年平时做的事情，比如约好友看电影、发短信、逛商场、谈论男生、和男生约会等。莫里纳的妹妹埃米莉亚今年 13 岁，学习成绩非常优秀，钢琴演奏水平很高，她在同龄人中显得娇小，说话轻声细语，没

有姐姐那么外向。通过参加学校报社和学生会的工作，埃米莉亚也结识了几个朋友，但是她很少和朋友们做社团以外的事情。

父母虽然对姐妹俩能够适应新文化和新学校感到高兴，但是也有些担忧。他们家是虔诚的教徒，关系非常亲密。父母认为莫里纳和朋友待在一起的时间太多了，陪伴家人或者用在学习上的时间却太少。他们知道莫里纳是一个渴望被人接受的女孩，但却不了解她新朋友的情况，所以担心她容易受朋友的影响而去做一些不好的事情，比如喝酒或吸毒等。对于莫里纳最近的穿着、音乐偏好的变化以及做出的冲动决定，他们感到有些惊讶。虽然父母对埃米莉亚的成长顾虑较少，但对她最近出现的自我意识和情绪多变也感到担忧。晚上埃米莉亚常常躲进自己的房间，与她一起玩耍的亲密朋友似乎只有一个。

问 题

1. 你认为这两个女孩身上发生的这些发展变化是否典型，或者说父母是否应该对这些发展变化感到担忧？
2. 父母如何才能确定他们的担心是合理的还是多余的？
3. 文化期望的差异在哪些方面加重了父母的担忧？

13~19 岁

无论是对孩子还是对他们的家长和老师来说，青少年期都是一段急剧变化、充满困惑和不确定性的时期。身体的变化、对性别特征萌发的感受，都会导致青少年期的孩子自我意识和自我怀疑的增加，以及对自我同一性的调整。曾经举止自然、愿意合作、喜欢玩乐的孩子，可能变得喜怒无常、喜欢质疑，偶然还显得桀骜不驯。他们不愿意再被当成孩子看待，但却还没有像青少年期后期的孩子那样，准备好为自己做出的决策和行为承担全部责任。虽然他们可能会挑战成人的权威，要求获得独立性，但实际上却希望和需要家人给予关怀，设定合理的限制，帮助自己抵御伤害性的后果（比如物质滥用、性传播疾病、怀孕和犯罪等）。很少有成人想再次体验青少年期，而当自己的孩子进入青少年期时，父母往往百感交集，这又有什么好奇怪的呢？

虽然一提起青少年期，人们很容易想到种种消极方面，但更为重要的是，成人应当时刻谨记，大部分孩子都是"好孩子"，还包括那些偶尔难以管教的孩子（图9-1）。他们拥有许多积极的智力和个性品质：渴望学习、充满好奇心、有能力、勤勉、爱发明并且喜欢另辟蹊径。他们能够进行抽象思维，通过逻辑思考解决问题，像成人那样老练地交流复杂的想法（Best & Miller, 2010）。在青少年期早期，他们就开始梦想未来的职业选择，然后试图进行能帮助他们达成最终目标的培训。他们崇尚科学技术，积极参加网络社交，利用即时通讯工具与朋友、家人保持联系（Jackson et al., 2010）。

图 9-1
大多数青少年是拥有许多积极品质的"好孩子"。

为什么青少年的个性表现出如此大的差异？最近的医学研究给人们提供了一些线索。长期以来，人们一直认为，儿童在 10 岁的时候大脑发育已经完成。然而，最新研究通过对大脑图像的分析显示，大脑的结构变化（白质增加、灰质变薄、对脑化学物质更加敏感）和重新组织［形成新的**神经连接**（neural connections）］将会在 20 岁出头前持续进行（Blakemore, 2010）。由于这些变化的出现，大脑中负责情绪调节、决策、记忆、社交与性行为以及冲动的脑中枢都会受到影响，这可以进一步解释青少年期经常出现的不可预知和有问题的行为（图 9-2）。这些反应不应当被看作是消极品质，而只是青少年期中发生的行为，这些行为可以让青少年更好地了解自己，决定如何融入社会，做出合理决定，并最终成为成熟的成人。在这动荡混乱的几年时间里，青少年最需要的是成人能够给予耐心、理解、协调和培养支持。

图 9-2
青少年大脑发育的变化区域。

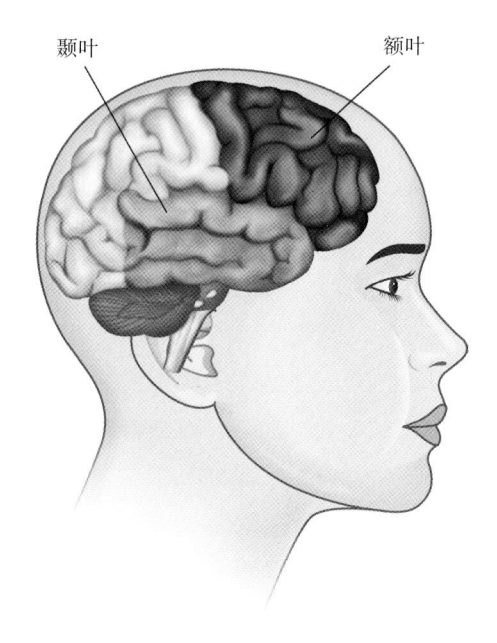

13岁、14岁（青少年期早期）

13岁、14岁青少年面临着无数新感受、新体验和新期望，有时甚至令他们无法承受。这些事件如何被感知和处理，受青少年及其家庭所处的文化、社会和环境中的信念和条件的影响。随着13岁青少年升入中学，他们常常面临许多恐惧和不确定性；"我会交到朋友吗？""如果课程太难怎么办？""如果老师不喜欢我怎么办？"他们也开始发现大量新的兴趣和活动，比如有组织的运动、艺术和学科活动，每一项他们都想尝试，但是由于时间限制，必须做出艰难的取舍。处于青少年期早期的孩子表现出极大的好奇心，敢于做出大胆的假设，并随时准备接受智力的挑战。然而，随着青春期激素导致的体重增加、粉刺、面部毛发、月经、声音改变以及四肢发育速度不均衡等烦恼的出现，青少年对外貌的担忧也开始给他们带来不安全感。在某些文化群体中，这些变化标志着个体从儿童到成人的重要转变，人们会为青少年举办"成人礼"进行庆祝。13岁青少年可能会认为自己已经长大了，家庭和社会给予的规则和限制太过拘束、狭隘。尽管如此，他们却比之前任何时候更需要成人的照顾和指导。

由于13岁青少年在生活中需要适应很多生理和心理上的变化，多多少少会经历自信心下降，但是他们的自我同一性在接下来的几年会迅速修复。14岁青少年在日常行为中表现得更加自信，更能控制自己的情绪，更加活泼外向，以更加积极的心态对待生活，并且将友谊看得尤其重要。他们的课余时间通常与同性伙伴一起度过，比如参加课外兴趣活动小组（学生会、国际象棋社、合唱团、剧团、运动会、教会团体、四健会、电子竞技等），在家附近聚会、打电话、发短信、写博客或通过其他网络社交平台交流。14岁青少年的社会性和道德发展出现明显进步，他们开始对公民责任（回报社会）感兴趣，并参加一些社区服务或服务学习项目。也就是说，14岁青少年已经开始表现出明显的成熟迹象。

发展剖面图和生长模式：13岁、14岁

生长和生理特征

- 由于食物摄入、体育活动和遗传因素的影响，不同个体的体重增长有所差异。
- 身高持续增长；特别是男孩，开始进入快速的生长突增期。女孩可能增长较慢，但大多数女孩都已经达到成年时的身高。
- 头围和面貌更加接近成人；手臂、腿和脚一般显得较大，与身体其他部分不成比例。
- 除了第二和第三磨牙（智齿）外，全部恒齿已经长齐。
- 仍然容易感到疲劳，尤其是在剧烈运动之后。
- 血压达到成人水平（大约110/80）；由于体重、活动水平、情绪状态和族裔的不同，存在个体差异（有些族群的血压值偏高）。
- 由于激素变化，脸上开始长出粉刺。
- 继续经历与青春期有关的身体变化；女孩开始有规律的月经周期；男孩开始长胡子，变声和出现遗精。
- 阅读时抱怨视线模糊或眼睛疲劳；如果这种情况一直持续，应当检查是否存在视力问题。

运动发展

- 由于发育过快和不规律，动作常常显得笨拙、不协调。

图 9-3

对运动产生新的兴趣，反映了青少年不断提高的运动能力。

- 参加有目的的活动;"无所事事地闲逛"的时间减少。
- 能够更长时间安静地坐着,但是仍然需要经常发泄过多的精力。
- 女孩的速度和灵敏性进一步提高;男孩拥有更强的力量和耐力。
- 开始对个体运动(比如游泳、高尔夫球和体操等)和团体竞技(比如垒球、足球、篮球、橄榄球、曲棍球等)产生兴趣(图9-3)。

感知觉 – 认知发展

- 运用更多高级的信息加工方法(假设、推理和逻辑),形成自己的观点。
- 在得出结论之前,开始从多个角度分析问题;首先做出预测(假设),然后逐一考虑各种因素或选项,最终得出结论。[皮亚杰将这一过程称之为**形式运算思维**(formal operational thinking)]。
- 能够理解和学习更高级的知识;可以运用抽象思维思考复杂问题,但是仍然缺乏必要经验,无法确保做出合理的决策。
- 喜欢上学和学业中面临的挑战:早早到校;尝试新的学科和课外活动;面对作业和测验,偶尔感到不堪重负。
- 热衷于技术;将网络用于作业、娱乐和交流目的;无法判断媒体内容是否真实,是否值得信赖。
- 花费大量时间进行自我反省;常常躲在卧室自己思考(Heatherton, 2011)。
- 能够在不需要成人帮助的情况下计划和组织活动。
- 大多数时间只关注现在,但也开始为未来制订一些计划。

言语和语言发展

- 能够清楚地表达自己的观点和想法;语言理解能力以及运用语言的流畅程度几乎接近成人水平。
- 做出回应前,能先停下来思考。

发展剖面图和生长模式：13岁、14岁（续）

- 以直接、简要的方式回答问题；与年龄较小的时候相比，几乎不再和家人主动交谈。
- 将大量时间花在与朋友发短信、写邮件和煲电话粥上面。
- 能够理解交谈中使用的反语、讽刺和隐喻。

社会性 – 情绪发展

- 有毫无征兆的喜怒无常周期（一般与激素变化有关）；当遭受挫折或面临新的或有压力的挑战时，会用行动发泄出来。
- 形成坚定的道德是非观。
- 常常固执己见，质疑父母的决定；虽然这可能伤害双方的感情，但却是青少年走向独立的必要阶段。
- 当成人在公开场合对自己表达感情时，感到尴尬（比如父亲搂住儿子的肩膀，母亲跟女儿拥抱道别等）。
- 开始表现出青少年**自我中心**（egocentrism）的迹象；对待批评更加难为情和敏感；将自己与**假想观众**（imaginary audience）（朋友、电影明星、摇滚歌星或杂志上的时尚模特）进行比较，并尝试模仿他们的形象；经常表达对自己外貌（特别是女孩）和个人成绩的不满。
- 与朋友（而非家人）在一起

图 9-4
对于青少年而言，朋友和友谊变得愈加重要，胜过陪伴家人。

的时间越来越多（图 9-4）。
- 非常渴望获得同伴的接纳；通过选择着装、行为、音乐和（或）共同的兴趣爱好，努力融入同龄人的圈子（Ojanen et al., 2010）。
- 虽然可能开始与异性进行探索性的交往，并与同伴讨论异性话题，但是对异性仍然怀着矛盾的情感（Root & Denham, 2010）。
- 虽然发展出更强的自我同一性，但是仍然摇摆不定，前一秒还感到自信和独立，下一刻就会产生不安全感并需要安慰。

日常生活：13 岁、14 岁

饮食

- 胃口依旧很好（尤其是男孩）；食欲大增往往预示着即将到来的生长突增期。
- 放学后、学习时和睡觉前常常特别想吃东西；并不总是选择最有营养的食物。
- 对体重的担心，可能导致强迫自己限制饮食和保持不健康的饮食习惯，在女孩身上表现得尤其明显；应当给青少年提供营养丰富的餐食，并细心注意其食物摄取（不要过分关注孩子的饮食，也不要对其体重做出负面评价）。
- 有些青少年对烹饪和准备饭菜表现出日益浓厚的兴趣。

个人护理和穿衣

- 能够自己洗澡，处理日常生活事务，但有时可能需要成人委婉的提醒。
- 男孩开始刮胡子；女孩可能会刮腿毛和腋毛。
- 对自己的外貌感到自豪；形成明确的穿衣喜好。
- 自己挑选和购买服饰；这些选择常常是在同伴中比较"流行"的款式。

日常生活：13岁、14岁（续）

睡眠

- 晚上熬到很晚才睡觉：学习、做作业、看电视或玩电子游戏；早上常常很难醒来（Cain & Gradisar, 2010）。
- 青少年睡眠不足常常与沮丧、学业不佳和物质滥用有关（Owens, Belon, & Moss, 2010; Pieters et al., 2010）。

社会活动

- 信赖朋友的陪伴。女孩会与 1~2 名同性朋友建立亲密的社会关系，并向她们吐露心扉。男孩则更倾向于与几个朋友一起活动，或者参加团体活动。
- 对非正式的约会表现出一定兴趣；参加学校舞会、聚会和其他社交活动；与自己的对象或与其他情侣一起组团看电影。
- 经常通过社交网站结交朋友，与朋友交流（Patchin & Hinduja, 2010）。

学习活动：13岁、14岁

供家长和教师参考的发展性应用建议

- 鼓励孩子探索多学科的知识和参加课外活动；如果孩子在尽其最大努力后选择放弃，切忌批评孩子或让孩子感到内疚。
- 支持孩子对公民责任的兴趣；帮助他们寻找机会参与志愿活动（动物收容所、当地图书馆、社区花园）、募集善款活动或社区服务项目。
- 每周指定一天作为"家庭之夜"。可以一起做顿大餐，制作爆米花和看电影，玩拳击或电子游戏，出去散步，骑自行车，游泳或共同参与其他活动。

共度时光能够增强亲子间的交流和家庭纽带。
- 提升孩子在环境和社会责任方面的兴趣：鼓励他们设计新型能源装置，例如太阳能灶，风力发电机和热水器等。
- 培养青少年创造性的读写能力：帮助他们创作短篇小说，编写创作剧本，制作和剪辑电影或发行社区简报。
- 培养孩子研究和组织收集的兴趣：钱币、贝壳、棒球卡、车尾贴、铅笔、地图、昆虫和旅行纪念品等。
- 鼓励孩子尝试挑战新的运动项目：田径、飞碟高尔夫、游泳、篮球、乒乓球、足球、手球、保龄球和排球等。增强青少年对每天坚持锻炼以保持健康的重要性的认识。
- 分配一项由孩子负责的定期完成的任务：喂狗和溜狗、折叠并放好洗干净的衣服、倒垃圾、用吸尘器打扫房间或修剪草坪等。

发展警报：13 岁、14 岁

如果儿童在 15 岁生日之前没有达到下列指标，应与儿科医生或儿童保教专家联系：

- 交朋友并参加社交活动；对曾经很喜欢的活动失去兴趣；保持合理的饮食和睡眠习惯。突然和长期的行为改变可能暗示着情绪问题，需要及时处理。
- 继续发育或经历青春期发生的身体变化。
- 表现出抽象思维能力；解决问题时考虑多种方案。
- 能够理解阅读的内容；表达别人能够理解的看法。
- 期待上学或参与定期活动（有些孩子常常找借口待在家里，或瞒着父母逃学）。

- 尽管有时会表示抗议，但是大多数情况下都遵守家长的规定和期望。
- 表现出道德推理或明辨是非的能力（参与饮酒、吸毒、发送色情短信或轻度犯罪等危险行为）。

安全隐患：13岁、14岁

继续贯彻前几个阶段执行的安全措施。随着儿童持续成长发育，时刻注意新安全问题的出现。

运动

- 在孩子参加有组织的运动项目之前，确保孩子身体健康，体检合格。
- 即使是练习，每次都要坚持穿着安全装备。定期检查装备，确保没有故障，尺寸合适，并调整到位。
- 熟悉孩子接受的监督和指导的质量。孩子的行为是否得到了正向强化？受伤时是否得到了恰当的处理？是否得到了足够的休息？教练是否接受了培训，是否掌握了心肺复苏和急救方法？

自杀/抑郁

- 注意孩子的情绪（易激惹、攻击、退缩、悲伤）、饮食规律和睡眠习惯的突然变化。孩子出现抑郁和自杀想法的风险在青少年期早期常常达到顶峰；如有必要，应及时寻求专业帮助（Smiga & Elliott, 2011; Brendgen et al., 2010）。
- 密切注意青少年的社交网络和互联网使用；告诉孩子遭遇网络欺凌时，应及时告知家长。
- 经常与青少年进行坦率、不加评判的谈话；鼓励他们与信任的成人讨论他们的忧虑（图9-5）。

媒体曝光

- 与孩子探讨网络安全问题：聊天室的注意事项；成人网站；商家窃取信息；不要接受陌生人的信息；收到不良信息或通讯时，及时告知成人。
- 不要将电脑放在卧室里，应当放在可以看到的公共区域。
- 限制孩子上网、使用手机或其他手持设备的时间。

图 9–5

青少年与信任的成人谈话时应当感觉舒适。

危险行为

- 给青少年提供信息,帮助他们在面临有关性行为、饮酒、毒品、滥用处方药、吸烟和人体穿孔等问题时做出明智的决定。
- 注意预示饮食障碍的早期行为和情绪征兆:食量减少、不吃饭、体重减轻、对体形长期不满、呕吐和抑郁等。
- 制订方案,随时掌握青少年的行踪:什么时间打电话,要去哪儿,什么时间回家。

15 岁、16 岁(青少年期中期)

行为反差在青少年中期仍然表现得十分明显。然而,由于有不同的家庭、社会和宗教背景以及文化价值观,不同青少年的经历和表现方式也存在差异。典型的 15 岁青少年表现出很多与 13 岁青少年相似的发展特征。他们再一次变得喜欢反省、冷漠、叛逆、渴望自主。友谊(两人之间或团体中)逐渐取代家庭,成为获取安慰、安全感和个人信息的来源。15 岁青少年可能喜欢上学,并努力取得好成绩,也可能变得自由散漫,丧失兴趣。他们会找一些方便的理由（比如学校活动、家庭差事和社交活动等）外出；即使待在家里，他们也总是一个人待在房间里，沉浸在电子游戏、网上聊天、听音乐、做"白日梦"和看电视之中。虽然大多数 15 岁青少年都非常健康，但也常常感受到来自日常事件（比如学校考试、团队选拔、产生性欲和友谊等）的巨大压力（Seiffge-Krenke et al., 2010）。

在青少年快到 16 岁时，很多积极品质开始回到他们身上。他们重新获得自信、尊重、情绪控制、忍耐和自主。对他们来说，朋友非常重要，并继续发挥着不可或缺的作用。共同的兴趣爱好是建立友谊的基础，这种关系相对稳定，有时甚至非常亲密。尽管有些青少年不愿意承认或讨论自己对同性恋取向或性别困惑的忧虑，但青少年的性别认同已经确立（Ryan et al., 2010）。这些问题可能妨碍青少年的自我接纳或归属感，并导致严重的抑郁（McCallum & McLaren, 2011）。16 岁青少年已经具备较强的认知和分析能力，因此能够进行**演绎推理**（deductive reasoning），决策能力提升，并预先制定未来的计划（Best & Miller, 2010）。他们继续探索和体验着一切事物，从衣着款式到人际关系，从科学技术、哲学理念到职业兴趣（图 9-6）。也就是说，16 岁青少年正在稳步成为独立的思考者和实干家。

图 9-6
从科学技术到人际关系，青少年通过探索和体验一切事物，继续完善他们的自我同一性。

发展剖面图和生长模式：15 岁、16 岁

生长和生理特征

- 由于食物摄取、体育活动和遗传的不同，青少年的体重增长存在个体差异。
- 身高继续增长；尤其是男孩，进入生长突增期。在这一阶段初期，女孩的身高接近成人水平；男孩则在这一时期结束时接近成人水平。
- 可能长出智齿（第三磨牙）。
- 仍然容易感到疲劳，尤其是在剧烈运动之后。
- 心脏体积增加一倍，心率变慢。血压达到成人水平（大约 110/80）；由于体重、活动水平、情绪状态和族裔不同，存在个体差异（有些族群的血压值偏高）。
- 随着激素水平趋于平稳，皮疹（粉刺）变少。
- 继续经历与青春期有关的身体变化。
- 手臂、腿、手和脚仍然显得较大，与身体其他部分不成比例。
- 肌肉质量继续增加，尤其是男孩，但有些喜欢运动的女孩也会增加。

运动发展

- 女孩的运动协调性、速度和耐力水平趋于平稳；男孩在这些方面的能力开始超过女孩，并在 20 岁之前持续发展。
- 手眼协调能力变得更加精确、可控。
- 在生长突增期，动作显得笨拙和不协调；这段时期更容易受伤。

感知觉 – 认知发展

- 运用演绎推理解决抽象问题；即便没有亲身看到或经历某一概念、地点或事物，也能够进行想象或回忆。
- 预先制订计划；在数个周末活动方案中，权衡利弊，并做出最终决定；为暑假制订计

发展剖面图和生长模式：15 岁、16 岁（续）

划；思考未来的职业选择。
- 运用**科学推理**（scientific reasoning）解决越来越复杂的问题；综合所学知识、个人经验和逻辑推理，得出解决方案或结果。
- 意识到外面有更广阔的世界；对学术挑战充满好奇和渴望，对尝试新事物深感兴趣。
- 能够同时将注意力集中在多个行为上；做作业时，戴着耳机听歌或者看电视。
- 意识到并非所有信息都是可靠的；在确认信息的可信度前，先评价信息来源。

言语和语言发展

- 掌握的词汇量略有增加；在语言能力方面，女孩依然优于男孩。
- 能够学习新语种，但是需要付出比年幼时更多的时间和努力（如果学校有很多母语非英语的学生，这是一个值得考虑的重要因素）（Livingstone & Brake, 2010; Oh & Fuligni, 2010）。
- 根据不同语境，调整语言和交流方式：与朋友煲电话粥，与老师讨论项目或用网络语发短信。
- 使用更多复杂的语法和句法来表达观点。
- 花费大量时间使用社交网络、联系朋友；利用新兴技术（微信、手机通话、网络、脸书、"推特"等）。
- 理解并使用成人式幽默。

社会性－情绪发展

- 与同性和异性同伴建立友谊；拥有朋友和"受欢迎"非常重要（LaFontana & Cillessen, 2010; Ojanen et al., 2010）。
- 继续与自我同一性问题做斗争，尤其是与同伴存在实质性的或感知到的差异时（宗教信仰、黑白人种、性取向、收养、族裔、特殊需求）；对同伴的评论非常敏感。

- 开始对建立正式的恋爱关系感兴趣（图 9-7）。这是完善自我同一性和自我形象，确定性取向，建立关于亲密关系和性行为的个人价值观，学习恋爱双方应该具有哪些品质的重要阶段和环节。
- 迫切希望从家庭中获得自主权；不喜欢父母的权威以及对自己活动的限制。
- 大多数情况下具有同情心、合作精神和责任心；偶尔喜怒无常、郁郁寡欢和不服管教，尤其是当愿望没有得到满足时。
- 在衣着款式和举止上，模仿同辈群体；为了表明态度或获得接纳，也可能会尝试危险行为（毒品、纹身、人体穿孔、性行为、吸烟和喝酒等）。
- 能够明辨是非，但是也会做出一些违背是非观、不负责任的决策（Leijenhorst et al., 2010）。

图 9-7
开始对建立亲密关系产生兴趣。

日常生活：15 岁、16 岁

饮食

- 依然表现出良好的食欲，但是与家人一起用餐的次数减少了；常常由于学业或课外活动和吃饭的时间发生冲突，往往在感到饥饿或方便时吃东西。
- 可能会严格限制食物摄取，以控制体重；处于这一时期的青少年，无论男性还是女性，

日常生活：15 岁、16 岁（续）

都更容易出现进食障碍（厌食症、暴食症）和过度节食，这可能会导致严重的健康问题（Rodgers, Paxton, & Chabrol, 2010）。
- 对营养学表现出更大的兴趣，尝试新食物和新的饮食习惯（素食、低脂食物），但是对烹饪的兴趣降低（Salvy et al., 2011）。

个人护理和穿衣
- 对自己的个人装束和仪表感到自豪；女孩常常会化妆；男孩刮胡子。
- 每天洗澡；经常洗头。
- 对着装选择非常挑剔；喜欢选择符合流行风格和时尚趋势的单品。

睡眠
- 每天大约需要 9 小时的夜间连续睡眠，以保持健康和精力。睡眠匮乏可能影响学习成绩，导致注意力不集中、喜怒无常、易激惹和行为问题（Beebe, Rose, & Amin, 2010; Cain & Gradisar, 2010）。
- 晚上熬夜到很晚；青少年期生理变化会导致睡眠 – 觉醒节律改变（睡觉时间更晚）；可能由于学校活动、工作、作业或社交活动，而无法获得充足的睡眠。

社会活动
- 在家时喜欢独处；常常关着门待在自己的房间里。
- 结交新朋友；可能与朋友相处的时间多于与家人相处的时间；朋友是友谊、回馈和情感支持的重要来源，尤其对女孩来说。
- 喜欢挑战和竞争；探索和参加各种社交和课外活动；有些青少年可能也会压缩做兼职的时间。

学习活动：15 岁、16 岁

供家长和教师参考的发展性应用建议

- 给青少年提供个人空间；尊重他们的独处需求；进孩子房间时先敲门。
- 鼓励孩子对提高领导能力的兴趣，在学校或当地组织中为孩子创造体验领导角色的机会。
- 帮助孩子组织小型社交聚会，使其能够在安全的环境中与人交往：泳池派对、夜宿、和朋友在家看电影、青年组织会议、滑旱冰等。
- 支持孩子对新鲜活动的兴趣：唱歌、戏剧、艺术、演奏乐器、打猎、机器人学、高尔夫球、瑜珈、天文学、烹饪和徒步旅行等。
- 协助青少年参加当地志愿活动，偶尔做兼职（照顾婴儿、修剪草坪、铲雪、照看宠物、打扫落叶）。
- 策划以学习为主题的旅行：太空博物馆、水族馆、国家公园、牧场帮工、探险野营、历史遗迹、浮潜和感受其他文化等。
- 组织读书俱乐部；让青少年轮流选择书籍，供大家共同阅读和讨论。
- 培养青少年对研究宗谱、家庭背景和制作家谱的兴趣。
- 继续和孩子讨论高风险行为及其预防方法；提供教育性阅读材料，并鼓励孩子提出问题。
- 教孩子管理和规划时间的技巧；鼓励青少年制作电子日历以记录作业、测验和活动的截止时间；给孩子提供一个独立安静的空间，以便学习和摆放学习资料。
- 提醒青少年做好应对困境的准备（毒品或酒精诱惑，被逼迫发生性行为）；采取角色扮演策略，教孩子如何摆脱麻烦。

发展警报：15岁、16岁

如果儿童在17岁生日之前没有达到下列指标，应与儿科医生或儿童保教专家联系：

- 拥有朋友，并能维持友谊；没有被排除在团体活动之外。
- 大多数情况下，能够记得要做的事情，或事先做好计划。
- 对个人卫生和上学等日常活动保持适当的兴趣；突然出现的冷漠情绪或成绩下降，可能是抑郁或其他心理健康问题的先兆。
- 正确使用语言来表达思想和要求；合理地解释或回应非言语行为。
- 理解幽默、笑话或双关语。
- 面临新环境时，保持适度的自信。
- 避免卷入有害行为（毒品、酗酒、欺凌、滥交、犯罪和逃学）。

安全隐患：15岁、16岁

继续贯彻前几个阶段执行的安全措施。随着儿童持续成长发育，时刻注意新安全问题的出现。

体育活动

- 确保参加体育活动时，穿着合适的防护装备：彩弹球（护目镜）；自行车（头盔）；滑板（头盔、护膝和护肘）；打猎（耳塞、护目镜、反光衣）；棒球和垒球（头盔、护齿器和护腿板）；划船（救生衣）。
- 任何头部受伤都必须进行医学鉴定；体检合格后才能参加活动。

媒体曝光

- 监控青少年在家的网络使用（比如社交网站、电影、电子游戏和音乐）；特别注意青少年在拜访朋友时结识了哪些人。
- 告知青少年上网的潜在风险：警告

孩子不要公布或提供个人信息；遭遇网络欺凌和色情短信时，及时向成人报告；除非在公共场合有好友陪同并告知成人，否则不要和网友单独见面。

约会

- 教青少年如何约会，设定界限，并维持健康的恋爱关系。
- 讨论关于约会暴力的话题；讨论虐待关系的预警信号以及处理方式。
- 为青少年提供关于怀孕和预防性传播疾病（sexually transmitted disease, STDs）的信息，帮助他们做出合理的决策。

旅行

- 青少年与家人或朋友乘坐交通工具时，务必系上安全带。
- 教导青少年拒绝乘坐饮酒驾驶员的车辆，并及时报告。
- 提醒青少年在离开或到达目的地时，打电话告知家长；让青少年懂得这么做并非不信任他们，而是因为担心他们的安全。
- 确保青少年随身携带紧急联络人信息，比如父母的手机号码。

17岁、18岁（青少年期晚期）

青少年期的最后几年，孩子不再发生急剧而显著的发育变化。女孩的生理和生殖发育已经完成，而男孩则在20岁出头前几年继续经历身高和肌肉质量的小幅增长。到目前为止，青少年的认知、社会性－情绪能力、言语和语言能力以及运动能力已经基本完善，只是在青少年期后期经历小幅的调整。17岁、18岁青少年已经建立明确的性认同，接纳自己，能够自立，情绪更加稳定，并形成了自己的人生观。现在，他们已将兴趣和精力从学习各种技能和获取同伴接纳，转移到思考未来人生规划上（图9-8）。"高中毕业后我有什么计划？""我的长期职业目标是什么，为了达到目标我必须做什么？""我是否对恋爱关系或长期承诺感兴趣？""我怎样才能获得经

图 9-8 在青少年期晚期,孩子花大量时间思考未来计划和事业目标。

济独立?"面对这些问题,文化、经济、社会和家庭价值观等各种因素都会影响青少年最终的决策(Giguère, Lalonde, & Lou, 2010)。比如,在某些文化和社会团体中,青少年往往继续与家人住在一起,并开始负担家里的经济,直至结婚。相反,在很多西方国家,青少年一旦完成学业,便会离开家庭,确立独立性。

因此,青少年在过 19 岁生日时,便意味着童年时期接近尾声了。他们中的大多数已经做好准备,去开启人生的新篇章,面对青年人必须经历的一系列全新的挑战、决策和机会。

发展剖面图和生长模式：17岁、18岁

生长和生理特征

- 基本生理发育变化已经很少；几乎达到成人的成熟水平。
- 身高、体重和骨量增长很少；男孩会在20岁出头几年继续长高；女孩的身高发育已经结束。
- 身体健康，很少生病。
- 由于非理性的决策和冲动行为，受伤、死亡和致残率较高。

运动发展

- 肌肉质量达到顶峰。
- 在20岁出头之前，肌肉力量继续增强，尤其是男孩。
- 具备精确的手指灵巧度和手眼协调性；在操作电脑和玩电子游戏时表现出高超的水平。
- 对身体控制自如，动作协调。

感知觉-认知发展

- 用回忆、逻辑和抽象思维解决复杂问题。
- 与以往相比，在制订计划和解决问题时开始更多地运用**分析思维**（analytical thinking）；能够找到并评估可能的解决方案，但并不一定总能做出合理的决策（图9-9）。

图9-9
能够运用分析思维解决复杂问题。

发展剖面图和生长模式：17岁、18岁（续）

- 在认知能力方面表现出一些性别差异：女孩的语言能力更强；男孩则更擅长科学与数学。然而，在学习某种技能时，如果男孩和女孩能够获得更多平等的机会和支持，这些差异会变得不明显（Haworth, Dale, & Plomin, 2010）。
- 依然会做出冲动的决定和不合逻辑的选择，有时出乎成人的意料。要记住：青少年大脑中负责控制情绪和决策的区域仍然处于发育和成熟之中（Blakemore, 2010）。

言语和语言发展

- 运用正确的语法和更加复杂的句式；能够评论自己的书面作品。
- 清楚地表达复杂的想法，结合具体情境变换表达方式。
- 词汇量持续增加；掌握更多更高级、复杂和抽象的词汇。
- 大量使用社交网络；与朋友交流（或发短信）时使用大量的网络俚语和简缩语["b/c"指因为（because）；"g2g"指该出发了（got to go）；"sbrd"指太无聊了（so bored）；"meh"指无所谓（whatever）；"PAW"指父母在旁边（parents are watching）]（图9-10）。
- 理解并使用**比喻性语言**（figurative language）："他跳得像天一样高""她安静得像一只小老鼠""隔墙有耳。"

图9-10

使用社交网络与朋友保持联系、共享信息。

社会性-情绪发展

- 对待成人的建议，更加开放和接纳；偶尔也会主动向成人征求建议。
- 继续完善自我同一性，更多基于现实目标和文化理想，而不是理想主义观念（"我想成为一名著名的音乐家，但这需要付出很多的努力和牺牲。"）
- 自信心更强；不再容易受到同伴的影响或依赖同伴的认同。
- 将自己看作大千世界的一部分，视野更加宽阔；继续重新定义关于社会角色和公民责任的个人价值观和信念；寻求融入社区活动的机会。
- 能够较好地控制情绪，但是仍然会表露出多种情绪，偶尔做出冲动行为（Sturman & Moghaddam, 2011）。
- 建立亲密关系时更多基于共同兴趣，而不仅仅出于对浪漫的渴望。
- 理解并更愿意对自己的行为负责。

日常生活：17岁、18岁

饮食

- 仍然有强烈的营养需求（比如，蛋白质、钙、维生素、铁、锌），必须满足青少年的营养需求，确保其拥有最佳的成长、健康和表现。
- 由于活动和日程与吃饭时间冲突，饮食习惯可能变得更不稳定；偶尔不吃饭，剧烈活动之后或压力较大时，会饮食过量。
- 在食物选择上更自主；与朋友一起吃饭的次数比家人还要多。
- 对体重的担忧和情绪问题可能导致不健康的饮食习惯或饮食障碍。

日常生活：17岁、18岁（续）

个人护理和穿衣

- 完全能够照顾自己的生活起居。
- 选择在同伴中"流行"或能表达个性的着装。

睡眠

- 每天晚上大约需要连续 9 小时的睡眠。
- 剧烈运动或前一天晚上熬夜之后可能会打盹儿；打盹儿时间太长会导致晚上入睡时间延后。
- 压力、药物以及抑郁等心理障碍可能会干扰睡眠质量（嗜睡或失眠）。

社会活动

- 学会开车，可以自己开车参加学校活动。
- 奔波于学校、作业和工作之间，但仍然有时间和朋友看电影、参加体育运动或派对、外出约会，或只是和朋友聚餐。
- 拥有更多的异性朋友，其中有一些可能是约会对象；友谊形成的基础是个性和共同爱好，很少考虑其是否受大家欢迎。
- 大多数时间通过社交网络、即时通讯或电话与朋友保持联系。
- 继续发展和体验新的兴趣和活动，比如冲浪、滑雪或打保龄球等；学习新的语种；演奏乐器；探索宗教信仰；练习瑜伽；修理汽车；学习武术。

学习活动：17岁、18岁

供家长和教师参考的发展性应用建议

- 继续讨论危险行为和安全措施；采取角色扮演策略来抵抗负面的同伴压力。
- 在青少年尝试新事物时提供指导意见，比如新开活期存款账户、大学录取申请、购买第一辆汽车或就业等。
- 帮助青少年掌握健康的处理压力和愤怒的方法。
- 鼓励并支持青少年参加志愿活动或社区服务活动的兴趣。
- 鼓励青少年遵循健康的饮食方式，并参加体育锻炼。
- 创造让青少年承担责任的机会，并认可他们的努力。
- 与青少年交流时间管理技巧，并付诸实践（当青少年继续学业或找工作时，这些技巧将使他们受益无穷）。
- 为青少年报急救护理和心肺复苏训练班，并敦促青少年完成训练课程。

发展警报：17岁、18岁

如果孩子在19岁生日之前没有达到下列指标，应与医生或儿童保教专家联系：

- 保持平常的饮食和睡眠习惯；突然或长期的改变可能是物质滥用或心理健康问题的信号。
- 希望或开始从家庭中获得独立。
- 在选择行为中应用道德推理；对自己的行为负责，并从经验中学习。
- 在大多数日常活动中表现出自信和积极的自尊。
- 按时上课。

- 在调节情绪时运用合理的判断。
- 决策前收集信息并进行加工处理。
- 具备功能性读写能力（阅读和写作技能）。
- 与对自己行为有积极影响的人交朋友并保持关系。

安全隐患：17岁、18岁

继续贯彻前几个阶段执行的安全措施。随着儿童持续成长发育，时刻注意新安全问题的出现。

健康与幸福

- 强调保持健康饮食习惯和积极生活方式的重要性。
- 继续同青少年探讨关于怀孕和性传播疾病的风险。
- 识别压力过度的迹象；鼓励青少年谈论令自己感到焦虑的事；聆听时保持耐心，并提供非评判性的支持；强化健康的应对技巧［循序渐进地迎接挑战；看到问题的积极面；保证娱乐和放松的时间（听音乐、散步、与朋友聊天、读书）］。

意外伤害

- 继续强调安全驾驶的重要性；年龄较大的青少年，尤其是男性青少年，发生车祸的几率及其致死率是最高的（Sleet, Ballersteros, & Borse, 2010）（图9-11）。禁止青少年在开车时使用手机或发短信，或在磕药或饮酒后开车。青少年往往认为自

15~19岁男孩和女孩车祸死亡人数，2000—2006年

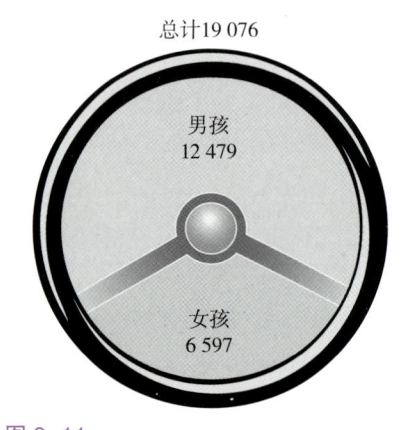

总计19 076

男孩 12 479

女孩 6 597

图9-11

青少年车祸致死率。

资料来源：http://www.cdc.gov/Features/dsTeenDriving/

己所向披靡，无所不能！
- 督促青少年在进行举重、打猎、开沙滩车、慢跑和游泳等娱乐活动时保持谨慎。确保提供合适的装备，有专人负责训练和监督。
- 教青少年识别运动活动中可能导致脑震荡［创伤性脑损伤（traumatic brain injury, TBI）］的风险和警告标志。强调恢复运动之前，必须接受医学护理和检查。
- 如果青少年在打猎或射击练习时使用枪支，确保其已接受恰当的安全培训。

暴力（自杀或杀人）
- 识别抑郁、心境障碍、性虐待和自杀倾向的早期预警信号；青少年的性取向增加了恶性骚扰和欺凌的可能性（Hirsch, Carlson, & Crowl, 2010）。
- 帮助青少年了解自己非常容易受到毒品和酒精的影响；大脑结构和功能的成熟变化可能妨碍理性思维，增强对物质的敏感性，并增加成瘾的可能性（Bava & Tapert, 2010）。
- 了解青少年都有哪些朋友，一般在哪儿活动，在一起时一般做些什么。
- 培养青少年抵抗同伴压力的能力；继续强化青少年的沟通技能、自尊以及与关爱他们的成人间良师益友般的健康关系。

积极的行为指导

行为指导和设定界限依然是成人的重要职责。然而，社会和文化背景极大地影响着人们对这些角色的期望，以及如何扮演这些角色。在西方国家，青少年的自主性得到极大鼓励，有些社会则强调子女对父母的尊敬和顺从，在这种环境中长大的青少年与父母发生冲突的次数更少。虽然青少年经常向成人提出抗议，但他们确实需要，也非常希望得到成人持续的支持、尊重和指导，以做出合理的决策。同时，成人可以逐渐放松对青少年的控制，引导他们自己做出负责任的决策，以促进其对自主性的追求。

13 岁、14 岁孩子：

- 让青少年知道，当他们想找你谈话时，你随时奉陪（以一种非评判性的方式）；鼓励他们与家人或信任的成人讨论心中的疑虑；表明家人应当经常在一起的态度。
- 选择性开战；决定哪些冲突是最需要被解决的。
- 青少年面临大量的新体验，必须学会如何做出负责任的选择。理解他们并不能总是做出正确的决定，但应当积极地承认他们能从这些错误中学习。
- 倾听青少年从自己的立场对事情的讲述；了解他们为什么违反规则。没有必要表示赞同，但是应当尊重他们的观点，建立良好的关系，帮助他们理解规则的必要性。
- 对不能接受的行为制定规则、责任和后果，并让青少年参与制定过程。而且要一以贯之，坚定执行，以树立其权威性。

15 岁、16 岁孩子：

- 努力去认识孩子的朋友，并了解他们共同的价值观；参加他们的学校活动；邀请他们一起闲逛。朋友可以是青少年积极社会情感支持的来源，也可能是负面同伴压力的基础。
- 永远不要打孩子、羞辱孩子或用讽刺性的名字叫他们。生气时反应过度、处罚孩子或使用体罚，会给孩子树立坏的榜样，让他们学会用消极的方式解决问题。
- 通过谈判减少频繁发生的分歧，帮助青少年理解规则的合理性；引导孩子明确有争议的行为，找出合理的解决方案，达成共识，实施、巩固并监控方案的执行情况。
- 运用逻辑后果策略：如果没有做完作业却花很长时间与朋友电话聊天，就将手机收回；如果回家时间超过最晚期限半小时，就将今后回家的最晚期限提前半小时。

- 认可并强化负责任的行为；青少年希望成人能够注意到自己的成绩，并为之感到自豪。
- 以直接、坚定和始终如一的方式指出伤害性或危险性的行为。让青少年认识到，糟糕的选择表明他们还不能做出成熟的决策。

17岁、18岁孩子：
- 继续提供安全、有组织的环境；坚持并强化合理的界限。
- 即使青少年偶尔出现判断失误，也要向他们表达信任与尊重的态度。鼓励他们讨论错误，并从中吸取教训。
- 让青少年更多地承担处理自己事务的责任（存钱、洗衣服、排日程、付账单、买衣服等），并肯定他们的努力。
- 让青少年知道你愿意和他们交谈；当遇到新的、挑战性的事情时，他们仍然需要成人的支持和安慰。

小 结

把孩子的青少年期旅程比喻成一项长期改造工程，这可能是最恰当的理解和概括。进入青少年期时，12岁青少年已经具备了相对坚实的基础，掌握了各个领域基本的发展技能。青春期和大脑发育带来的变化需要在一段时期内进行重大的重新组织和调整。13岁青少年面临很多新机会和新体验，有时可能令他们激动不已，沉浸其中。14岁时，青少年已经能够更加轻松地适应这些生理和情境变化，开始重新拾回前一年失去的部分自信。随着认知能力日益复杂，他们已经具备了抽象思维的能力，对外貌、友谊、学业和决策的担忧逐渐减少。随着他们渴望获得自主性，15岁青少年会再次经历一段自我怀疑和自我求证的时期。他们会自我反省，向朋友寻求情感支持，易冲动，能够进行演绎思维，迷恋科学技术。16岁青少年的情绪更加稳定，拥有全新的自信、自我同一性和自主性，对建立亲密关系开始感兴趣。在青少年期后期，青少年更自立，对自己的性认同感到满意，以开放的心态对待成人的建议，能够进行复杂的学习，对未来的思考也更加理性和冷静。

关键术语

神经连接　　　　　　　　演绎推理

形式运算思维　　　　　　科学推理

自我中心　　　　　　　　分析思维

假想观众　　　　　　　　比喻性语言

知识运用

A. 运用学到的知识

再次阅读本章开篇对莫里纳和埃米莉亚的发育简介，并回答下列问题：

1. 哪些社会性－情绪行为是大多数 13 岁、14 岁青少年的典型特征？
2. 对 13 岁和 16 岁青少年来说，友谊及其重要性的本质有哪些不同？就其年龄来说，你认为莫里纳和埃米莉亚与朋友的关系是否典型？
3. 哪些因素可能导致两个女孩个性的差异？
4. 莫里纳和埃米莉亚的父母应当与她们讨论哪些适合年龄的问题，以保护她们的安全和幸福？

B. 回顾下列问题

1. 13 岁、14 岁青少年可能经历哪些生理变化？
2. 形式运算思维会给青少年带来哪些认知优势？
3. 描述同伴关系的本质及其在 15 岁、16 岁青少年日常生活中发挥的作用。
4. 如果一位家长向你询问，为什么曾经乖巧的孩子进入青少年期后却表现得容易冲动，常常做出错误的选择？你该如何回答？
5. 为什么青少年喜欢熬夜到很晚？如果缺乏睡眠会导致哪些后果？
6. 从发展的角度解释，为什么青少年在使用即时通讯和社交网络上花那么多时间。
7. 什么是自我中心？青少年的哪些行为能够阐明这一概念？

推荐网站

中小学技术服务中心（文化、语言和能力差异）：

http://www.emstac.org/resources/clad_resources.htm

美国国家文化能力中心：http://nccc.georgetown.edu

与孩子交谈（关于性、暴力、毒品和艾滋病等）：http://www.talkwithkids.org

连线安全（互联网）：http://www.wiredsafety.org

参考文献

Bava, S. & Tapert, S. (2010). Adolescent brain development and the risk for alcohol and other drug problems, *Neuropsychology Review, 20*(4), 393−413.

Beebe, D., Rose, D., & Amin, R. (2010). Attention, learning, and arousal of experimentally sleep-restricted adolescents in a simulated classroom, *Journal of Adolescent Health, 47*(5), 523−525.

Best, J., & Miller, P. (2010). A developmental perspective on executive function, *Child Development 81*(6), 1641−1660.

Blakemore, S. (2010). The developing social brain: Implications for education, *Neuron, 65*(6), 744−747.

Brendgen, M., Lamarche, V., Wanner, B., & Vitaro, F. (2010). Links between friendship relations and early adolescents' trajectories of depressed mood, *Developmental Psychology, 46*(2), 491−501.

Cain, N., & Gradisar, M. (2010). Electronic media use and sleep in school-aged children and adolescents: A review, *Sleep Medicine, 11*(8), 735−742.

Giguère, B., Lalonde, R., & Lou, E. (2010). Living at the crossroads of cultural worlds: The experience of normative conflicts by second generation immigrant youth, *Social & Personality Psychology Compass, 4*(1), 14−29.

Haworth, C., Dale, P., & Plomin, R. (2010). Sex differences in school science performance from middle childhood to early adolescence, *International Journal of Educational Research, 49*(2-3), 92−101.

Heatherton, T., (2011). Neuroscience of self and self-regulation, *Annual Review of Psychology, 62*, 363−390.

Hirsch, A., Carlson, J., & Crowl, A. (2010). Promoting positive developmental outcomes in sexual minority youth through best practices in clinic-school consultation, *Journal of Child & Adolescent Psychiatric Nursing, 23*(1), 17–22.

Jackson, L., von Eye, A., Fitzgerald, H., Zhao, Y., & Witt, E. (2010) Self-concept, self-esteem, gender, race and information technology use, *Computers in Human Behavior, 26*(3), 323–328.

LaFontana, K., & Cillessen, A. (2010). Developmental changes in the priority of perceived status in childhood and adolescence, *Social Development, 19*(1), 130–147.

Leijenhorst, L., Moor, B., Op de Macks, Z., Rombouts, S., Westenberg, M., & Crone, E. (2010). Adolescent risky decision-making: Neurocognitive development of reward and control regions, *NeuroImage, 51*(1), 345–355.

Livingstone, S., & Brake, D. (2010). On the rapid rise of social networking sites: New findings and policy implications, *Children & Society, 24*(1), 75–83.

McCallum, C., & McLaren, S. (2011). Sense of belonging and depressive symptoms among GLB adolescents, *Journal of Homosexuality, 58*(1), 83–96.

Oh, J., & Fuligni, A. (2010). The role of heritage language development in the ethnic identity and family relationships of adolescents from immigrant backgrounds, *Social Development, 19*(1), 202–220.

Ojanen, T., Sijtsema, J., Hawley, P., & Little, T. (2010). Intrinsic and extrinsic motivation in early adolescents' friendship development: Friendship selection, influence, and prospective friendship quality, *Journal of Adolescence, 33*(6), 837–851.

Owens, J., Belon, K., & Moss, P. (2010). Impact of delaying school start time on adolescent sleep, mood, and behavior, *Archives of Pediatrics & Adolescent Medicine, 164*(7), 608–614.

Patchin, J., & Hinduja, S. (2010). Changes in adolescent online social networking behaviors from 2006 to 2009, *Computers in Human Behavior, 26*(6), 1818–1821.

Pieters, S., Van Der Vorst, H., Burk, W., Wiers, R., & Engels, R. (2010). Puberty-dependent sleep regulation and alcohol use in early adolescents, *Alcoholism: Clinical & Experimental Research, 34*(9), 1512–1518.

Rodgers, R., Paxton, S., & Chabrol, H. (2010). Depression as a moderator of sociocultural influences on eating disorder symptoms in adolescent females and males, *Journal of Youth & Adolescence, 39*(4), 393–402.

Root, A., & Denham, S. (2010). The role of gender in the socialization of emotion: Key concepts and critical issues, *New Directions for Child & Adolescent Development, 2010*(128), 1–9.

Ryan, C., Russell, S., Huebner, D., Diaz, R., & Sanchez, J. (2010). Family acceptance in adolescence and the health of LGBT young adults, *Journal of Child & Adolescent Psychiatric Nursing, 23*(4), 205–213.

Salvy, S., Elmo, A., Nitecki, L., Kluczynski, M., & Roemmich, J. (2011). Influence of parents and friends on children's and adolescents' food intake and food selection, *American Journal of Clinical Nutrition*, 93(1), 87−92.

Seiffge-Krenke, I., Bosma, H., Chau, C., Cok, F., Gillespie, C., Loncaric, D., Molinar, R., Cunha, M., Veisson, M., & Rohail, I. (2010). All they need is love? Placing romantic stress in the context of other stressors: A 17-nation study, *International Journal of Behavioral Development*, 34(2), 106−112.

Sleet, D., Ballesteros, M., & Borse, N. (2010). A review of unintentional injuries in adolescents, *Annual Review of Public Health*, 31, 195−212.

Smiga, S., & Elliott, G. (2011), Psychopharmacology of depression in children and adolescents, *Pediatric Clinics of North America*, 58(1), 155−171.

Sturman, D. & Moghaddam, B. (2011). Reduced neuronal inhibition and coordination of adolescent prefrontal cortex during motivated behavior, *Journal of Neuroscience*, 31(4), 1471−1478.

第10章

何时何地寻求帮助

学习目标

通过本章学习,掌握下列知识点:

- 讨论5个以上为保护特殊儿童及其家庭而通过的立法。
- 描述在确定某个儿童发育是否正常时,可能导致诊断过程复杂化的几种因素。
- 论证下述观点:观察和记录儿童的行为是确定其是否存在发育问题的首要步骤。
- 讨论发展团队在评估和干预过程中的作用。

NAEYC 标准章节链接:

1a 和 1b:促进儿童发展与学习

2a 和 2b:建立家庭和社区联系

3a,3b,3c 和 3d:观察、记录和评估,为幼儿及其家庭提供支持

4a:运用有效的发展性方法

6b 和 6e:成为专业人士

认识巴德拉及其家人

巴德拉的父母最近搬到了一个新社区,她的父亲在当地一所大学开始攻读研究生学位。她的父母最关心的是为4岁的巴德拉找到一所合适的儿童保育机构。巴德拉会说两种语言,但英语水平有限。一位邻居向他们推荐了大学校园里的开端计划。非常幸运的是,开端计划的负责人告诉巴德拉的父母,他们的机构几天前刚刚空出一个名额,可以提供给巴德拉。

老师们的支持和关注帮助巴德拉轻松地度过了适应阶段。他们很快便发现,巴德拉能够理解的英语词汇超过她会说的。然而,在随后几周甚至几个月的时

间里，老师们对巴德拉的整体发展状况担忧起来。巴德拉似乎不能学会新的词汇，别人跟她说话时，她经常表现出困惑的神情，经常无法对老师的指令做出正确的回应。尽管老师们不断鼓励，但巴德拉很少与其他孩子交流，而是站在一旁静静地观察。还令老师们感到担忧的是，她参与每种活动的时间都不会超过两三分钟。但是也有例外：巴德拉喜欢画画，她会一直待在画架前，直到老师温柔地提醒她参加下一项活动。

当问及巴德拉的健康史时，她母亲只是含糊地提到耳痛和"耳朵流脓"，"发热"和"抽搐"。巴德拉的母亲刚满21岁，身体消瘦，脸色苍白，正怀着他们的第二个孩子。她在学校餐厅上班，由于丈夫需要完成学业，所以她是家里唯一的经济来源。

巴德拉的母亲对女儿表达了温暖和关心，但显然没有理解为自己和家人寻求医疗帮助的重要性。开端计划的老师建议巴德拉的父母带她去医院进行评估并测试听力。但是巴德拉的父母既没有家庭医生，也没有医疗保险来付医药费。他们似乎也不愿意接受巴德拉存在问题的事实，而是认为"她只有4岁，长大后这些问题会慢慢消失的"。

问 题

1. 哪些观察让老师对巴德拉的发展进程产生担忧？
2. 巴德拉所处的环境在哪些方面影响了她的高风险行为？

我的孩子还好吗？这是大多数父母在孩子成长过程中曾经问过的问题（图10-1）（Restall & Borton, 2010）。在遇到与周围其他孩子看起来似乎"不同"的儿童时，许多照料者和教师也会提出类似的问题。这类问题是一种积极的迹象，因为它代表了成人的警惕和关心。正如本书第1章和第2章中所强调的，儿童的发展存在很大的个体差异。许多因素会影响儿童发展过程的速度和品质，比如遗传、文化、家庭结构和价值观、营养、健康和

图 10–1
家长经常想弄明白自己的孩子发展是否"正常"。

贫穷等。各个方面发展进程完全符合标准的儿童非常罕见。有些儿童尽管在某一两方面发展不符合常规,但并没有表现出长期的消极后果。而有些儿童表现出的异常虽然不明显,却可能存在极大的发展风险。在这两种情况下,带儿童去咨询保健专家或儿童发展专家是非常重要的,儿童或许需要专业的评估和干预。

公共政策和社会态度

为儿童提供支持,使其发展达到最优化,这已经成为社会和立法关注的焦点问题之一。其最初源动力主要来自 20 世纪 60 年代,属于反贫困运动（也常被称为"向贫困宣战"）的一部分。婴幼儿的发展障碍可以通过早期干预得到有效改善，许多开创性研究为该观点提供了决定性的证据。因此，几种主要策略自此演变而来。其中一种策略基于对非典型发展的预防，提升产前保健和母体营养水平；另一种策略是对有发育问题或者高发育风险的儿童进行早期鉴别。运用家庭系统方法，两种策略都能显著降低儿童障碍的发生率及其长期影响（Ceballos & Bratton, 2010; Shulman et al., 2010）。

支持儿童获得最优发展的立法

早在 20 世纪 60 年代中期，美国就已经通过了若干项法律，以保证相关计划的有效执行，这些计划的主要内容是保障儿童及其家庭的健康，减少儿童的发育风险。

- **公法 88–452《开端计划》（1965 年）** 作为反贫困运动的一部分，该项法案确立了开端计划及配套服务，包括发育筛查、医疗和牙科护理、营养支持、家长培训以及对家庭收入符合条件的 3~5 岁儿童进行早期教育。1972 年和 1974 年的修正案则要求，开端计划也应该为残疾儿童提供支持。1994 年通过再授权法案确立了《早期开端计划》，将低收入家庭的婴幼儿纳入其中。

- **公法 101–239《早期及定期筛查、诊断和治疗法案》**（Early and Periodic Screening, Diagnosis, and Treatment Act, EPSDT）（1967 年） 该项美国国家计划纳入美国医疗补助系统，并持续为家庭收入符合条件的高风险儿童提供健康和发育（诊断和治疗）方面的服务。

- **公法 94–105《妇女、婴儿及儿童营养补充计划》**（Supplemental Nutrition Program for Women, Infants, and Children, WIC）（1975 年） 该项法案制定了一项计划，旨在改善孕妇在怀孕期间的健康状况，促

进足月胎儿发育，增加新生儿出生体重。国家向低收入的孕妇、哺乳期妇女及未满 5 岁的孩子提供医疗监护、食品抵用券和营养学教育，以保证孩子有一个健康良好的开端。

对于存在发展差异的儿童，美国也针对其需求制定了专门的法律，包括：

- 公法 89–10《中小学教育法案》（Elementary and Secondary Education Act, ESEA）（1965 年） 该项法案对美国的公立学校（幼儿园—12 年级）建立了全国性的标准，并划拨了专项资金。学区内低收入家庭比例较高的学校和地区（幼儿园至高中）可以获得额外的财政和物资支持；这些计划被统称为"第一计划（Title I programs）"。

- 公法 90–538《残疾儿童早期教育和援助法案》（The Handicapped Children's Early Education and Assistance Act, HCEEAA）（1968 年） 针对残疾儿童的学前教育应当有特殊的教学模式，该项法案为建立专业教学模式提供了专项资金支持。

- 公法 94–142（1975 年） 最初被称为《全美残疾儿童教育法案》（Education for All Handicapped Children Act, EHA），该项法律是目前大家所熟知的《残疾人教育法案》（Individuals with Disabilities Education Act, IDEA）的 B 部分。它要求美国各州政府为所有 3~5 岁存在发育问题或发育高风险的群体提供全面的评估、"免费和合适"的教育以及相应的干预服务。1990 年和 1997 年通过的修正案重新授权了该项法案，将其改名为《残疾人教育法案》（公法 101-476）。

- 公法 99–457《残疾人教育法修正案》（1986 年） 由于最初的倡议（公法 94–142）取得了巨大成功，美国对该项法案进行了修正，通过实施个性化家庭服务计划（Individualized Family Service Plan, IFSP），将早期干预的服务对象扩大至所有婴幼儿及其家庭。该法案（现在是大家所熟知的 IDEA 的 C 部分）并没有强制要求政府必须执行，也没有提供全额资金支持，因此并非所有社区都提供该项服务。该法案的其他特色在于：强调综合评估，指定服务协调员，以家庭为焦点，并建立了一套服务协调系统。

- **公法 101–336《美国残疾人法》**（Americans with Disabilities Act, ADA）**（1990 年）** 该项全国性民权法律旨在保护残疾人不受歧视。它的目的是消除全社会残疾人在教育、就业和公共服务等各方面面临的障碍。关于儿童及其家庭的条款非常明确：儿童保育项目需要调整原来的设施和计划，以便将残疾儿童纳入其中。

- **公法 108–446《2004 年度残疾人教育改善法案》（2004 年）** 通过对最初法案（公法 94–142）的再授权，增加了对儿童教学效果的问责机制，改进了鉴别方法，提高了家庭的参与程度，并减少了学生的课业负担。对于残疾儿童应当采取哪些合适的纪律，法案也制定了相应的指导原则。

- **公法 107–110《不让一个孩子掉队法案》**（No Child Left Behind Act, NCLB）**（2002 年）** 该项法案是对《中小学教育法案》（ESEA）的再授权，其初衷是为了解决美国存在的一些教育不公平和学生成绩差的问题。该项法案的目标是通过教学效果问责制，改善所有儿童接受的教育质量，并提高他们的学业成绩。美国的教育管理部门现在正准备对 ESEA 法案（包含 NCLB 法案）进行再授权，并考虑进行教育改革，以改进问责制度，增加教育工作者的收入，同时给予高风险儿童更直接的关注。

早期鉴别与干预计划

立法和公共政策的改变建立了多种渠道，可将疑似存在发育问题的儿童纳入合适的评估和早期干预计划。

图 10-2
今天，人们对某些疾病和综合征导致的发育迟缓有了更深入的了解。

处于医疗风险中的婴儿和儿童

评价婴幼儿是否存在发育和行为问题，已经受到越来越多的家庭医生和儿科医生的重视（King et al., 2010）（图 10-2）。目前，很多儿科临床实践要求家长每次就诊时先要完成一项发育筛查测验，比如简明丹佛发育筛查测验、家长发育问卷修订版、年龄和发展阶段问卷等，从而可以更密切地监控儿童的发育状况（Thompson et al., 2010; Schonwald et al., 2009）。医生也能更加及时地注意到婴儿的神经发育是否存在偏差，发现潜在的不规律发育，并推荐家长去咨询基因、神经学和儿童发展方面的专家做进一步的评估。这一趋势使得人们能够更早地探测与发育迟缓密切相关的高风险状况。

其他存在发育高医疗风险的群体还包括从早产儿病室和新生儿重症监护室出院的婴儿。目前，美国很多城市的社区都拥有为这些高风险群体设置的随访诊所。对早产儿进行持续监测能够及早发现发育不规律或发育迟缓问题。当孩子疑似存在发育问题时，应当转诊到早期儿童筛查和干预机构，以保证孩子可以得到必要的服务。

较年长儿童的发育随时可能受到各种疾病的影响，比如糖尿病、听力缺损、传染病或关节炎等。在这些情况下，日常观察变得尤为重要，只有这样，儿童的行为或在课堂表现中的任何变化才能够立刻被注意到，从而可以更早地进行干预，减少疾病可能给儿童的学习和发育所带来的负面影响。

社区筛查

从早期鉴别和干预中获益的大多数低龄儿童并不一定来自高医学风险群体，而可能是通过各种社区筛查服务发现的孩子。

筛查项目的设计目的，旨在鉴定儿童是否存在或有潜在的发育问题。筛查重点在于评估儿童的听力和视力、整体健康状况、言语和语言、运动能力和整体发展进程。大多数筛查测试操作简单，可以针对大量儿童现场完成。有些程序则可以依托当地的公共卫生机构、开端计划项目、社区学院和大学、诊所、公立学校和早教项目等进行。老师和志愿者也可以接受培训，完成某些筛查项目，比如测量儿童的身高、体重和视力等。如果要进行听力、言语和语言以及发展进程等其他方面的评估，则需要接受进一步的培训。对发展障碍进行早期筛查和检测，可以让儿童在学龄前接受干预服务。对于某些发展障碍，如果不能及时进行必要的治疗和教育，其恢复或改善的成功率可能会降低。

儿童寻找（Child Find）项目是美国一项全国性的筛查系统，由 IDEA

法案授权各州政府执行（Pizur-Bamekow et al., 2010; Bateman, 2009）。该项目有两个目的：一是提高公众对发展障碍的意识，找到存在发育问题但未确诊的婴幼儿或有较高风险的婴幼儿；二是帮助家庭寻找合适的项目及服务，进行必要的诊断筛查和干预。IDEA 法案要求各州政府建立儿童寻找系统，制定鉴别标准和服务指南。

是否存在问题？

判断儿童出现的发育迟缓或发育不规律是否严重并非总是易事。症状可能非常模糊，难以被人们发现，所以明确地辨别儿童是否一定存在问题通常是非常困难的。而鉴别可能性——是否存在问题——则是更复杂的过程。

在判断儿童是否确实存在发育迟缓或偏差时，许多因素会扰乱判断过程。比如：

- 在某些方面表现出发育问题的儿童，常常在其他方面表现正常；这类儿童表现出令人困惑的发育图谱。（参考附录 A 发展量表。）
- 在各个发展方面，儿童的表现存在巨大的个体差异。成熟速度参差不齐，成长环境持续变化。成熟和环境相互作用，对发育的各个方面产生巨大影响。
- 家庭的信仰、价值观和文化背景对儿童的抚养实践有着直接的影响（Trawick-Smith, 2009）。发展里程碑并不普遍适用；不同的文化背景、不同的家庭环境，儿童给人们的印象千差万别。因此，当收集和解释某个儿童的发育信息时，必须考虑其所在家庭和社区生活方式的多样性（图10-3）。
- 发育迟缓或发育问题并不一定立即显现。很多儿童会学习弥补缺陷。

图 10-3
家庭和社区价值观和信仰的多样性以及文化差异是必须考虑的因素，并且应当给予足够的尊重。

比如，有轻度或中度听力缺陷的儿童在老师讲故事时，可能寻找离老师近的位置就坐，以便能听清楚。阅读有困难的儿童可能会采取其他认知策略来克服缺陷。有时只有将孩子置于结构化或苛刻的环境中，这些缺陷才会表现出来（比如，在一年级的阅读课上）（Allen & Cowdery, 2012）。

- 间歇性的健康问题可能会影响儿童的表现。比如，有的儿童可能患有严重的**中耳炎**（otitis media），并反复发作，但在发作的间隙，可能完全没有症状表现。当儿童没有感染时进行听力测试，可能检查不出听力损失，而在其急性感染发作时，可能听力完全丧失。听力损失的间隔周期有时会持续一周甚至更长时间，可能导致有些儿童语言和认知发育迟缓，并出现严重的问题行为（Stevenson et al., 2010）。在听力损失期间，儿童对单词和字母声音的感知扭曲，久而久之会导致发音错误。儿童也可能在不知情的情况下，做出错误的行为，或者忽视要求和指令，而这仅仅是因为他们无法听到。不幸的是，这些行为常常被错误地理解为孩子有问题，而不是将其看作妨碍儿童学习能力的健康问题的迹象。

何时寻求帮助

在什么时候，对孩子的异常感觉或直觉应当成为采取行动的警示？答案非常明确：无论何时，只要家长或教师对孩子的发育或行为感到担心，都应当立即采取行动！在任何情况下，只要有此类担忧，都需要与儿科医生、医疗服务人员或儿童发展专家进行交流。

只要发育不规律的问题干扰到了儿童的日常活动，对这些问题的担心也需要立即进行调查。某种棘手行为重复或频繁出现，常常是寻求专业帮助的可靠迹象。然而，儿童偶尔出现问题行为，也不必过分担忧。我们要关注的是儿童持续不愿意尝试新技能或无法完全掌握一种基本的发展技能。比如，10 个月大的婴儿尝试自己坐着，但仍然必须依赖两只手作为支撑，这就可能存在问题。另一方面，很多发展差异常常非常显著——如果 10 个月大的婴儿无法在缺乏支撑的情况下坐着，不会笑，不会对他人做出咿咿呀呀的回应，则很可能存在发育风险。

当家长拒绝表达担忧或承认问题存在时，老师或照料者应当怎么办呢？尽管十分困难，但是与家长谈话，讨论所有的担忧，是教师必须尽到的责任。在这种情况下，教师必须尽一切努力做到直截了当且客观，而且只能报告观察到的现象以及儿童在该发展阶段应达到的期望水平。此外，教师还必须避免对儿童的行为做出诊断或贴标签。比如，一名教师可以说"丹尼什总是回避眼神交流，常常对问题做出不恰当的反应"；但是不可以说"丹尼什有可能患有自闭症"。教师应当与家长紧密合作，帮助他们理解和接受孩子应当进行进一步评估的需求。无论任何情况，教师和学校都不应当绕过家长，未经家长允许就转诊学生。然而，教师可以提供支持和表达意愿，协助家长做出必要的安排。

信息收集

在评价发展的过程中，必须引入多层次的信息收集方法：观察和记录、筛查、诊断性评估。诊断性评估包括深入测验和对结果进行临床解释。应当邀请不同科室的临床医生参与诊断，对儿童问题的具体性质提供详细信息，这是他们的职责。比如，一个语言能力发展迟缓的 4 岁儿童，可能最初由家长通过观察发现，然后在常规筛查程序中得到注意，接下来，临床医生进行的诊断测验则可以准确描述几种其他状况：中等程度的**双耳**（bilateral）听力损失，多数字母发音不准，语汇表达只达到 3 岁儿童水平。这些临床发现可以转化为具体的教育策略和干预程序，最终提高儿童的整体发展水平。

观察和记录

评价过程常常始于系统观察（参见本书第 1 章）。观察和记录儿童的各类行为，能够使评估者——家长、教师或临床医生——将注意力集中到实际发生的事情上来。也就是说，观察为特定时间段内儿童能做什么、不能做什么提供了客观信息。

有效的评价也建立在多维度观察的基础上。观察应当持续一段时间，并在儿童所熟悉的多种自然情境下进行。直接观察常常能够确定或排除对儿童某种能力的判断或怀疑（Keilty, LaRocca, & Casell, 2009）。比如，在测试情境下，某个儿童可能没有按照要求数到 5。但是，当他自己玩积木时，可能会自发并正确地数 7 或 8 个物体。被怀疑患有注意缺陷多动障碍（attention deficit/hyperactivity disorder, ADHD）的儿童，在参与更有趣、富有挑战性的活动时，可能被观察到能够在 5~10 分钟内安静地坐着，从而排除了多动症的担忧。注意：多动症这一术语被严重过度使用和误用。除非

图 10–4
家人可以为评估过程提供更深入、更有意义的信息。

得到多学科专家组的确切诊断，否则不应当给儿童贴上多动症的标签。观察某个儿童游戏（独自游戏或与其他儿童一起）对于评估尤其有启发作用。再次强调，如果没有在儿童熟悉的环境下进行直接、客观的观察，任何评估都是无效的。

家庭观察是评估过程中尤为重要的组成部分（图 10-4）。家庭成员常常能够提供其他渠道无法获得的信息。通过家庭观察，人们也能够深入地了解这个家庭对儿童独特的态度、看法和期望。将家庭成员作为评估观察的一分子，也能够减少他们的焦虑情绪。此外，直接观察常常能够发现儿童未被发现的优势和能力。当家庭成员有机会看到自己的孩子参与合适的活动时，可以鼓励他们更多地关注孩子的优势和能力，而不是他们的缺陷。

筛查测验

在收集有关儿童发展问题的基本信息以及确定是否需要进行更全面的

评估时，筛查测验非常有用。筛查测验被用于评估儿童目前在精细运动和大运动、认知、言语和语言发展、个性和社会性回应等方面的水平以及是否存在潜在的发育迟缓。

如果在最初的筛查中发现问题或疑似问题，则需要儿童发展专家进行深入的临床评估，才能得出最终的诊断结果。注意：筛查测验得到的结果既不是结论性的也不是诊断性的。它们不能预测儿童未来的能力或潜在的成就，也不应当作为下一步干预计划的基础。

在选择或解释某个筛查工具时，应当首先明确下面几个问题：

- 是否适合儿童的年龄？
- 是否消除了与儿童的经济状况、地理位置或文化背景相关的偏见（Erkut, 2010）？
- 是否可以使用儿童的母语施测（Bornman et al., 2010）？如果不能，是否有专业的翻译员给儿童及家长提供协助？
- 在鉴别儿童应当接受进一步测验还是暂时不需要额外的评价时，其结果是否可靠？

本书附录 B 中提供了一些广泛使用的筛查测验和评估工具的样例。其中包括家庭和学校的生态环境评价的例子；在解释测验结果和制定预防和干预计划时，收集和运用儿童日常环境的信息是非常必要的。

解释筛查结果

以社区为基础的筛查项目得到了广泛应用，为早期发现幼儿潜在的发育问题做出了贡献。然而，筛查结果常常需要进一步讨论。在某些情况下，筛查程序本身可能会对结果产生消极影响。儿童注意力的持续时间往往非常短，尤其是年龄较小的儿童。同时，儿童的注意力在不同时间、不同任务中也有所差异。疾病、疲劳、焦虑、饥饿、不愿合作、不耐烦或分心等，

图 10-5
除非某种障碍被证明确实存在，否则乱贴标签是不恰当的。

也会导致结果不可靠。当儿童不习惯接受测验，或者与施测人员不熟悉时，可能表现很差。当在熟悉的环境中接受评价时，儿童可能会更加配合，并有更真实的表现。因此，对待筛查评估的结果，必须小心谨慎。下列几点是对家长和老师的提醒。

- 避免基于有限信息或单一测验结果得出结论。测验结果可能无法准确地代表儿童的实际发展水平或潜力。只有重复、定期的观察才能够全面刻画儿童的发展能力（Salvia, Ysseldyke, & Bolt, 2010）。
- 不要低估家庭和家人对孩子表现的影响（Pang, 2010）。新的筛查程序为促进家长的参与做了更多努力，也更重视评价家人的关注、优先级和资源。此外，人们也越来越重视将筛查放在日常情形以及儿童熟悉的自然情境中进行，这样儿童会感到更加安全和放松。

- 切忌给儿童贴上学习障碍、智力迟钝、言语障碍或行为障碍的标签，这是非常危险的，尤其是基于单个测验结果时。除非已经得到恰当的测验证实，否则，乱贴标签会对儿童自身和成人对儿童的反应方式的期望造成负面影响（图10-5）。

- 质疑测验分数。测验结果很容易被误解。某项测验结果可能表明儿童存在发育迟缓，而实际上并非如此，这样的结论被称为假阳性。当然也可能出现相反的结论。某个儿童可能有发展问题，但在筛查过程中并没有表现出来，从而可能被错误地认为是正常的，这被称为假阴性。第一种情形会带来不必要的焦虑和失望，还可能改变家长对孩子的回应方式，后一种情形则可能会让家庭停止进一步寻求帮助，导致孩子的问题更加恶化。这两种情形都可以通过谨慎解释测验分数来避免。

- 理解筛查测验的结果不能构成诊断。在作出诊断或确诊之前，必须收集其他信息，并进行深入的临床测验（Roberts, Anderson, & Doyle, 2010）。即使这样，也可能出现错误。误诊的原因有很多，比如，儿童的成长前后不一致或出现急剧变化，又或者是离婚、搬家等环境因素的改变。

- 不要把儿童在筛查测验中未通过的项目作为课程或者教授技能；在某一近似年龄，儿童在某个发展领域应该掌握广泛的技能，测验项目仅仅是其中一个独立的例子。比如，某个儿童不能单脚站立5秒钟，而训练其单脚站立，即便达到了规定时间，也不能克服其本身存在的发展问题。筛查测验项目并不是构建课程活动的恰当基础。

- 必须承认，测验结果不能预测儿童未来的发展状况，与后续测验也不存在必然的关联。当筛查测验表明存在潜在问题或发育迟缓时，都需要继续观察、评估和深入的临床诊断。

智力测验：是否适合低龄儿童？

韦氏儿童智力量表（Wechsler Intelligence Scale for Children, WISC）、斯坦福-比奈智力量表等智力测验的设计目的并非用作筛查工具（Mindes, 2010）。大多数发展专家认为，无论出于何种目的，它们都不适用于低龄儿童。早期智力测验并不能预测儿童未来的智力水平，甚至无法准确反映当前的智力表现。智力测验也不能预测儿童后来的学业成绩。智力测验没有考虑儿童获得的学习机会、学习的质量以及主流文化对特定年龄段儿童应当掌握知识的期望。贫困家庭或非英语家庭中长大的儿童常常无法获得平等的机会来获取测验所要求掌握的特定信息。比如，研究表明，母亲的受教育程度是预测儿童学业成绩的重要指标，尤其是在多元民族家庭和低收入家庭中（Hanson et al., 2011）。因此，将智力测验成绩作为儿童认知或智力发展水平的唯一决定因素，这种观念必然会受到挑战。

成就测验

自从《不让一个孩子掉队法案》通过以来，正式的**成就测验**（achievement tests）在中小学已经得到广泛应用（图 10-6）。这些测验旨在测试儿童对特定学科的掌握程度（Wiliam, 2010）。根据测验结果，基于对同年级所有学生的比较，每个学生被划分到一个百分等级中。比如，数学成绩处于 50 百分位的学生，与同年级的 50% 的学生水平相当。测验结果越来越多地被用于决定孩子的安置、评估教师的表现以及评价学校的总体教学成效（Mumane & Papay, 2010）。再次强调，测验成绩只有得到对儿童的观察以及收集到的样本的支持，才具有有效意义。

图 10-6
成就测验有助于评估学生的学习。

诊断和转诊

从直接观察和儿童作品集等真实性评估中得到的信息，结合筛查测验结果，为解决下一阶段的问题提供了基础：是否需要进行全面的诊断过程？并非所有儿童都需要深入的临床评估，但是如果儿童及其家人希望接受最恰当的干预服务，临床评估还是必要的。家庭可以寻求所在社区早期儿童干预计划（儿童寻找项目）的帮助，B 部分针对学前儿童提供评价和服务，C 部分则针对婴幼儿提供评价和服务。对于学龄儿童，可以通过当地的学校系统得到相关的评价评估服务。为实现有效、有意义的诊断和转诊，组建包括临床医生、儿童发展专家和儿童家长参与的跨学科发展团队是非常必要的。

发展团队

美国联邦法律（公法 105-17，IDEA）要求，对儿童进行评估干预时，家长要参与所有环节。家长应当成为儿童**发展团队**（developmental team）的重要成员，与教育工作者和多学科专家共同合作。以家庭为中心的方法提高了信息分享的效率，使家长能够学会专家提供的治疗建议，并在家里执行实施（Swanson, Raab, & Dunst, 2011; Trivette, Dunst, & Hamby, 2010）。为了使家长对儿童的干预计划保持兴趣，并能持续参与，发展团队应该做到以下几点：

- 及时告知家长相关信息。
- 解释治疗过程的基本原理。
- 运用家长能够理解的术语，花时间解释家长不太熟悉的术语。
- 强调儿童取得的进步。
- 教家庭成员在家中对孩子进行治疗的方法。
- 向家长提供积极的反馈，支持他们为保护儿童利益所做的持续努力。

最佳实践证明，为了有效治疗儿童的发展障碍，需要汇集多学科的知识和专家，换句话说，也就是采用团队的方法。比如，一个多学科发展团队，能够对儿童某方面的发育迟缓如何影响其他方面的发展提供最准确的判断，当然也包括某方面的发展进步如何支持其他方面的发展。某个有听力损失的 2 岁儿童，可能在语言、认知及社会情绪等方面也存在潜在的发展迟缓。因此，针对该儿童采取的合适的干预策略，应当包括听力学家、言语和语言治疗师、幼儿教师和护士，如果可能的话，还应当加入社会工作者。一种团队方法要促进儿童的全面发展，专家、服务人员和家长之间进行有效的交流和合作是必不可缺的。美国家庭若能加入美国实施的个性化家庭服务计划（Individual Family Service Plan, IFSP，针对婴幼儿）和个性化教育计划（Individualized Educational Plan, IEP，针对学前和学龄儿童），则会使这个过程变得更加容易。

家庭服务协调员

很多家庭疲于奔波于各个部门和处理繁文缛节的过程。因此,如果缺乏帮助,一般家庭常常没有能力完成必要的筹备程序。对于成功的干预来说,这个支持性角色发挥着非常关键的作用,因而**家庭服务协调员**(Family Service Coordinator)的职位设置被写入了美国联邦立法(公法99-457,C部分),以帮助一般家庭处理婴幼儿的发展问题。家庭服务协调员与家庭紧密合作,将儿童及其家庭的需要与合适的社区服务和教育项目进行匹配。协调员还负责协助家庭与相关部门建立初步联系,并提供持续的支持。

转 介

转介过程涉及多个环节。如前所述,儿童的优势、劣势和发展技能都会受到评价。家庭的需要和拥有的资源(比如经济水平、心理状态、身体状况和交通条件等)也是必须考虑的因素。比如,如果一个家庭无力支付特别服务、不了解财政支持计划、没有家用汽车等,那么他们很可能无法坚持贯彻专家的建议。然而这些问题并非不可克服。大多数社区有个人和社会服务代理机构,他们会帮助一般家庭满足此类需求,并安排干预服务。

恰当的教育配置通常是干预计划的一部分。在这些配置中,任课教师、儿童发展专家和发展团队的其他成员要对儿童的发展进步进行不间断的评估(图10-7)。此外,发展团队会定期对安排和特别服务的恰当程度进行复查,以确定儿童及其家庭的需求是否得到满足。这一环节对于婴幼儿来说尤其关键,因为他们的发展进步速度非常快。教师、执业医师和家长自始至终必须保持有效的交流,并互相支持,以确保儿童正在接受个性化的、合适的服务,并从给定的项目中获益。

图 10-7
对于一项有效的干预计划来说，教师、家长和服务人员之间的合作必不可少。

小　结

　　从 20 世纪 60 年代中期开始，美国一系列联邦法律的出台改变了公众对存在发展障碍的人的态度和政策。多项法律将关注点集中在有发展问题或处于高风险的婴幼儿身上。对于存在明显或潜在问题的人群，美国专门制定了相关计划，涉及预防、早期鉴别和干预。在满足儿童的发展需求方面，家长的作用得到了正式认可，同样必要的还有来自各个学科的临床专家。指定的家庭服务协调员是整合家庭 – 团队合作必不可少的职位，他们负责统筹安排儿童、家长和团队成员的各种需求、担心以及建议。

　　任何对儿童发育的担心都要求立即进行评价。评价的起点是在熟悉的日常（自然）情境中对儿童进行直接观察。如有必要，可以实施几种符合儿童年龄、语言和文化的筛查测验，所有的测验结果都要谨慎解读。切记：单项测验的结果很可能导致误判。如果观察和筛查结果都表明儿童存在发展问题，应当立即进行深入的临床诊断。对婴幼儿和学前儿童的治疗干预常常包括安排早教计划。家庭服务协调员与儿童、家长以及早期干预项目紧密协作，确保计划成功实施。对于有发展障碍的学龄儿童，将为其提供个性化教育计划，并尽量在限制最少的环境（通常是学校）中提供恰当的服务。

关键术语

儿童寻找	成就测验
中耳炎	发展团队
双耳	家庭服务协调员

知识运用

A. 运用学到的知识

再次阅读本章开篇对巴德拉及其家人的发展梗概，并回答下列问题：

1. 与巴德拉的母亲第一次会面之前，她的教师应当对巴德拉进行哪些观察，收集和准备哪些信息？
2. 教师对巴德拉的发育情况进行最初评估时，在教室或游戏区等熟悉环境中对巴德拉进行一系列的直接观察（和记录笔记）为什么是必不可少的？
3. 对类似巴德拉这样的高风险家庭来说，本章讨论的哪 3 项立法能够使其受益？
4. 家庭服务协调员能够为巴德拉的家庭提供哪些方面的协助，发挥什么样的作用？

B. 回顾下列问题

1. 列举 3 个阻碍家人为孩子寻求帮助的原因，并进行讨论。
2. 在确定某个筛查测验是否适合某个儿童时，必须考虑哪 3 方面的因素？
3. 鼓励家人参与儿童的干预计划为什么是非常重要的？列举 3 个原因，并展开讨论。
4. 描述 3 种可能给儿童发展问题的早期鉴别带来困难的因素。
5. 为什么解释筛查测验结果时必须慎之又慎？描述其中的 3 个原因。

推荐网站

自闭症研究中心：http://www.autism.org

教育的家庭和提倡者合作关系（Family and Advocates Partnership for Education, FAPE）：http://www.fape.org

美国国家中学教育和过渡中心（National Center on Secondary Education and Transition, NCSET）：http://www.ncset.org

虹膜中心：http://iris.peabody.vanderbilt.edu/index.html

参考文献

Allen, K., & Cowdery, G. (2012). *The exceptional child: Inclusion in early childhood education.* (7th ed.). Belmont, CA: Wadsworth Cengage Learning.

Bateman, D. (2009). Due process hearing case study, *Teaching Exceptional Children*, 42(2), 73–75.

Bornman, J., Sevcik, R., Romski, M., & Pae, H. (2010). Successfully translating language and culture when adapting assessment measures, *Journal of Policy and Practice in Intellectual Disabilities*, 7(2), 111–118.

Ceballos, P., & Bratton, S. (2010). Empowering Latino families: Effects of a culturally responsive intervention for low-income immigrant Latino parents on children's behaviors and parental stress, *Psychology in the Schools*, 47(8), 761–775.

Erkut, S. (2010). Developing multiple language versions of instruments for intercultural research, *Child Development Perspectives*, 4(1), 19–24.

Hanson, M., Miller, A., Diamond, K., Odom, S., Lieber, J., Butera, G., Horn, E., Palmer, S., & Fleming, K. (2011). Neighborhood community risk influences on preschool children's development and school readiness, *Infants & Young Children*, 24(1), 87–100.

Keilty, B., LaRocco, D., & Casell, F. (2009). Early interventionists' reports of authentic assessment methods through focus group research, *Topics in Early Childhood Special Education*, 28(4), 244–256.

King, T., Tandon, D., Macias, M., Healy, J., Duncan, P., Swigonski, N., Skipper, S., & Lipkin, P. (2010). Implementing developmental screening and referrals: Lessons learned from a national project, *Pediatrics*, 125(2), 350–360.

Mindes, G. (2010). *Assessing young children.* (4th ed.). Upper Saddle River, NJ: Prentice Hall.

Mumane, R., & Papay, J. (2010). Teachers' views on No Child Left Behind: Support for the principles, concerns about the practices, *Journal of Economic Perspectives*, *24*(3), 151–166.

Pang, Y. (2010). Selecting appropriate assessment instruments to ensure quality transition services, *Early Childhood Education Journal*, *38*(1), 43–48.

Pizur-Bamekow, K., Erickson, S., Johnston, M., Bass, T., Lucinski, L., & Bleuel, D. (2010). Early identification of developmental delays through surveillance, screening, and diagnostic evaluation, *Infants & Young Children*, *23*(4), 323–330.

Restall, G., & Borton, B. (2010). Parents' concerns about their children's development at school entry, *Child: Care, Health & Development*, *36*(2), 208–215.

Roberts, G., Anderson, P., & Doyle, L. (2010). The stability of the diagnosis of developmental disability between ages 2 and 8 in a geographic cohort of very preterm-children born in 1997, *Archives of Disease in Childhood*, *95*(10), 786–790.

Salvia, J., Ysseldyke, J., & Bolt, S. (2010). *Assessment: In special and inclusive education.* (11th ed.). Belmont, CA: Wadsworth Cengage Learning.

Schonwald, A., Huntington, N., Chan, E., Risko, W., & Bridgemohan, C. (2009). Routine developmental screening implemented in urban primary care settings: More evidence of feasibility and effectiveness, *Pediatrics*, *123*(2), 660–668.

Shulman, S., Besculides, M., Saltzman, A., Ireys, H., White, K., & Forsman, I. (2010). Evaluation of the Universal Newborn Hearing Screening and Intervention Program, *Pediatrics*, *126*, S19–S27.

Stevenson, J., McCann, D., Watkin, P., Worsfold, S., & Kennedy, C. (2010). The relationship between language development and behaviour problems in children with hearing loss, *Journal of Child Psychology & Psychiatry*, *51*(1), 77–83.

Swanson, J., Raab, M., & Dunst, C. (2011). Strengthening family capacity to provide young children with everyday natural learning opportunities, *Journal of Early Childhood Research*, *9*(1), 66–80.

Thompson, L., Tuli, S., Saliba, H., DiPietro, M., & Nackashi, J. (2010). Improving developmental screening in pediatric resident education, *Clinical Pediatrics*, *49*(8), 737–742.

Trawick-Smith, J. (2009). *Early childhood development: A multicultural perspective.* (5th ed.). Upper Saddle River, NJ: Prentice Hall.

Trivette, C., Dunst, C., & Hamby, D. (2010). Influences of family-systems intervention practices on parent-child interactions and child development, *Topics in Early Childhood Special Education*, *30*(1), 3–19.

Wiliam, D. (2010). What counts as evidence of educational achievement? The role of constructs in the pursuit of equity in assessment, *Review of Research in Education*, *34*(1), 254–284.

附录 A

发展量表

简单的单独施测量表是观察儿童和青少年的有效工具。量表中的问题可以根据儿童一周或更长时间内的日常活动进行回答。"否"标志着可能需要进一步调查。如果多个问题均给出"否"的答案,那就意味着必须做进一步调查。

"有时"也是一个重要选项。它表明该儿童至少在部分时间或某些情况下能够达到量表条目的要求。"有时"选项留有更多空白,可以简要记录某一行为怎样发生以及何时发生。多数情况下,孩子也许只是需要更多练习、更强的激励或成人鼓励。第六感往往为与儿童打交道提供了有效的起点。再次强调,如果过多地选择"有时",建议做进一步评估。

观察量表可以重复使用,并作为评估过程的一部分。观察量表是依据前面的章节提供的具体信息编写的。这些题目代表了每一大致年龄的发展里程碑。填写完成的量表能提供一些有用的信息,发展团队的成员可用其评估儿童的发展进程,并确定合适的干预策略。但是,重要的是要谨慎地解释这些结果,并考虑文化、语言、家庭背景等可能影响儿童发展的变量。

儿童姓名_____ 年龄_____
观察者_____ 日期_____

发展量表

6 个月 孩子能否做到……	是	否	有时
身高、体重和头围持续增长？			
能伸手去够给他们展示的玩具或物品？			
开始从趴着翻身为仰躺？			
稍作支撑能够坐立？			
在两手间传递物品？			
趴着的时候，能在胳膊的支撑下抬起头和胸部？			
能发出咿呀、咕咕的声音，并模仿发声？			
转身定位声音来源？			
将注意力集中在某个水平或垂直运动的物体上？			
出现眨眼反射？			
当被举起或抱起时，可以停止哭泣并放松？			
能识别熟悉的面孔并做出回应？			
每晚开始连续睡 6~8 个小时？			
到了该吃饭的时候会用力吸吮？			
洗澡时喜欢在水里玩（拍水嬉戏、发出咕咕声）？			

Copyright © 2013 Cengage Learning Wadsworth. All rights reserved.

儿童姓名＿＿＿＿＿＿＿＿＿＿＿＿＿＿＿＿＿＿＿＿＿＿＿ 年龄＿＿＿＿＿＿＿＿＿＿＿

观察者＿＿＿＿＿＿＿＿＿＿＿＿＿＿＿＿＿＿＿＿＿＿＿ 日期＿＿＿＿＿＿＿＿＿＿＿

发展量表

12个月 孩子能否做到……	是	否	有时
在协助下走路？			
模仿成人滚球？			
用拇指和食指捡起东西？			
在两手间传递物品？			
捡起掉落的玩具？			
直视成人的脸？			
找到藏在杯子下的物品？			
自己吃饼干（嚼着吃，而不是舔饼干）？			
用两只手抓住杯子；在协助下喝水？			
自发地笑？			
当听到别人叫自己的名字时转头或走过来？			
对"不"和"过来"做出回应？			
在陌生人面前表现出犹豫，只想让熟悉的人抱？			
对吸尘器、电话或门的声音做出不同的反应？			
注视对自己说话的人？			
对伴随手势的简单指令做出回应？			
能发出一些辅元音相结合的声音？			
出声回应刚才对自己说话的人？			
能使用类似斥责、请求、惊叫的语调模式？			
发出"da-da"或"ma-ma"的声音？			

Copyright © 2013 Cengage Learning Wadsworth. All rights reserved.

儿童姓名_____ 年龄_____

观察者_____ 日期_____

发展量表

2 岁 孩子能否做到……	是	否	有时
独立走路？			
弯腰捡起玩具时不会摔倒？			
爬上并坐在儿童专用座椅上？			
在协助下上下楼梯？			
往一根棍上串多个圆环？			
在小钉板上放 5 个钉子？			
翻书时一次能翻 2~3 页？			
能潦草地涂鸦？			
对熟悉的事情能服从一步式指令： 　"给我 _____，" 　"给我看看 _____，" 　"拿一个 _____"？			
将熟悉的物体配对？			
会用勺子，但有时会把东西弄洒？			
只用一只手抓住杯子喝水？			
脱掉外套、鞋子和袜子？			
拉上或拉开大号拉链？			
指着镜子里的自己，并叫出自己的名字？			
用名字来指代自己？			
开玩笑地模仿成人行为——比如，喂"宝宝"？			
帮忙把东西收起来？			
通过指出具体的实物对某个单词做出回应：玩具、宠物、家庭成员？			
通过叫名称表达需求："饼干"？			
当被问到"那是什么"时，能说出该物品的名称？			
当询问某个问题或做出回应时，与对方保持眼神接触？			
说一些由两个单词组成的句子："爸爸再见"？			

Copyright © 2013 Cengage Learning Wadsworth. All rights reserved.

儿童姓名_____ 年龄_____
观察者_____ 日期_____

发展量表

3 岁	是	否	有时
孩子能否做到……			
身体协调地往前跑；避免碰到其他人或物？			
双脚离地原地跳？			
走路时整个脚掌全部落地（而不是踮着脚尖走）？			
能扔球（但是没有方向或目标）？能向前踢球？			
用细绳把 4 个大珠子串起来？			
一页一页地翻书？			
用蜡笔模仿画圆、垂直线或水平线？			
将图形配对？			
展示 1 和 2 的数概念？（能选择 1 或 2；能说出是一个还是两个物品。）			
使用勺子并且不会洒出来？			
用吸管喝东西？			
穿、脱外套？			
在协助下洗手并擦干？			
观察其他孩子；在他们旁边玩；有时加入他们的游戏？			
保护自己的所有物？			
在游戏中运用象征物（把篮子放在头上代表头盔,大箱子变成宇宙飞船）？			
对如下指令做出回应："把____放进盒子里""把____从盒子里拿出来"？			
按照要求做出正确选择（大还是小；1 还是 2）？			
识别物品的用途（当被问到"你脚上穿的是什么"时，会给别人看自己的鞋子）？			
提出问题，并作眼神交流？			
用具有意义的功能性短语谈及一些事情（"爸爸去坐飞机""我现在饿了"）？			

Copyright © 2013 Cengage Learning Wadsworth. All rights reserved.

儿童姓名_____　　年龄_____
观察者_____　　日期_____

发展量表

4岁 孩子能否做到……	是	否	有时
直线走路？			
短时间单脚保持平衡？单脚跳？			
跳过一个6英寸高的物体并双脚着地？			
有方向地投球？			
摹仿画圆和X？			
数到5？			
能很好地把水罐里的水倒出来？			
用小刀抹黄油或果酱？			
能扣好、解开大号纽扣？			
说出自己的性别、年龄和姓氏？			
当需要时独立上厕所？			
无需协助地洗手并擦干？			
能至少听5分钟的故事？			
能画一个人的头部，以及至少一种其他的身体部位？			
与其他儿童一起玩耍？			
与别人分享，轮流做事（需要一些帮助）？			
参与表演游戏和假装游戏？			
对"把它放在旁边""把它放在下面"做出恰当的回应？			
对两步式指令做出回应："把毛衣给我，把鞋放在地上"？			
做出正确的选择（硬的还是软的）？			
回答"如果""什么"和"什么时候"这样的问题？			
回答关于用途的问题："书是用来做什么的"？			
能发起并保持眼神交流？			

Copyright © 2013 Cengage Learning Wadsworth. All rights reserved.

儿童姓名＿＿＿＿＿＿＿＿＿＿＿＿＿＿＿＿＿＿＿＿＿＿＿＿　年龄＿＿＿＿＿＿＿＿＿＿＿＿＿
观察者＿＿＿＿＿＿＿＿＿＿＿＿＿＿＿＿＿＿＿＿＿＿＿＿＿　日期＿＿＿＿＿＿＿＿＿＿＿＿＿

发展量表

5岁 孩子能否做到……	是	否	有时
全脚掌着地向后走？			
双脚交替地上下楼梯？			
（在计算机上）打出一些字母？			
能指出并说出3种图形？			
将常见的相关物品分组：鞋、袜子和脚；苹果、橘子和李子？			
展示4或5以内的数概念？			
用刀切食物：芹菜、三明治？			
系鞋带？			
读图画故事书（看图画讲故事）？			
画的人有3~6个身体部位？			
和其他儿童玩耍和互动；参与贴近现实的表演游戏？			
用积木或其他建筑材料搭建复杂的建筑结构？			
对简单的三步式指令做出回应："把铅笔给我，把书放在桌子上，把脚放在地上"？			
能正确出示1美分、5美分和10美分的硬币？			
提出"怎么样"的问题？			
能用语言对"嗨"和"你好"做出回应？			
用过去时和将来时描述一件事？			
用连接词把词和短语连起来（"我在动物园里看见了一只熊和一只斑马和一只长颈鹿"）？			

Copyright © 2013 Cengage Learning Wadsworth. All rights reserved.

儿童姓名_____ 年龄_____
观察者_____ 日期_____

发展量表

6 岁 孩子能否做到……	是	否	有时
通过平衡木？			
双脚交替跳跃？			
单脚跳坚持数秒？			
裁剪出简单的形状？			
抄写自己的名字？			
用左手或右手的习惯已经养成；表现出稳定的右利手或左利手？			
按照一个或多个维度对物品进行分类（颜色、形状或功能）？			
说出大多数字母和数字？			
靠死记硬背能数到 10；知道下一个数字是什么？			
自己穿全套衣服；系蝴蝶结领结？			
自己刷牙？			
对与日常安排有关的时间有一定的概念？			
牵着大人的手安全地过马路？			
画的人有头、躯干、腿、胳膊和面容；时常能补充衣服细节？			
玩简单的棋类游戏？			
与其他儿童一起玩合作游戏；参与群体决策、角色分配，并遵守规则？			
用类似乐高玩具或积木搭建可识别的建筑结构？			
玩 15 片的拼图？			
能运用所有的语法结构：代词、复数、动词时态和连词？			
用复杂的句子进行交谈？			

Copyright © 2013 Cengage Learning Wadsworth. All rights reserved.

儿童姓名＿＿＿＿＿＿＿＿＿＿＿＿＿＿＿＿＿＿＿＿＿＿＿＿　年龄＿＿＿＿＿＿＿＿＿＿
观察者＿＿＿＿＿＿＿＿＿＿＿＿＿＿＿＿＿＿＿＿＿＿＿＿　日期＿＿＿＿＿＿＿＿＿＿

发展量表

7 岁 孩子能否做到……	是	否	有时
身高和体重继续增长？			
专注于谜题和棋类游戏？			
提出许多问题？			
交谈中使用正确的动词时态、词序和句子结构？			
正确识别右手和左手？			
很容易能交到朋友？			
对愤怒有一定的控制力，能用语言表达而不是身体攻击？			
参与需要团队合作和遵守规则的游戏？			
寻求成人对自身努力的认可？			
喜欢阅读和听别人阅读？			
用铅笔写词语和数字？			
安静地睡一整晚？			
接球、通过平衡木、用球棒击球？			
在成人最少的帮助下，计划并执行简单的项目？			
自己系鞋带？			
绘画时更加注重细节且比例感更强？			
在成人的监督下，自己照顾自己？洗手、刷牙、上厕所、自己穿衣服？			
对因果概念表现出一定的理解？			

Copyright © 2013 Cengage Learning Wadsworth. All rights reserved.

儿童姓名＿＿＿＿＿＿＿＿＿＿＿＿＿＿＿＿＿＿＿＿＿＿＿ 年龄＿＿＿＿＿＿＿＿＿＿＿＿

观察者＿＿＿＿＿＿＿＿＿＿＿＿＿＿＿＿＿＿＿＿＿＿＿ 日期＿＿＿＿＿＿＿＿＿＿＿＿

发展量表

8 岁 孩子能否做到……	是	否	有时
精力充沛地玩耍？			
继续生长发育，并且很少生病？			
以一种有意、可控的方式握笔？			
以条理分明的方式表达相对复杂的想法？			
执行复杂的 4~5 步指令？			
较少轻易地对自己的表现感到沮丧？			
与其他儿童合作地互动和玩耍？			
对创造性表达（讲故事、笑话、写作、画画、唱歌）表现出兴趣？			
熟练地使用餐具？			
食欲好，对尝试新食物表现出兴趣？			
知道如何看时间？			
阅读并理解故事？			
参与一些团体活动（比赛、运动、表演）？			
愿意上学？如果必须缺课会表现出失落？			
在阅读、写作和数学方面展现出初步能力？			
有责任感，能独立完成任务？			
处理应激情况时不会过度沮丧或有攻击性？			

Copyright © 2013 Cengage Learning Wadsworth. All rights reserved.

儿童姓名＿＿＿＿＿＿＿＿＿＿＿＿＿＿＿＿＿＿＿＿＿＿＿＿　年龄＿＿＿＿＿＿＿＿＿＿＿＿
观察者＿＿＿＿＿＿＿＿＿＿＿＿＿＿＿＿＿＿＿＿＿＿＿＿　日期＿＿＿＿＿＿＿＿＿＿＿＿

发展量表

9~10 岁　孩子能否做到……	是	否	有时
身高和体重继续增长？			
协调性不断提高（跑、攀爬、骑自行车、书写）？			
处理应激情况时，情绪不会失控或变得过度伤心或暴力？			
运用正确、合理的语法组成句子（名词、副词、动词、形容词）？			
理解时间、距离、空间和数量概念？			
清晰地表达想法？			
理解简单的抽象概念？			
有 1~2 个"最好的朋友"？			
长时间地维持友谊？			
以适度的自信心应对挑战？			
合作地游戏，遵从团队的指令？			
开始理解道德标准（对错、公平、诚实、好与坏）？			
大多数时候期待上学，喜欢上学？			
听力很好，能集中注意力倾听，恰当地回应？			
身体健康，很少患病，也很少有与健康相关的抱怨？			
食欲很好，喜欢吃饭？			
无需协助地做好自己的个人卫生？			
经过一晚睡眠，醒来后精力充沛？			

Copyright © 2013 Cengage Learning Wadsworth. All rights reserved.

儿童姓名_____ 年龄_____
观察者_____ 日期_____

发展量表

11~12 岁 孩子能否做到……	是	否	有时
继续生长发育（身高继续增长，体重保持在健康水平，不会太瘦或太胖）？			
理解与青春期有关的变化，或有机会对此学习并提出问题？			
视力很好，或戴眼镜；不会抱怨头痛或视力模糊？			
身姿挺拔（脊柱挺直，没有其他异常）？			
精力充沛，不会经常感到疲惫？			
把注意力持续集中在任务上，并完成作业？			
记住并执行复杂的指令？			
对物品进行排序、整理和分类？			
运用更长、更复杂的句子结构？			
参与交谈；讲笑话或谜语？			
喜欢玩有组织的游戏和团队运动？			
面对令人愤怒的情境，不采取暴力或身体攻击的方式来回应？			
开始理解并解决复杂的数学难题？			
大多数情况下能接受别人对自己过错的批评？			
参与竞争性的活动并乐在其中？			
以可信赖的方式接受和执行自己的职责？			
乐意上床睡觉，醒来后精神焕发？			
对个人形象和卫生感到自豪？			

Copyright © 2013 Cengage Learning Wadsworth. All rights reserved.

儿童姓名_____　　年龄_____
观察者_____　　日期_____

发展量表

13~14 岁 孩子能否做到……	是	否	有时
继续经历与青春期有关的成长变化?			
有充足的精力参与学校和课外活动?			
手眼协调能力提高?			
充分考虑所处状况，并预期可能的结果和后果?			
喜欢上学，对学习新知识表现出兴趣?			
明智地规划和管理时间；按时完成作业和计划?			
理解是非对错，为自己的行为负责?			
开始建立同理心，考虑他人的观点和看法?			
阅读并理解材料?			
清楚地表达想法和观点?			
与同学共同合作完成任务?			
拥有朋友，在校外和朋友共处?			
对完成日常活动和不熟悉的任务有恰当的自信心?			
获得充足的睡眠之后（8~9 个小时）显得精神焕发?			
大多数时候对自己的个人卫生和形象感到自豪?			
体重维持在健康水平，饮食营养?			

Copyright © 2013 Cengage Learning Wadsworth. All rights reserved.

儿童姓名_____ 年龄_____
观察者_____ 日期_____

发展量表

15~16 岁 孩子能否做到……	是	否	有时
自信心持续提升，展现出自信？			
与那些对自己的行为有积极影响的人交朋友，并维持友谊？			
设置并实现目标？			
理解复杂的问题和因果关系？			
合乎逻辑地交流与表达观点？			
对个人成绩感到自豪？			
独立做决定并坚持到底？			
以健康的方式表达情绪与解决冲突？			
情绪控制能力提高，情绪稳定性增强？			
限制冲动和攻击性行为？			
对上学和课外活动都很感兴趣？			
身体健康状况相对良好（较少生病，精力充沛，体重适中）？			
尊重成人设定的限制和规则（大多数情况下）？			
有一个值得信任和支持自己的成人，可以向他吐露心声？			
抵抗同伴压力，不涉足吸毒和饮酒行为？			
参加运动、户外活动或工作时，使用合适的保护装置？			

Copyright © 2013 Cengage Learning Wadsworth. All rights reserved.

儿童姓名＿＿＿＿＿＿＿＿＿＿＿＿＿＿＿＿＿＿＿＿＿＿　年龄＿＿＿＿＿＿＿＿＿＿＿＿

观察者＿＿＿＿＿＿＿＿＿＿＿＿＿＿＿＿＿＿＿＿＿＿　日期＿＿＿＿＿＿＿＿＿＿＿＿

发展量表

17~18 岁 孩子能否做到……	是	否	有时
独立做决定，并且为后果承担责任？			
设定现实的目标，并采取措施去实现？			
有清晰的性别认同？			
表现出有效的工作和学习习惯？			
运用分析思维解决复杂问题？			
运用逻辑思维清晰地表达观点？恰当地回答问题？			
有积极向上的人生观？			
情绪稳定，与家人的冲突减少？			
恰当地寻求建议？			
主动从家庭中获取独立？			
保持健康的生活方式（饮食、活动、睡眠、安全）？			
在社会行为中表现出道德成熟？			
具备问题解决、沟通交流和智力技能，并能运用这些能力来应对困境？			

Copyright © 2013 Cengage Learning Wadsworth. All rights reserved.

附录 B

筛查和评估工具精选

筛查测验举例

年龄与发育进程问卷（Ages and Stages Questionnaires, ASQ）是评估儿童发展状况的监测系统，包括以下 5 个领域：沟通、个性 – 社会性、问题解决、精细动作和大动作。问卷适用于 4、6、8、10、12、14、16、18、20、22、24、27、30、33、36、42、48、54 和 60 月龄的孩子。问卷由家长根据对孩子的观察完成，需要 2~3 分钟的时间计分。目前有西班牙语、法语、韩语和其它语言的版本。

GS 早期筛查剖面图（GS Early Screening Profiles）可测量 2~7 岁儿童的认知、语言、社会性、自立和运动技能；还包括家长、教师以及儿童照料者提供的有关信息。

巴特尔发育筛查测验（Battelle Developmental Screening Test）是节选自巴特尔发展量表的筛查工具，包括 96 个条目，用于评估从出生至 8 岁儿童在 5 个领域的发展状况。这 5 个领域分别是沟通、认知、个性 - 社会性、运动能力和适应性。在评估儿童的典型发展、入学准备状况以及识别有发展障碍的儿童方面，该测验是非常有效的工具。

贝克抑郁量表第二版（Beck Depression Inventory-Second Edition, BDI-II）是快速识别抑郁并评定其严重程度（通过对青少年的反应给予具体的分值）的筛查测验。

丹佛发育筛查测验（Denver Development Screening Test, Denver II）适合测量 0~6 岁儿童在 4 个领域的发展水平：个性 - 社会性、语言、精细动作和大动作。记录测验中儿童行为的评定等级。

发展活动筛查量表（Developmental Activities Screening Inventory, DASI II）适合 1 个月至 5 岁儿童的筛查；对于有听力或语言障碍的儿童而言，非言语测验尤其有用；也有专门用于有视力问题的儿童的版本。

学习发展指标评估（第三版）（Developmental Indicators for the Assessment of Learning, 3rd Edition, DIAL-3）用于筛查 3~6 岁和 11 月龄的儿童在 5 个发展领域的水平：运动、概念、沟通、自立和社会性。除了英语版之外，还有西班牙语版本。DIAL-3 快速版是该测验的简略版，包括运动、语言和概念发展的条目，可以在 15 分钟内完成。这些测验的第四版已于 2011 年出版。

第一步：评估学前儿童的筛查测验（First Steps: Screening Test for Evaluating Preschoolers）该测验用于评估 2 岁 9 个月至 6 岁 2 个月的儿童在认知、沟通和运动技能方面的发展水平；该测验包括适应性行为评定量表、社会性情绪量表以及与儿童在家和在校行为有关的家长 – 教师量表。

评估工具举例

阿普加评分系统（APGAR Scoring System）在出生后 1 分钟内和 5 分钟时进行。阿普加评估新生儿的肌张力、呼吸、肤色、心率和反射，最高分为 10 分。这种信息用来确定哪些婴儿需要特殊护理。

婴幼儿评估、评价和编程系统（第二版）[Assessment, Evaluation, and Programming Systems（AEPS）for Infants and Children, 2nd Edition]（第2卷，0~3岁、3~6岁；第3卷和第4卷，针对0~3岁、3~6岁儿童的课程干预）是评估低幼儿童可靠、适合家庭的评估系统。该系统将评估结果与以活动为基础、家庭为中心的早期干预策略联系在一起。测验结果可用于确定某个儿童是否适合接受服务，建立个性化教育计划或个性化家庭服务计划目标以及评价干预的有效性。

听力学（Audiology），即婴幼儿听力评估，需要专业的技术专家进行临床测试。但是，从早期鉴别的角度来说，对教师和家长而言，无论何时怀疑一个儿童听力有问题，都必须对所观察到的情况进行记录和报告。警告标志包括：

- 拉扯或碰撞耳朵。
- 耳道出水。
- 当别人对孩子说话时，他不能做出反应或看起来很困惑。
- 不断要求别人重复所说的话——什么？哈？
- 说话的声音太大或太小。
- 发音不清楚，或不能很好地辨别声音。

贝利婴儿发展量表（第二版）（Bayley Scales of Infant Development II Assessment）用于评估婴儿的动作和认知发展。年龄范围已经扩展到1月龄至3岁6个月的儿童。心理量表和运动量表是两个独立的测量工具。

布里根斯早期发展诊断量表（第二版）（Brigance Diagnostic Inventory of Early Development II, IED-II）是评估0~6岁儿童在多个发展领域的标准参照工具，包括精细动作和大动作、言语和语言、知识和理解、自理和早期认知能力（基本阅读、数学和书写准备）。测量结果可用于制定目标和课程计划，但不能用来确定一个儿童是否需要接受特殊干预服务。

儿童行为量表（Child Behavior Checklist, CBCL）是用来评估儿童情绪、社会性和行为问题的标准化评定量表（比如，攻击性、违抗、注意力缺陷、焦虑-抑郁、退缩）。该量表有两个版本，一个适用于2~3岁儿童，另一个适用于4~18岁的儿童和青少年。家长对孩子在100个条目上进行评分，然后形成一个行为剖面图。同时还有教师报告表和青少年自评表。

托幼机构环境评价量表－修订版（Early Childhood Environmental Rating Scale-Revised, ECERS-R）是较受认可、文化敏感度高的评估工具，用于评价班级环境，包括空间、材料、活动、语言、日常生活护理、沟通、课程结构和家校互动等方面。另外，还有评估婴幼儿、家校儿童护理和学龄儿童托育环境的其他版本。

夏威夷早期学习简表（Hawaii Early Learning Profile, HELP）是便于用户和家庭使用的评估工具，用于监控儿童（0~3岁）的发展过程，并设计了以游戏为主的干预方法。6个发展领域的发展里程碑都以简单易懂的表格形式呈现出来。HELP形成了跨学科、以家庭为中心的方法。

家庭环境观察评定量表（Home Observation for Measurement of the Environment, HOME）是最著名、使用最广泛的家庭调查表。量表适用年龄范围从婴儿期至儿童中期；每个版本既评估物理环境，也评估儿童获得的社会、情绪和认知支持。该量表的修订版，即贫困家庭环境观察评定量表（Supplement to the HOME for Impoverished Families, SHIF），用来评估贫困家庭儿童的家庭环境状况。

考夫曼儿童成套评估测验（第二版）（Kaufman Assessment Battery for Children, 2nd Edition, KABC-II）是"文化公平"测验，用来评估3~18岁儿童和青少年的认知能力。测验题目尽量将语言、性别和种族差异降至最低。

考夫曼早期成就和语言技能测验（Kaufman Survey of Early Academic and Language Skills, K-SEALS）评估3~7岁儿童接受性语言和表达性语言技能以及与数字、计数、字母和单词的概念；包括发音调查。

学习成就简表 - 诊断版（Learning Accomplishment Profile—Diagnostic Edition, LAP-D），用于评估 2 岁 6 个月至 6 岁儿童在各方面的发展状况，包括精细动作（书写与操作技能）、大动作（身体和物体运动）、配对和计数（视为认知任务）和语言技能（理解和物品命名）。

学习成就简表 - 修订版（Learning Accomplishment Profile—Revised, LAP-R）是用于评估儿童在 7 个领域发展状况的标准参照工具。早期学习成就简表 - 修订版（the Early Learning Accomplishment Profile—Revised, Early LAP），用于评估 0~3 岁儿童的功能发展。

青少年明尼苏达多项人格测验（Minnesota Multiphasic Personality Inventory—Adolescent, MMPI-A），用于评估青少年多种心理健康障碍，包括家庭冲突、物质滥用、违抗行为和抑郁。

新生儿行为评定量表（Neonatal Behavioral Assessment Scale, NBAS——通常被称为布雷泽尔顿量表），用于评估出生至 28 天的足月新生儿的行为反应。该量表最有价值的修订版是新生儿行为评定量表 - 堪萨斯（NBAS-K），修订版量表增加了许多关键参数，不仅评估新生儿出现的最佳行为（NBAS 原始版本评估的唯一内容），也记录其典型的反应（状态）。

皮博迪运动发展量表（第二版）（Peabody Developmental Motor Scales, PDMS-2）用于评估 0~5 岁儿童精细动作和大动作发展。精细动作包括抓握、手眼协调和手部灵活性；大动作包括反射、平衡、移动、投掷和接住。量表还包括矫正策略。

皮博迪图片词汇测验（第四版）（Peabody Picture Vocabulary Test, 4th Edition, PPTV-IV）是用于评估儿童接受性语言和言语能力的常模参照测验，需要 10~15 分钟完成；适合 30 月龄以上的儿童。该测验还有西班牙语版本。

学龄前儿童语言测验（第四版）（Preschool Language Scale-4, PLS-4）用于

评估 0~6 岁儿童的听觉理解力、发音、语法形式和基本概念发展。另外，该测验还有基于文化差异改编的西班牙语版本。

斯内伦 E 视力表或者文盲 E 视力表（The Snellen E or Illiterate E eye test）是常用的评估幼儿视敏度的工具（该测验并不需要认识字母）。在识别哪些儿童有视力问题时，对行为指标的观察也发挥着重要的作用：

- 频繁地揉眼睛，或者闭上、盖上一只眼。
- 总是被绊倒或撞到东西。
- 频繁抱怨头疼。
- 看书或阅读时，过多地眨眼。
- 用手揉抹眼睛，好像要把眼前的模糊抹掉。

眼睛的健康发育有着重要的长期影响。在美国，一项名为 InfantSEE® 的全国性公立健康项目于 2005 年发起，旨在促进婴儿视力问题的早期检测和治疗。婴儿可以接受由参与该项目的验光师提供的免费筛查和眼睛护理。观察也是发现婴儿潜在视力问题的重要方法。

- 观察婴儿聚焦某个物体的能力。
- 观察不协调的眼部运动，比如斜视或者眼神游离。
- 检查眨眼反射。
- 注意婴儿是否能够视觉追踪某个物体，比如，当玩具绕婴儿作 180 度弧线运动时。

伍德科克－约翰逊（第三版）（Woodcock-Johnson Ⅲ，COG）可用来评估青少年的认知能力，并识别学习障碍。

作品取样评价系统（Work Sampling System, WSS）是一种独特的评估方法，可以记录儿童真实的发展过程，并且能够进行持续性的评价；它运用开发个人作品集（儿童作品的样本集）和收集数据清单相结合的方法。评估每年进行 3 次，为教师教学策略的有效性以及学生的反应提供反馈；这种方法适用于学龄前至五年级的儿童。

附录 C

供家长和专家使用的资源

在美国，许多资源可供家长、教师以及从事儿童工作的服务人员使用。这些资源通常由美国的社区、州和国家不同级别提供，主要分为两种类型：直接服务和信息资源。

直接服务

许多美国当地机构和组织都可以提供儿童发展筛查。此外，大多数社区都提供一系列服务和项目，以帮助家庭应对和满足照顾有发展障碍的儿童的特殊需求和困难。有些机构也为教育工作者和其他从事儿童工作的专家提供技术支持。通常，这些机构自身也是非常宝贵的网络资源，因为它们熟悉其他以社区为基础的服务、援助项目和专业人士。

供家庭使用的社区服务和资源举例

- 儿童寻找筛查项目
- 机构间协调委员会（Interagency Coordinating Councils, ICCs）
- 早期儿童中心和特殊儿童治疗项目

- 美国州、市、县三级公共卫生机构
- 当地公立学校学区，尤其是特殊服务部门
- 医院、医疗中心和儿童保健诊所
- 大学附属项目 (University-Affiliated Programs，UAPs)
- 开端计划和平等起点计划
- 心理健康中心
- 州资助的低收费儿童健康保险
- 家长支援小组
- 提供临时看护、交通或财政援助的服务团队
- 婚姻咨询项目
- 国际狮子会、圣地兄弟会和许愿基金会等慈善组织
- 专业的从业人员：儿科医生、护士、心理学家、听力学家、眼科医生、早教专家、教育工作者、言语－语言治疗师、职业和物理治疗师、社会工作者。

全国性组织和专业组织举例

美国还有许多全国性组织，为有特殊需求的儿童和家庭提供大量信息和直接援助。通常，可以通过如下方式获取这些组织的联系信息：当地电话号码簿，《美国社团大全》（图书馆中可以找到），或互联网。比如：

- 过敏与哮喘基金会 www.aafa.org
- 美国盲人理事会 www.acd.org
- 美国糖尿病学会 www.diabetes.org
- 美国盲人基金会 www.afb.org
- 美国心脏协会 www.americanheart.org
- 美国失聪儿童协会 www.deafchildren.org

- 美国自闭症协会 www.autism-society.org
- 儿童颅面协会 www.ccakids.org
- 腭裂基金会 www.cleftline.org
- 特殊儿童委员会 www.cec.sped.org
- 美国癫痫基金会 www.epilepsyfoundation.org
- 学习障碍协会 www.ldanatl.org
- 美国唐氏综合征协会 www.nads.org
- 美国残障儿童协会 www.easter-seals.org
- 美国脑瘫运动协会 www.uscpaa.org

技术援助项目举例

还有许多项目和组织，旨在为服务于发展障碍儿童的教育项目和机构提供直接的技术援助。这其中的许多团体也提供教学材料。比如：

- 美国盲人印刷厂，网址是 www.aph.org。该机构为有视力缺陷的儿童制作学习资料，提供服务。包括有声读物、布莱页盲文杂志、大字版图书以及供教授盲人或视力缺陷儿童的教育工作者使用的学习材料。
- 开端计划资源获取项目（Head Start Resource Access Projects, RAPs）。旨在帮助开端计划为有发展问题的儿童提供综合性服务。
- 美国早期儿童技术援助中心（National Early Childhood Technical Assistance Center, NECTAC），网址是 www.nectac.org。美国联邦政府资助的早期儿童项目和工程（IDEA）旨在为残疾儿童提供服务，该机构为这些项目提供多种形式的援助。
- 美国残疾儿童宣传中心，网址是 http://nichcy.org。该组织是有关残疾、早期干预、研究、法律和父母使用材料等信息交流的中心枢纽。而且，该网站是双语的。

- 美国儿童心理健康技术援助中心，网址是 *http://gucchdtacenter.georgetown.edu*。该中心为服务于儿童和青少年的项目提供了大量信息、培训和技术援助。该中心的目标是帮助那些旨在提升儿童及其家长心理健康水平的项目。

信息资源

对于那些与有发展问题的孩子打交道的家长、教师和专家而言，有大量的信息可供参考。在公共图书馆和大学图书馆里，有许多相关的专业期刊、政府出版物、光盘和参考书。针对有发展迟缓的高风险儿童和青少年，特殊兴趣团队和专业组织也会提供出版物或在线资料。

信息源精选

- 专业杂志和期刊，如《儿童早期杂志》《幼儿特殊教育问题》《特殊幼儿》《特殊儿童教育》《儿童发展》《发展心理学》《儿童早期研究季刊》《儿童早期文摘》《青少年研究杂志》《学习障碍杂志》《幼儿》。
- 供家长阅读的专业杂志，如《特殊儿童的父母》《教养》和《父母杂志》。
- 政府公文、报告和小册子。这些几乎涵盖了与儿童发展、儿童保育、早期干预、营养、教养和特殊发展问题等相关的所有主题。这些出版物可以通过联系如下地址获取：华盛顿（哥伦比亚特区），美国政府印刷局，文件总监，邮编20401；许多资料可以在当地政府机构找到，包括公共图书馆以及互联网。
- 通常在大学、学院和大型公共图书馆，可以找到书目索引和摘要。对于需要快速查找某个具体问题相关信息的学者和从业者而言，这些资料尤其有用。如：
  - 《儿童发展评论》

- 《儿童早期教育热点话题》
- 电子杂志和期刊，如《儿童早期研究与实践》《网络》（教师研究在线杂志），《父母新闻》《儿童早期当代问题》《孩子的未来》《健康儿童保健》《世界儿童早期教育者协会公报》。

聚焦儿童青少年问题的专业组织举例

- 美国儿科学会 www.aap.org
- 美国智力与发展性障碍协会 www.aaidd.org
- 美国公共卫生协会 www.apha.org
- 美国言语 – 语言听力协会（ASHA）www.asha.org
- 国际早期教育协会 www.acei.com
- 智力发育落后公民协会（ARC）www.thearc.org
- 有效合作与实践中心 http://cecp.air.org
- 学校心理健康中心 http://smhp.psych.ucla.edu
- 儿童保护基金会 www.childrensdefense.org
- 特殊儿童委员会（CEC）www.cec.sped.org
- 儿童早期资源中心 www.rti.org
- 早期开端计划美国国家资源中心 www.ehsnrc.org
- 美国畸形儿基金会 www.modimes.org
- 美国幼儿教育协会（NAEYC）www.naeyc.org
- 美国家庭托儿协会 http://nafcc.net
- 美国儿童保育资源与转介机构协会 www.naccrra.org
- 美国文化能力中心 http://nccc.georgetown.edu
- 美国残疾儿童宣传中心 www.nichcy.org
- 美国开端计划协会 www.nhsa.org
- 美国父母信息网（NPIN）www.npin.org

- 积极行为干预和支持 *www.pbis.org*
- 国际特殊奥林匹克运动会 *www.specialolympics.org*

小　结

　　为发展迟缓和有发展障碍的儿童寻求帮助并非易事。这些问题通常很复杂；如果在关键性的头 5 年内不能解决这些发展中存在的问题，有些儿童会表现出多种发展问题纠缠在一起的混乱状况，使问题变得更加复杂。因此，有效的干预必须及早开始，而且要有全面性、综合性、连续性，并且以家庭为中心，还必须同时考虑多个发展领域。这需要来自多个学科的专家、服务人员以及相关机构与儿童及其家庭共同协作和努力。立法行为和公共政策也会影响针对有发展问题的儿童及其家庭的服务，因此还需要对这些立法和公共政策有一定认识。此外，也要了解可以利用的资源和有效的合作方法。只有这样，儿童及其家庭才能充分从早期干预团队工作方法中获益。

附录 D

美国幼儿教育协会（NAEYC）专业准备标准：与各章内容的关联

在广泛研究和循证实践的基础上，美国幼儿教育协会为专业幼儿教师的职业准备提供了指导框架。每章开篇的"NAEYC 标准章节链接"，阐明了该章内容如何与这些标准匹配。

NAEYC 标准与成果	章节与专题页码
标准 1：促进儿童发展与学习	
1a. 了解并理解幼儿的特征和需要。 1b. 了解并理解发展和学习的多种影响因素。 1c. 运用儿童发展知识，创造健康、尊重、支持性、挑战性的学习环境。	第 1 章：个案研究，pp.1-2；当代理论，pp.3-15。 第 2 章：个案研究，pp.29-30；基本模式和概念，pp.30-43；发展领域，pp.43-50。 第 3 章：个案研究，pp.57-58；促进健康的胎儿发育，pp.62-68。 第 4 章：新生儿，pp.84-94；1~4 个月，pp.95-104；4~8 个月，pp.104-113；8~12 个月，pp.114-123；积极的行为指导，pp.123-124。 第 5 章：个案研究，pp.129-130；1 岁，pp.131-141；2 岁，pp.142-152；积极的行为指导，pp.152-153。 第 6 章：个案研究，pp.157-158；3 岁，pp.159-170；4 岁，pp.170-179；5 岁，pp.179-188；积极的行为指导，p.189。 第 7 章：个案研究，pp.195-196；6 岁，pp.199-208；7 岁，pp.208-217；8 岁，pp.217-225；积极的行为指导，pp.225-226。 第 8 章：个案研究，pp.231-232；9 岁、10 岁，pp.234-242；11 岁、12 岁，pp.242-252；积极的行为指导，p.252。 第 9 章：个案研究，pp.257-258；13 岁、14 岁，pp.261-269；15 岁、16 岁，pp.269-277；17 岁、18 岁，pp.277-285；积极的行为指导，pp.285-286。 第 10 章：社区筛查，pp.300-301；何时寻求帮助，p.303；发展团队，pp.310-311。

标准2：建立家庭和社区联系	
2a. 了解并理解不同家庭和社区的特征。 2b. 支持并参与建立家庭与社区之间相互尊重、互惠的关系。 2c. 让家庭和社区参与儿童发展与学习。	第1章：家庭观察者，pp.17-18；生物生态学理论，pp.11-12。 第2章：生长，pp.30-31；发展，pp.31-34；性别角色，p.40；生态因素，pp.40-41；发展领域，pp.43-50。 第3章：胎儿最佳发育所面临的威胁，pp.69-74；产妇抑郁，pp.76-78。 第4章：供家长和教师参考的发展性应用建议，pp.93，102-103，111-112，121；积极的行为指导，pp.123-124。 第5章：供家长和教师参考的发展性应用建议，pp.139-140，150-151；积极的行为指导，pp.152-153。 第6章：供家长和教师参考的发展性应用建议，pp.168，177，186-187；积极的行为指导，p.189。 第7章：供家长和教师参考的发展性应用建议，pp.206，215-216，223-224。 第8章：供家长和教师参考的发展性应用建议，pp.240-241，249-250。 第9章：供家长和教师参考的发展性应用建议，pp.266-267，275，283。 第10章：何时寻求帮助，p.303；观察和记录，pp.304-305；筛查测验，pp.305-308。
标准3：观察、记录和评估，为幼儿及其家庭提供支持	
3a. 理解评估的目标、好处和用途——包括它在为幼儿设定恰当目标、课程体系和教学策略中的作用。 3b. 了解与家庭和专业团队之间的评估伙伴关系，建立有效的学习环境。 3c. 了解并运用观察、记录和其它合适的评估工具和方法，包括在记录、评估和数据收集中使用的技术。 3d. 理解并练习合适的评估方法，促进每个儿童取得积极成果，包括对残疾儿童使用的辅助技术。	第1章：信息收集，pp.15-18；家庭观察者，pp.17-18。 第4章：发展警报，pp.93-94，103，112-113，122。 第5章：发展警报，pp.140，151。 第6章：发展警报，pp.169，177-178，187。 第7章：发展警报，pp.207，216，224。 第8章：发展警报，pp.241，250-251。 第9章：发展警报，pp.267-268，276，283-284。 第10章：个案研究，pp.293-294；是否存在问题？pp.301-303；何时寻求帮助，p.303；信息收集，pp.304-310；诊断和转诊，pp.310-313。

标准4：运用有效的发展性方法	
4a. 理解与幼儿建立积极的关系和支持性的互动是从事幼儿工作的基础。 4b. 了解并理解早期教育的有效策略和工具，包括技术的恰当使用。 4c. 广泛地运用恰当的发展适宜性教学和学习方法。 4d. 反思自身的做法，促进每个儿童取得积极成果。	第2章：年龄期望或发展常模，pp.34-35；脑生长和发展，pp.35-37；典型生长和发展，p.37；发展领域，pp.43-50。 第4章：学习活动，pp.93，102-103，111-112，121；安全隐患，pp.94，104，113，122-123；积极的行为指导，pp.123-124。 第5章：学习活动，pp.139-140，150-151；安全隐患，pp.140-141，151-152；积极的行为指导，pp.152-153。 第6章：学习活动，pp.168，177，186-187；安全隐患，pp.169-170，178-179，188；积极的行为指导，p.189。 第7章：学习活动，pp.206，215-216，223-224；安全隐患，pp.207-208，217，224-225；积极的行为指导，pp.225-226。 第8章：学习活动，pp.240-241，249-250；安全隐患，pp.241-242，251-252；积极的行为指导，p.252。 第9章：学习活动，pp.266-267，275，283；安全隐患，pp.268-269，276-277，284-285；积极的行为指导，pp.285-287。 第10章：是否存在问题？pp.301-303；何时寻求帮助，p.303；筛查测验，pp.305-308；智力测验，p.309。
标准5：运用内容知识构建有意义的课程体系	
5a. 理解各学科的内容知识和资源：语言和读写；艺术与音乐，创造性活动，舞蹈，戏剧，视觉艺术；数学；科学，体育活动，体育教育，健康和安全；以及社会研究。 5b. 了解并运用核心概念、调查工具和学科领域结构。 5c. 运用自身的知识、恰当的早教标准和其它资源，为每个儿童设计有意义和挑战性的课程体系，并付诸实施和评估。	第4章：供家长和教师参考的发展性应用建议，pp.93，102-103，111-112，121。 第5章：供家长和教师参考的发展性应用建议，pp.139-140，150-151。 第6章：供家长和教师参考的发展性应用建议，pp.168，177，186-187。 第7章：供家长和教师参考的发展性应用建议，pp.206，215-216，223-224。 第8章：供家长和教师参考的发展性应用建议，pp.240-241，249-250。 第9章：供家长和教师参考的发展性应用建议，pp.266-267，275，283。

标准 6：成为专业人士	
6a. 认同并融入幼儿保教领域。 6b. 了解并坚守道德标准以及其他幼儿保教领域的专业指南。 6c. 通过持续的合作性学习来指导实践；作为拥有专业资源的人，与幼儿及同伴一起有效地运用技术。 6d. 将有关早期教育的知识性、反思性以及批判性的观点整合到一起。 6e. 参与宣传倡导与幼儿和早期儿童有关的专业职业。	第 3 章：促进健康的胎儿发育，pp.62-68。 第 10 章：支持儿童获得最优发展的立法，pp.296-298；发展团队，pp.310-311。
标准 7：具备儿童早期领域的相关经验	
7a. 在婴幼儿的 3 个年龄段（出生~3 岁，3~5 岁，5~8 岁），至少有机会对其中 2 个年龄段的儿童进行观察和实践。 7b. 在 3 种主要的早期教育环境（学校低年级、儿童保育中心和家庭，开端计划）中，至少有机会在其中 2 种环境下进行观察和实践。	

资料来源：NAEYC Standards for Early Childhood Professional Preparation Programs, copyright © 2010 by the National Association for the Education of Young Children. The complete position statement can be accessed at, http://www.naeyc.org/files/ncate/file/NAEYC%20Initial%20and%20Advanced%20Standards%203_2011.pdf.

专业术语表

A

抽象
abstract The ability to think and use concepts; an idea or theory.

成就测验
achievement tests Tests used to measure a child's academic progress (what the child has learned).

习得
acquisition The process of learning or achieving objectives (e.g., walking, counting, reading).

羊膜穿刺术
amniocentesis Genetic-screening procedure in which a needle is inserted through the mother's abdomen into the sac of fluid surrounding the fetus to detect abnormalities such as Down syndrome or spina bifida; usually performed between the twelfth and sixteenth weeks.

分析思维
analytical thinking A cognitive process used when attempting to solve problems or make plans; identifying and evaluating the pros/cons of alternative solutions.

无脑畸形
anencephaly A birth defect resulting in malformation of the skull and brain; portions of these structures might be missing at birth.

风险
at risk Term describing children who might be more likely to have developmental problems due to certain predisposing factors such as low birth weight, neglect, or maternal drug addiction.

真实性评价
authentic assessment A process of collecting and documenting information about children's developmental progress; data is gathered in children's naturalistic settings and from multiple sources.

自主
autonomy A sense of self as separate from others.

B

双耳
bilateral Affecting both sides, as in loss of hearing in both ears.

双眼视觉
binocular vision Both eyes working together, sending a single visual image to the brain.

联结
bonding The establishment of a close, loving relationship between an infant and an adult, usually the mother and father; also called *attachment*.

欺凌
bullying Verbal and physical behavior that is hurtful, intentional, and repeatedly directed toward a person or child who is viewed as weaker.

C

头尾原则
cephalocaudal Bone and muscular development that proceeds from head to toe.

宫颈
cervix The lower portion of the uterus that opens into the vagina.

剖腹产术
cesarean section The delivery of a baby through an incision in the mother's abdomen and uterus.

儿童寻找
Child Find A screening program designed to locate children with developmental problems through improved public awareness.

时序
chronological Events or dates in sequence in the passage of time.

唇腭裂
cleft lip/cleft palate Incomplete closure of the lip, palate (roof of the mouth), or both, resulting in a disfiguring deformity.

受孕
conception The joining of a single egg or ovum from the female and a single sperm from the male.

具体运算思维
concrete operational thought Piaget's third stage of cognitive development; period when concepts of conservation and classification are understood.

守恒
conservation The stage in children's cognitive development when they begin to understand that an object's physical qualities (e.g., weight, mass) remain the same despite changes in its appearance; for example, flattening a ball of Play-Doh does not affect its weight.

建构主义
constructivism A learning approach in which a child forms his or her own meaning through active participation.

连续性
continuity Developmental progress that gradually becomes increasingly refined and complex.

累积
cumulative An add-on process, bit by bit or step by step.

绒毛膜绒毛取样
CVS Chorionic villus sampling; a genetic-screening procedure in which a needle is inserted and cells are removed from the outer layer of the placenta; performed between the eighth and twelfth weeks to detect some genetic disorders, such as Down syndrome.

网络欺凌
cyber–bullying Sending hurtful, threatening, or harassing messages via the Internet or cell phone.

D

乳牙
deciduous teeth Initial set of teeth that eventually fall out; often referred to as baby teeth.

演绎推理
deductive reasoning A process of considering hypothetical alternatives before reaching a conclusion.

深度知觉
depth perception Ability to determine the relative distance

of objects from the observer.

描述性表扬

descriptive praise   Words or actions that describe to a child specifically what she or he is doing correctly or well.

发展

development   Refers to an increase in complexity, from simple to more complicated and detailed.

发展顺序

developmental sequence   A continuum of predictable steps along a developmental pathway of skill achievement.

发展团队

developmental team   A team of qualified professionals, such as special educators, speech pathologists, occupational therapists, social workers, audiologists, nurses, and physical therapists, who evaluate a child's developmental progress and together prepare an intervention plan that addresses the child's special needs.

发展适宜

developmentally appropriate   A term used to describe learning experiences that are individualized based on a child's level of skills, abilities, and interests.

离散行为

discrete behaviors   Behaviors that can clearly be observed and described: hitting, pulling hair, spitting.

领域

domains   A term describing an area of development, such as physical, motor, social-emotional, or speech and language.

言语障碍

dysfluency   Repetition of whole words or phrases uttered without frustration and often at the beginning of a statement such as, "Let's go, let's go get some cookies."

E

生态

ecology   In terms of children's development, refers to interactive effects between children and their family, child care situation, school, and everything in the wider community that affects their lives.

自我中心

egocentricity   Believing that everything and everyone is there for your purpose.

自我中心

egocentrism   An adolescent's belief in their own importance.

胚胎

embryo   The cell mass from the time of implantation through the eighth week of pregnancy.

早期读写能力

emerging literacy   Early experiences, such as being read and talked to, naming objects, and identifying letters, that prepare a child for later reading, writing, and language development.

基本需要

essential needs   Basic physical needs such as food, shelter, and safety as well as psychological needs such as love, security, and trust, required for survival and healthy development.

表达性语言

expressive language   Words used to verbalize thoughts and feelings.

F

家庭服务协调员

Family Service Coordinator   An individual who serves as a family's advocate and assists them with identifying, locating, and making final arrangements with community services.

比喻性语言

figurative language Words or statements that have meaning other than their literal definition.

精细动作

fine motor Also referred to as manipulative skills; includes stacking blocks, buttoning and zipping, and toothbrushing.

囟门

fontanels Small openings (sometimes called soft spots) in the infant's skull bones, covered with soft tissue. Eventually, they close.

挑食

food jag A period when only certain foods are preferred or accepted.

形式运算思维

formal operational thinking Piaget's fourth stage of cognitive development; period when children are capable of using abstract thought to predict, test, and reason to arrive at a logical conclusion.

功能性语言

functional language Language that enables children to get what they need or want.

G

性别

gender Reference to being either male or female.

基因

genes Genetic material that carries codes, or information, for all inherited characteristics.

大动作

gross motor Large muscle movements such as locomotor skills (walking, skipping, swimming) and nonlocomotive movements (sitting, pushing, pulling, squatting).

生长

growth Physical changes leading to an increase in size.

H

优势手

hand dominance Preference for using one hand over the other; most individuals are said to be either right- or left-handed.

动手学习

hands-on learning A curriculum approach that involves children as active participants, encouraging them to manipulate, investigate, experiment, and solve problems.

头围

head circumference Measurement of the head taken at its largest point (across forehead, around back of head, returning to the starting point).

单字语

holophrastic speech Using a single word to express a complete thought.

I

假想观众

imaginary audience A component of egocentrism whereby an adolescent believes that others care about and notice their behavior and appearance.

着床

implantation The attachment of the blastocyst to the wall of the mother's uterus; occurs around the twelfth day.

子宫内

in utero Latin term for "in the mother's uterus."

全纳项目

inclusion programs Community child care, school, and

recreational facilities in which all children from the most gifted to the most disabled participate in the same activities. Inclusion is a federal law mandated by the Congress of the United States. Originally, it was referred to as *mainstreaming*.

可理解的

intelligible　Language that can be understood by others.

互相依赖

interdependent　Affecting or influencing development in other domains.

直觉

intuition　Thoughts or ideas based on feelings or a hunch.

J

混杂语

jargon　Unintelligible speech; in young children, it usually includes sounds and inflections of the native language.

L

语言编码

linguistic code　Verbal expression that has meaning to the child.

逻辑

logic　Process of reasoning based on a series of facts or events.

逻辑结果

logical consequence　A planned response that is implemented if the child misbehaves.

低出生体重

low birth weight (LBW)　An infant who weighs less than 5.5 pounds (2500 grams) at birth regardless of age.

N

自然结果

natural consequence　An outcome that occurs as a result of the behavior.

自然情境

naturalistic settings　Environments that are familiar and part of children's everyday experiences, such as classrooms, care arrangements, and home.

先天与后天之争

nature vs. nurture　Refers to whether development is primarily due to biological and genetic forces (heredity/nature) or to external forces (environment/nurture).

神经连接

neural connections　Organized linkages formed between brain cells as a result of learning.

神经系统

neurological　Refers to the brain and nervous system.

常模

norms　Age-level expectancies associated with the achievement of developmental skills.

标准（典型）发展

normal (typical) development　Achievement of certain skills according to a fairly predictable sequence, although with many individual variations.

教养

nurturing　Includes qualities of warmth, loving, caring, and attention to physical needs.

O

肥胖

obesity　Although no uniform definition exists, experts usually consider a child whose height–weight ratio (BMI) exceeds the 85th percentile for age to be overweight, and obese if it is greater than the 95th percentile.

客体永久性

object permanence　Piaget's sensorimotor stage when infants understand that an object exists even when it is not in sight.

中耳炎

otitis media　An infection of the middle ear.

P

平行游戏

parallel play　Playing alongside or near another person but not involved in their activity.

胎盘

placenta　A specialized lining that forms inside the uterus during pregnancy to support and nourish the developing fetus.

早产儿

premature infant　An infant born before 37 weeks following conception.

近远原则

proximodistal　Bone and muscular development that begins closest to the trunk, gradually moving outward to the extremities.

修剪

pruning　Elimination of neurons and neural connections that are not being used; this process strengthens developing connections the child is using.

瞳孔

pupil　The small, dark, central portion of the eye.

R

接受性语言

receptive language　Ability to understand words that are heard.

互惠

reciprocal　Exchanges between individuals or groups that are mutually beneficial (or hindering).

大小原则

refinement　Progressive improvement in ability to perform fine and gross motor skills.

反射性

reflexive　Movements resulting from impulses of the nervous system that cannot be controlled by the individual.

临时看护

respite care　Child care assistance given to families to allow them temporary relief from the demands of caring for a child with disabilities.

S

科学推理

scientific reasoning　Critical thinking skills (identify, analyze, conclude) used to achieve a solution.

自尊

self-esteem　Feelings about one's self-worth.

感官

sensory　Refers to the five senses: hearing, seeing, touching, smelling, and tasting.

感觉信息

sensory information　Information received through the senses: eyes, ears, nose, mouth, and touch.

色情短信

sexting　Sending sexually explicit pictures or messages via cell phone.

单人游戏

solitary play Playing alone.

超声波扫描图

sonogram Visual image of the developing fetus created by directing high-frequency sound waves (ultrasound) at the mother's uterus; used to determine fetal age and physical abnormalities.

括约肌

sphincter The muscles necessary to accomplish bowel and bladder control.

脊柱裂

spina bifida A birth defect caused by a malformation of the baby's spinal column.

口吃

stammering To speak in an interrupted or repetitive pattern; not to be confused with stuttering.

斜视

strabismus Condition in which one or both eyes appear to be turned inward (crossed) or outward.

陌生人焦虑

stranger anxiety A cross-cultural phenomenon in which infants begin to show distress or fear when approached by persons other than their primary caregivers.

T

电报语

telegraphic speech Uttering two-word phrases to convey a complete thought.

气质

temperament An individual's characteristic manner or style of response to everyday events, including degree of interest, activity level, and regulation of her or his own behavior.

致畸物

teratogens Harmful agents that can cause fetal damage (e.g, malformations, neurological, and behavioral problems) during the prenatal period.

相互作用过程

transactional process The give-and-take relationship between children, their primary caregivers, and daily events that influences behavior and developmental outcomes.

三脚架式抓握

tripod grasp Hand position whereby an object, such as a pencil, is held between the thumb and first and second fingers.

典型

typical Achievement of certain skills according to a fairly predictable sequence, although with many individual variations.

V

随意

voluntary Movements that can be willed and deliberately controlled and initiated by the individual.

Z

最近发展区

Zone of Proximal Development Vygotsky's term for tasks that prove too difficult for children to master by themselves, but are able to do so with guidance or assistance.

受精卵

zygote The cell formed as a result of conception; called a zygote for the first 14 days.

图书在版编目（CIP）数据

　　儿童成长教养导图 /（美）琳恩·R. 马罗茨，（美）K. 艾琳·艾伦著；岳盈盈，翟继强译. -- 北京：商务印书馆，2018
　　ISBN 978-7-100-15826-8

　　Ⅰ. ①儿…　Ⅱ. ①琳…②K…③岳…④翟…　Ⅲ. ①儿童教育—研究　Ⅳ. ①G61

　　中国版本图书馆CIP数据核字（2018）第024582号

本书原版由圣智学习出版公司出版。版权所有，盗印必究。
此中文简体字翻译版由圣智学习出版公司授权商务印书馆独家出版发行。此版本仅限在中华人民共和国境内（不包括中国香港、澳门特别行政区及中国台湾）销售。未经授权的本书出口将被视为违反版权法的行为。未经出版者预先书面许可，不得以任何方式复制或发行本书的任何部分。
本书封底贴有Cengage Learning公司防伪标签，无标签者不得销售。

所有权利保留。
未经许可，不得以任何方式使用。

儿童成长教养导图

〔美〕琳恩·R. 马罗茨　K. 艾琳·艾伦　著
岳盈盈　翟继强　译
林思语　刘丽丽　责编

商 务 印 书 馆 出 版
（北京王府井大街36号　邮政编码100710）
商 务 印 书 馆 发 行
山东临沂新华印刷物流集团
有 限 责 任 公 司 印 刷
ISBN 978-7-100-15826-8

2018年7月第1版　　开本 889×1194　1/24
2018年7月第1次印刷　　印张 16
定价：88.00元